JN437739

고독한 행복

고독한 행복

지은이 · 문여상
펴낸이 · 임종대
펴낸 곳 · 미래문화사

초판 인쇄 · 2010년 2월 5일
초판 발행 · 2010년 2월 10일

등록 번호 · 제3－44호
등록 일자 · 1976년 10월 19일
주소 · 서울시 용산구 효창동 5－421
전화 · 715－4507 / 713－6647
팩시밀리 · 713－4805

E-mail · mirae715@hanmail.net
홈페이지 · www.miraepub.co.kr

ISBN 978－89－7299－377－3 03810

내 삶의 철학

고독한 행복

책속의 책

종교를 말한다

문여상 지음

미래문화사

4 고독한 행복

고도의 문명생활로 개도開導된 오늘날의 인류사회가 마치 피사의 사탑처럼 심히 경도傾倒하고 있는 것 같아 그지없이 안타깝다. 더불어 살아가는 과정에서 나누는 인간미가 갈수록 매몰되어 가고 있어 사람다운 사람이 무척 그리운 세상이다. 이 모두 '혼' 이 빠져나간 사람들이 너무 많은 탓이 아닌가 싶다. 그래서 이 책은 '혼魂' 의 값을 재평가 하고자해서 쓰여졌다.

이 글은 2005년 말에 탈고했으나, 그 뒤 한 2년 간 해외에서 거주한 관계로 뒤늦게 책으로 내게 되었다. 따라서 내용은 2005년 말 이전의 이야기들이다.

나를 지키기 위해서는 고독한 길을 선택할 수밖에 없었다

나로 하여금 이 책을 꼭 쓰게끔 한 동기는, 내 인생의 가장 깊은 곳에 골 깊게 각인돼 있는 세 가지 이야기가 조금은 범상凡常하지 않다는 데 있다.

그 하나는 나를 끔찍이 사랑해주던 나의 의義누나가, 원인遠因은 따로 있었지만, 적어도 근인만은 나와 관련된 일로 인해 꽃다운 목숨을 낙동강에 던져 자진自盡한 사건이다.

그날은 며칠 간의 비로 강물이 모래톱을 한참 기어 오른 칠석날이었다. 하늘은 구름에 가려진 채 낮 동안 멈췄던 비가 밤이 깊어 가면서 띄엄띄엄 쏟아졌다.

자정이 넘도록 모래밭에 엎드려 통한의 울음을 쏟아 부은 내 모습은 너무나 처절했다. 비에 흠씬 젖은 내 몸뚱이는 마치 갈가리 찢어진 걸레오라기 같았다.

그 때까지 나는 이 세상에 태어나 우리 가족을 여섯이나 잃었다. 할아버지, 동생 둘, 그리고 아버지, 할머니, 또 동생, 그런 순으로.

그들이 세상을 떠날 때도 한없이 슬펐지만, 의누나를 잃은 슬픔은 그 모두보다 더 심한 아픔으로 내 가슴을 도려내는 듯했다. 전에는 철

없는 어린 나이였고, 이젠 나이 들었다는 차이만으로는 그 이유가 되지 못할 것이다. 무엇보다 누나가 나를 극진히 사랑해 주었다는 것이 가장 큰 이유였겠지만, 그 변고變故의 절대적 근인이 나와 관련된 일의 파장이었고, 게다가 누나의 생명을 앗아간 배후가 지나치게 비인간적이고 처절했기 때문이다.

천지신명이시여! 지선한 자는 천국으로, 사악한 자는 지옥으로 보내 주사이다.

누나께선 당신의 설움과 아픔을 나에게서 치유 받으려 했으며, 운명의 여신의 저주를 받은 나 또한 풀 길 없는 고독을 누나의 지극한 사랑으로 풀어내려 했던 게 아니었던가. 절절히 뼈에서 우러나는, 그래서 흉금을 털어놓을 수 있는 사람이 누나 외에 누가 있었으며, 누나에겐 나 외에 누가 있었으랴.

천지신명이시여! 사불명목死不瞑目한 누나의 원혼을 긍휼矜恤히 여겨 주시고, 하늘 나라에서 영원한 안식을 누리게 해 주시옵소서. 그리고 산 자에겐 뿌린 대로 거두게 다스리옵소서.

두 번째 애기는 1960년 3월 15일 악랄한 자유당 부정선거의 기계奇計에 상등병의 군졸로서 목숨을 걸고 감연히 반항한 일이다. 절대복종이 군인의 율법이거늘, 그 추상같은 군령을 거역하고 혈혈단신으로 백척간두에 서서, 동아일보 사장과 나의 부모님께 각각의 유서를 써서 남겨 두고, 양심 있는 한 인간으로서 진실의 왜곡에 분연憤然하여 당돌히 항거한 사건으로 저승사자 앞에까지 당도했던 이야기이며…….

세 번째는 나의 애통했던 첫사랑 애기와 일편의 드라마처럼 우여곡절이 많았던 결혼에 관한 애기이다.

'첫사랑은 가슴에 묻어두는 것' 이라고 했다. 첫사랑은 사람이 태어나서 최초로 맞는 이성에 대한 가장 맹렬하고 고귀한 사랑의 작열灼熱이다.

그리고 그 격정은 이성보다는 감정에 쏠린 자기표현이기 쉽다. 때문에 사랑을 아주 아름답고 행복하게 장식하기도 하지만, 더러는 크게 상처받는 경우도 있다. 하여간 첫사랑은 감미롭고 아름다우며 환상적이기 때문에 우리 인생에 있어 가장 소중하고, 또, 잊히지 않는 추억으로 사람마다의 가슴 깊은 곳에 농하게 고여 있기 마련이다.

한 가지 분명한 것은 첫사랑은 이루어지건 그렇잖건 그 결과는 물극즉반物極則反의 이치에 따라 예외 없이 범사로 돌아가고 만다는 사실이다. 그래서 첫사랑은 아름다웠건 슬펐건 인생의 한 마디로 흉중 깊이 묻어 두어야 하지 않나 싶다.

나는 지나치게 정열적이어서 태산만큼 밑진 첫사랑을 했다. 내 첫사랑은 순진 무구한 열정으로 내 몸뚱이를 남김없이 불살랐다.

그 시작은 염정艶情 소설의 아름다운 한 장면처럼 환상적이었으나, 너무나 허무맹랑하고, 또 냉엄하게 끝맺음했지만, 그래도 첫사랑이기에 기억의 한 도막 화석으로 남아 있다.

나의 결혼 시언 또한 유별스러웠다.

그때 나에게는 엄청난 행운의 혼삿길이 틔었다. 적어도 세상적인 사량思量으로서는.

모질게 가난했던 60년대 초. 나는 대구의 친구 아버지 공장에서 일하고 있었는데, 갑부인 그 회사 사장님의 따님과 혼약이 돼 있었다. 결혼하면 서울의 집 한 채와 작지만 지분 50%인 서울공장을 나에게 준다는 사장님의 의사도 내게 전해졌다. 당시의 통념으로선 엄청난 사건이요, 행운이요, 천재일우의 기회였다. 그야말로 나에겐 지나칠 정도로 과분한 혼처인 셈이었던 것이다. 그 당시엔 결혼이 거의 부모의 의향에 매였기에 사장님의 은고恩顧에 고개 숙여 황감하게 여길 따름이었다. 규수 또한 여염麗艶해서 나는 쉽게 결혼에 마음을 굳혔다.

그러나 결국 나의 쪼끄마한 '정신세계' 하나를 지켜야 한다는 명분을 이유로 내 스스로 어려운 파혼을 결행했다. 그것은 곧 나의 '혼'을 지키려는 통고痛苦였다.

다른 데에 혼처를 정해서 혼례식 3일 전에야 사장님께 고백을 했을 때, 별명이 호랑이신 사장님은 낙담상혼落膽喪魂하셨다. 나는 '대단히 죄송합니다. 용서해 주십시오.' 하고는 고개를 푹 떨구었다.

준열히 책망하신 뒤, 두 시간이 넘게 가슴이 뭉클해지는 회포를 풀어놓으셨다. 그것은 준엄한 원망이었으며, 격렬한 부정父情이었다. 나아가 가혹한 천형이었다.

그토록 지극하셨던 사장님의 사랑을 나는 가벼이 배신했던 것이다. 단지 내 '혼'을 지켜야한다는 단순한 이유 하나로 해서.

유명을 달리 하신 사장님의 명복을 빌며, 또한 나에게 생生의 영고榮枯를 맡기기로 했던 그녀에게도 송구함과 함께 뜨거운 고마움을 표하고, 이 세상 다할 때까지 행복하게 살아가길 기원하며 이 글을 쓴다.

적빈赤貧에 시달리면서도 우리 삼 남매, 배 채워 주시려고 모진 풍상을 마다 않고 고계苦界를 살다 가신 어머니와, 온정으로 내 가슴을 뜨겁게 데워주고 통한의 짧은 삶을 마친 의누나의 존령尊靈에 이 글을 바친다.

2005년 12월

문여상文呂祥

차례

논고論告 종교를 말한다

내 삶의 철학

고독한 행복

1. 사회정의는 권력이었다

육군 창동병원에서

1993년 가을이었다.

막내 아들놈을 면회하러 갔다. 육군 창동병원의 후문에 면회 접수를 하고는 의자에 앉았다. 10여 분이 지났을까? 면회 접수처에 보초를 서던 이등병이 다가와서 거수경례를 빳빳이 하며

"문찬박文贊博 일등병 님은 지금 보초 근무 중이라 교대 조치를 취했으니 조금만 더 기다려 주십시오."

하고 알려 왔다. '일등병님' 이라는 말에 군기가 무척 엄하구나하는 생각이 들었다.

고개를 끄떡하는 목례로 답례하고, 연옥색 플라스틱 원형 탁자를 가운데 하고 뺑 둘러 놓인 역시 연옥색 플라스틱 의자에 앉아 기다리고 있었다. 의자가 세 개여서 한 군데에 가져온 짐을 얹고 한 개가 남

았다.

실내 면회실이 있었고, 따뜻한 가을철이라 면회실 앞마당에도 같은 탁자 여러 개가 가지런히 두 줄로 쭉 놓여 있었다.

쾌청한 가을날의 쪽빛 하늘은 매우 높이 번쩍 들려 있었다. 어느새 여름이 돌아선 탓인지 따갑도록 두터운 햇살인데도 조금도 싫지가 않았다. 병영 내의 빈터에는 군데군데 맨드라미가 붉은 볏을 꼿꼿이 세워 가을을 구가하고 있고, 엽엽이 진홍색 칸나꽃이 싱싱한 푸른 잎사귀에 싸여 초가을 정취를 더해 주었다.

나는 하는 일 없이 도시생활의 부질없는 번거로움에 계절도 의식하지 못한 채 가을을 맞았던 터라 철조망을 머리에 인 높은 담장에 쌓인 병영에서 새삼스레 한가롭게 가을을 느끼고 있었다.

그렇게 가을 운치에 온통 마음을 빼앗기며 아이를 기다리고 있는데, 바로 옆 탁자에 군인 환자 한 명과 여남은 살 남짓 돼 보이는 여자아이를 데리고 면회 온 청년이 둘러앉아 있었다.

손에 든 빵을 한 입 베어 삼킨 군인 환자복 차림의 젊은이가 여자아이에게 말했다.

"○○야 , 말보로 두 갑만 사와, 라이트로 달라고 해!"

여자아이는 돈을 받아 쥐고는 병영 밖으로 나갔다가 잠시 후에 돌아왔다

"말보로는 없대."

여자아이는 돈을 탁자 위에 놓았다.

"다른 가게로 가봐, 왼쪽으로 조금 더 가면 가게가 많아. 거기 가면 살 수 있어."

하고 되시켰다.

"없어, 국산 담배밖에, 안 갈래."

여자아이는 몸을 비꼬았다.

"가봐, 있어. 담배 파는 가게가 여러 군데야."

젊은이는 간곡히 타일렀다.

"몰라, 안가."

여자아이는 짜증스런 얼굴로 의자에 푹 주저앉았다.

"갔다 와, 사오면 남은 돈은 모두 너 줄께. 먹고 싶은 거 사 먹어."

하고 젊은이는 매달리다시피 달랬다.

그러자 여자아이는 푸른색 만 원짜리 한 장을 도로 들고 다시 나간 뒤 잠시 후에 담배 두 갑을 사와 탁자 위에 올려놓았다.

나는 내 귀를 의심하고 싶었다. 그리고 선비의 낙락난합落落難合 같은 고적감孤寂感이 밀려왔다.

지금 이 땅에서는 일반 사회인도 외제 담배를 피우다간 눈총을 받는 것이 전체적인 분위기인데, 비록 환자일지라도 군인이 영내에서 버젓이 외제 담배를 고집스레 피우려는 것을 단지 그 한 사람의 일탈 행위로 간과해 버릴 수는 없었다. 심기가 무척 불편했다.

외제 담배를 피우는 것을 군인복무규율이 허용하고 있는 건지? 우리 국군의 기강이 해이해져서 호국기백護國氣魄의 군인정신이 이완된 현상인지? 우리의 경제 수준이 국방색 제복의 군인들이 외제 담배를 피워도 되리만큼 튼실해졌는지? 모든 국민의 정서에 이해되고 용납될 수 있는 일인지? 아니면 내가 고루하고 진부한 사고방식에서 탈피하지 못하고 있는 건지? 정신이 혼미해졌다.

우리는 아직 개발도상국이다. '국제화, 개방화'란 신조어로 쉽게 땜질할 수 있는 일은 아닐 것 같아 씁쓸한 심정을 씻어 내릴 수가 없었다. 평소에도 나는 부자 양반이라도 외제 담배를 꺼내 무는 것을 보면 이맛살을 찌푸려 왔던 터라 더더욱 그랬다.

나는 국민의 한 사람으로서 군 지휘관들께 간곡히 당부하고 싶었다. 군인정신이 투철해야만 강력한 군대가 조직될 수 있고, 강력한 군대가 바탕이 되어야만 강성強盛한 국방력을 갖추어 국민의 생명과 재산의 안전은 물론, 자유와 인권과 풍요로운 생활을 누릴 수 있는 민주국가를 다지고 지켜 나갈 수 있을 것이란 것을. 그리고 군대에서도 총 쏘고, 대포 쏘는 훈련 말고도 인격을 도야하는 교육도 필수 훈련이 되었으면 좋겠다는 생각이 간절했다.

내가 이런저런 부질없는 상념에 젖어 있는데, 키가 훤칠한 오십대로 뵈는 한 여인이 다가오더니, 내 자리에 비어있는 의자를 말 한마디 않고 들고 가서 내 바로 왼편 옆자리에 앉았다. 나는 잠자코는 있었지만, 다소 언짢은 기분이 들었다. 교양 있는 사람이 아니더라도 남는 의자인지, 의자를 가져가도 괜찮은지 물어보고 가져가는 것이 너무나 당연한 일이기 때문이었다.

그 여인이 앉은 바로 뒤편에는 여분의 의자가 여러 개 포개져 쌓여 있었다. 그것을 살필 겨를이 없었다손 치더라도 남의 지분의 의자를 양해도 구하지 않고 덥석 가져간 그 여인을 따르는 내 시선이 곱지 못한 것은 당연했다.

그 여인은 원래 놓인 의자에 들고 온 짐을 놓고는 가져간 의자에 걸터앉자마자 고개를 약간 숙이고는 기도를 하기 시작했다. 성호를 긋지 않는 걸로 보아 기독교신자구나 싶었다. 기도가 끝나자마자 손가방에서 성경을 끄집어내어 뒤지고 있는 그 여인을 바라보는 내 심경은 씁쓰레했다. 성령 받고 거듭난 생활은 차치하고, 적어도 신앙인信

仰人이라면 최소한 사회인의 본분부터 지킬 줄 알아야하지 않을까 하는 생각에서도 그랬지만, 그녀의 후안무치한 행위가 마치 우리 사회가 안고 있는 공중도덕과 민도의 한 단면으로 느껴졌다.

나는 50대 중반으로 보이는 그 여인이 해방 후 우리 국민들이 급작스레 쏠려 신봉하기 시작한 유수한 종교의 신도임을 알게 되자, 우리나라 종교인들의 수준을 말해 주는 것 같기도 해서 거듭 착잡해지는 것을 정갈하게 씻어내지 못했다. 물론 주사主辭로써 빈사賓辭를 개념지울 수는 없겠지만, 그리고 어디 우리 사회에서 그 정도의 품위 없는 사람이 보기 드문 일이며 누구를 탓할 수 있으랴마는, 그래도 마음을 닦는 신앙인이라면 조금은 달라야지 하는 생각에서 더욱 그랬다.

종교를 믿으며 신앙을 가진 사람이라면 거듭난 삶을 가지려는 노력이 따라야 하고, 그래서 믿지 않는 사람보다는 조금은 나아야할 것이며, 그리고 종교인이 일의적一義的으로 행하는 기도는 영혼을 맑게 하여 진정한 자아발견으로 인성을 교화시키는 은혜로 이어져야 하지 않을까 하는 생각이 들었다.

그 여인도 아들을 면회하러 왔겠지 하는 생각이 들면서, 아들을 위해서라도 아들이 본받을 수 있는 좀 훌륭한 행동을 하는 것이 기도 못지 않은 일이 아닐까하는 마음이 들기도 했다.

아니나 다를까. 잠시 후 그 여인 옆에는 머리를 빡빡 깎은 젊은이가 환자복에 협장을 짚고 나타났다.

그들 간에는 두텁고 정겨운 웃음이 넘쳐흘렀다. 파안대소하며 젊은이의 손을 잡고 잔등을 쓰다듬는 여인의 모습과 따뜻한 사랑을 만끽하는 젊은이는 어머니와 아들로 뵈기에 충분했다.

이내 우리 아이도 나타났다. 건장한 군인이 되어 마주 앉은 내 아들이 무척 자랑스럽고 대견스럽게 여겨졌다.

바로 전 해 늦가을, 서울역에서 논산훈련소로 보내는 송별을 하며 제 어미는 연해 눈물을 훔치고, 개찰구로 빠져나가는 아들 녀석은 뒤통수를 벅벅 긁는데, 아비인 나는 시종 싱글벙글 웃으며 '몸조심하고 성실한 군인이 되어라' 하며 아들의 입영을 무척 흐뭇해했던 일을 떠올렸다.

남자는 한 2년 군대에 갔다 오면 이 사회에서는 경험하지 못할 값진 개전改悛의 정을 얻게 되고, 부모의 은혜, 동기간의 우애, 화목한 가정이 얼마나 값진지도 깨닫게 되며 세상도 많이 배우게 된다고 수시로 일러주곤 했었다.

대개 제대 후 오래 안 가서 본성으로 환원을 하게 되지만, 그 잠재의식은 인식작용에 큰 영향을 끼친다고 여긴 까닭이었다.

그날 있었던 일을 떠올리며, 나는 두 가지 이야기를 꼭 하고 싶다. 다름 아니라, 종교를 두둔했던 국정이 빚은 국치 민욕國恥民辱과 정권의 충견 노릇을 한 군대의 3.15 부정선거에 대한 실상을 인쇄해 세상에 알리는 것이 좋겠다는 생각이 그것이다.

그럼 먼저 종교에 대한 얘기부터다.

종교와 관련한 두어 가지 일로 한국의 사회정의가 크게 훼손되었으며, 또 이로 인해 우리 민족의 자존심과 자긍심에 깊은 상처를 입고 있다는 점을 지적하지 않을 수가 없다.

그럼 무엇이 그러한지 살펴보기로 하자.

1949년 5월 1일 당시 남한의 총인구는 20,166,758명.(외국인 제외, 이

하 같음)으로 조사돼 있다. (자료:『공보처 통계국 총인구조사 결과 속보』) 또 감리교신학대학교 이원규 교수는 그의 저서『한국교회 어디로 가고 있나』(361쪽)에서 1950년 우리나라의 개신교 신도 수를 500,198명이라고 적고 있다. (자료:『한국종교연감』1993. 168 ~ 169쪽). 그리고 한국정신문화연구원의 연구논총 '93-7.『현대한국종교변동연구』에 게재된 노치준 교수의 연구논문 '해방 후 한국 종교조직의 변천과 특성에 관한 연구' (83쪽)에는 1949년 천주교 신도는 157,668명이라고 밝히고 있다. 그러나 불교신도의 숫자는 알 수가 없어 유감이다.

정확한 종교인구 현황을 알기 위해서는 일일이 가가호호 방문하여 설문조사를 해야 하기 때문에, 현재는 1985년을 시작으로 10년 주기로 인구 및 주택센서스 시에 조사하고 있으며, 1985년 11월 1일 현재의 조사는 경제기획원 조사통계국이 했다. (통계청 서울민원실). 이때 조사된 당시 우리나라의 주요 종교인구 현황은 다음과 같다.

〈표 1〉 불교: 8,059,624명.
기독교: 6,489,282명.
천주교: 1,865,397명.
유교: 483,360명.
기타:305,633명.
◆총인구: 40,419,652명.
◆종교인수:17,203,296명

그럼 1949~1950년을 한 축으로 보고, 총 인구에 대한 기독교와 천주교신자를 합한 수의 퍼센트를 구해보자.

(기독교 500,198 명 + 천주교 157,668명) ÷총 인구 20,166,758명 × 100 =≒3.26%이다.

그리고 새뮤얼 헌팅턴은 저서『문명의 충돌』(이희재 옮김 : 김영사)에서 "전통 종교가 뿌리뽑힌 사람들의 정서적, 사회적 욕구를 만족시키지 못할 경우 다른 종교 집단이 그 역할을 대신하면서 그 과정에서 교세를 크게 확장하여 사회적 영향력을 발휘한다. 한국은 역사적으로 불교 인구가 압도적으로 많았다. 크리스트교 신자는 1950년 전체 인구의 1퍼센트에서 3퍼센트 수준이었다. 한국이 급속한 경제 발전을 이루어 도시화와 직업의 분화가 대규모로 진행되었을 때 불교는 제구실을 하지 못하였다. 도시로 유입된 수백만의 한국인과 변화한 농촌에 남아 있던 수많은 한국인에게 농경 시대의 침묵하는 한국 불교는 호소력을 잃었다. 개인의 구원과 운명을 설파한 크리스트교는 혼돈과 변화의 시대에 확실한 위안을 주었다."

(자료 : Henry Scott Stokes, "Korea`s Church Militant," New York Times Magazine, 28 November 1972, p.68)라는 논설을 소개하고 있다.(126 ~ 127쪽)

이는 8.15 광복 직후인 1950년 전후에는 불교가 우리나라의 주된 종교였으며, 기독교는 전래 연천傳來年淺한 극소수의 종교집단이었다는 사실을 의심할 여지가 없음을 세계적 석학이 재확인해 준는 셈이다. 그리고 위에서 계산해 본 3.26 %와 1 ~ 3%라는 수치도 거지반 일치한다.

아울러 1995년 11월 1일 현재 종교인구 분포도 알아보자.

〈표 2〉 불교: 10,321,012명.
개신교: 8,760,336명.
천주교: 2,950,730명.
유교: 210,927명.
원불교: 86,823명.

대순진리회: 62,0.56명

천도교: 28,184명.

대종교: 7,603명.

기타: 170,153명.

◆ 총 인구: 44,553,710명.

◆ 총 종교인수: 22,597,824명.

(자료 : 통계청, 『1995 인구주택 총 조사보고서』 1997).

그런데 정부에서 1949년, 공휴일을 지정할 때 극소수인 기독교 · 천주교의 '크리스마스' (실은 예수의 탄생일이 아님)는 공휴일로 지정이 되었으나 불교는 고구려 소수림왕 2년(A.D 372)에 중국 전진前秦으로부터 전파되어 통일신라시대와 고려조에서 특히 융성했으며, 조선조 한때 숭유崇儒 억불책抑佛策으로 진통을 겪기는 했어도, 여전히 한국인의 전통적인 주종 종교로써 신도도 압도적으로 많았지만, '석가탄신일' 은 공휴일에 끼지 못했다.

기독교와 천주교 신도들은 촌철살인寸鐵殺人의 환열을 만끽했겠지만 불교도들은 회심灰心을 달래느라 얼마나 목탁을 두들겨댔을까?

참으로 가소롭고 사리에 맞지 않는 일이라 아니 할 수가 없다. 어떤 논거로 신도수가 턱도 없이 적은 크리스마스는 공휴일로 우대하고, 불탄일은 인정하지 않는 천대를 했단 말인가?

그보다도 더욱 중요한 문제는, 어째서 하느(나)님을 믿는 신도가 전체 국민의 3.26%밖에 안 되는데, 크리스마스가 국정 공휴일이 되는 괴상망측한 일이 벌어졌단 말인가?

그야말로 대한민국 국민이라면 누구나 자괴지심을 느끼지 않을 수 없는 천부당만부당한 일이라 아니 할 수가 없다.

그 뿐만이 아니다. 정작 내가 하고 싶은 말은 국민의 절대다수가 신앙하는 종교가 아닌 이상, 크리스마스건, 석가탄신일이건 그런 날은 당해 종교를 믿는 그들 소수만의 잔칫날이지, 비종교인인 다수의 국민들과 타종교인들과는 하등의 상관이 없는 날로 국정 공휴일이 될 수 없다는 주장이다.

그럼 백주창탈白晝搶奪하듯 백성들을 능멸하고, 자주국가로서 줏대없이 자초한 어처구니없는 정치적 처사는 그 근인根因을 어디에서 찾아야 할까?

내 나름의 생각은 이러하다.

해방 후 3년 간의 미군정 시대를 거쳐, 1948년 8월 15일 이승만을 초대 대통령으로 한 대한민국 정부가 수립된 이후, 많은 기독교인들이 정치지도자로 참여하게 되어 기독교를 비호했을 뿐 아니라, 백성 개개인의 인권이 정치권력의 손아귀에 들어 있었으며, 정치권력을 휘어잡은 놈들이 똥 묻은 개 주둥이보다도 더 더러운 얼렁쇠였기에 가능했을 것으로 추측된다. 또 한편으로 그 당시 우리의 정세가 북한과 일촉즉발의 긴장상태에 놓여 있었으므로 미국의 보호가 절대 불가피한 사정이었다는 국제상황에 그 초점을 맞출 수가 있을 것 같다.

비색否塞한 국운의 우리 민족이 건국 이래 974회(사학자. 문학박사 이선근李瑄根선생이 밝힌 것으로 알고 있음)의 외침을 당함으로써, 종속과 피지배와 식민지화 등으로 점철되어 사대주의 사상이 우리 민족의 속성으로 잠재해 있어서, 미국에의 사대事大와 더불어 독재자 이승만의 비위를 맞춰 호가호위狐假虎威하려는 간신들이 독실한 기독교 신자인 이승만 부부에게 진상進上한 것으로 단정해 본다.

일본은 패전국으로써 미국의 절대적인 피지배국이었으나 크리스마스가 공휴일로도 되지 않았으며, 기독교신자(광의)가 1997년 기준 전체 국민의 1.4%에 불과하지만 지금에 와서는 미국과의 유대가 우리보다 더 공고함은 물론, 그들의 정신적 정체성과 문화적 가치를 잘 보존하고 있는 것을 보면, 내 나름의 논리가 그다지 생뚱맞지만은 않다는 생각이 든다.

1997년 기준 일본의 기독교신도 현황은 다음과 같다.

신. 구교를 합한 신도 수 : 1,762,000명

총인구 : 126,166,000명

◆총인구 대 기독교신도의 백분율 : 1,762,000 ÷ 126,166,000 × 100≒1.4%.

(자료 : 일본 총무청 일본통계연감 735쪽－1997)

우리 민족의 장점이 끈질긴 강인성強靭性과 명석한 두뇌라면 단점은 두레교회 김진홍 목사가 일찍이 지적한 대로 '거짓말을 잘 한다.'와 거기에 하나 더 보탠다면 부화뇌동附和雷同을 들 수 있을 것 같다.

부화뇌동은 '참새 떼 성정'에 비유되는 말이다.

참새 떼는 후닥닥 몰려다니는 특성을 갖고 있다. 즉 참새 떼 기질은 줏대 없이 유행에 친숙하여 지나치게 남 따라 한쪽으로 우르르 쏠리는 경향이 짙다. 다시 말해 '남 따라 장에 가기'를 예사롭게 잘한다. 그리고 그 반영은 종종 우리 사회 전반에 걸쳐 반사회적 회오리바람을 일으키는 현상으로 나타났다.

해방 직후 소련의 빨갱이 바람이 일시에 영호남으로까지 불어 방방곡곡의 농민들과 어린 국민학교 학생들까지 공산당에 입당, 아침저녁으로 공산주의 찬가를 불러대던 일이나, 부동산 붐이 일면 앞뒤 안 가리고 투기에 밀물처럼 몰려드는 현상, 주식시장이 달아오르자 농민들까지 논밭 팔아 뛰어들었다가 실패하여 자살을 하는 일까지 생겼던 현상들이 좋은 예가 될 수 있을 것이다. 그와 엇비슷한 많은 소장消長의 사건들이 있었지만 무엇보다 반세기 동안의 우리 종교사회가 그것을 가장 명료히 말해주고 있다.

8.15 해방 직후의 시대를 살아온 사람들은 그 즈음의 우리 정치사를 생생히 기억하고 있을 것이다. 체제만 민주국가를 표방하고 있었을 뿐, 전제군주국가나 별다름 없는 정치풍토에서 위정자들은 대통령의 환심을 사기 위해 충성과 아부를 쏟아 부음으로써 부귀영화를 누렸고, 백성들은 자유와 인권 등 국민으로서의 기본권마저 송두리째 유린당한 채 식민지의 비참했던 가난을 유산으로 받아 헐벗고 굶주려야만 했다. 그런 마당이니 삐뚠 정사를 시시비비是是非非할 사회정의가 존재할 수도, 그럴 응집력도 없었다.

해서 기독교는 일제 하에서 신사 참배를 하는 등 친일의 오명에서 온전하지 못했지만, 독재자인 대통령과 거대 미국의 무동을 탄 하느님의 아들딸들은 기세가 등등했고, 피나도록 가난했던 한반도 반쪽 땅 위의 사람들은 밀가루, 옥수수가루, 우유, 빵 한 조각을 얻어먹기 위해, 또는 옷 한벌 연필 한 자루, 공책 한 권을 손에 쥐기 위해 우르르 교회나 성당으로 몰려들었으며, 하느님의 아들딸들이 부지기수로 늘어나 종교문화에 새로운 패러다임paradigm을 가져왔다. 지구를 반 바퀴나 휘돌아 온 기독교는 이방의 이질 토양에서도 순화동물馴化動物처럼 이 땅의 잡초들을 닥치는 대로 흡입하였던 것이다.

그 이후 한국의 역사가 6.25 전란, 4.19 혁명, 5.16 군사혁명(나는 처음으로 쿠데타에서 혁명으로 변칭한다) 등 굽이굽이 모질게 휘돌아 온 1975년 1월 27일, 대통령령 선포로 석가탄신일도 뒤늦게 공휴일로 지정이 되었다. 그것이 불교도의 불만을 무마하기 위한 조치였는지, 표심을 의식한 정략적 처방이었는지의 자초지종을 나는 모른다.

그리하여 우리나라에서는 크리스마스와 불탄일이 공히 국정 공휴일로 지정되었던 것이다.

한데 그 즈음 국가 산업이 공업화로 약진하게 됨에 따라 전반적으로 국민생활이 향상되면서 10월은 직장인들에게는 현대판 '시월상달' 이었던 것이다. 10월 1일 국군의 날(6.25전쟁 때 38선을 최초로 돌파한 날), 10월 3일 개천절, 10월 9일 한글날이 모두 공휴일인 데다, 이따금 추석연휴까지 끼이곤 했으니까.

단풍계절과 어우러져 2일을 대체 휴일 또는 년, 월차 휴가로 떼를 써서라도 먼 나들이를 즐기려는 풍조가 만연하게 되었다. 한마디로 10월은 초순부터 온통 놀자는 분위기였으며, 생산현장에서는 10월의 생산고가 현저하게 하향사선을 그었다.

그렇게 되자 언제부턴가 공휴일이 너무 많아 생산성이 하락하여 타격이 심하다는 재계의 볼멘소리가 아우성을 치기 시작했다. 이에 정부에서는 1990년 11월에 공휴일을 축소하게 되었으며, 1991년부터 국경일인 개천절을 제외하고 국군의 날과 함께 한글날도 공휴일에서 폐지해 버렸다.

여기에서 앞의 〈표 1〉과 〈표 2〉를 근거로 공휴일과 관련된 종교에 대한 우리 국민들의 종교 성향을 살펴보자.

〈표 1〉1985년 11월 1일 현재.

기독교 · 천주교도 : 8,354,679명 ÷ 총인구 40,419,652명 × 100 ≒ 20.67%

불교: 8,059,624명 ÷ 총인구 40,419,652명 × 100 ≒ 19.94%.

〈표 2〉1995년 11월 1일 현재.

기독교 · 천주교도:11,711,066명 ÷ 총인구44,553,710명 × 100 ≒26.2 9%.

불교도: 10,321,012명 ÷ 총인구 44,553,710명 × 100≒23.17%

위의 수치가 말해 주듯 어느 시점에서도 크리스마스나 석가모니의 탄신일은 국민적 성절聖節이 되기엔 어림없다.

참으로 통탄할 노릇이다. 우리들은 걸핏하면 '민족의 얼' 을 부르짖는, 유구한 역사와 전통을 자랑하는 배달민족이 아니던가?

'한글' 은 세계적으로 가장 뛰어난 글로써 세계만방에 자랑할 수 있다고 우리 스스로 자부하고 있지 않은가? 우리 민족의 문화유산 중 으뜸가는 보배는 단연 한글이다. 그런데 한글을 창제하신 세종대왕님의 공덕을 기리는 정성이 이처럼 무지몰각無知沒覺하고 무성의해서 되겠는가?

우리 모두 함께 숙연한 마음으로 왼쪽 가슴에 오른쪽 손바닥을 대고 냉철히 한번 생각해 보자.

한글날과 크리스마스와 불탄일 중 어느 날이 우리 모두의 국민에게 더 의의 깊고 더 소중한 날이겠는지. 이에 정신 나간 사람이 아니라면 세종대왕께서 한글을 반포하신 '한글날' 이라는 데 동의 하지 않을 수 없을 것이다. 수적數的 근거만으로도 왜곡될 수 없는 정의임에 틀림없다.

한글날은 우리 온 겨레의 날이 아닌가. 일제강점기에도 '조선어연구회' 가 1926년 처음으로 '가갸날' 이란 이름으로 기념하기 시작하여 오늘에 이르렀다고 하니, 더욱 뼈아픈 일이다. 한시바삐 한글날은 국경일은 말할 나위 없고 국정공휴일로 지정하여 우러러 기념해야 마땅할 것이다.

2005년 3월, 정부에서는 주 5일 근무제에 따른 공휴일 축소대책으로 식목일과 제헌절을 공휴일에서 제외한다고 발표했다. 그러면서도 크리스마스와 석가탄신일은 거론조차 하지 못했다.

왜 그랬을까? 역대 정부 역시 마찬가지였지만 두 말할 나위 없이 '표'를 의식해서도, 패거리의 떼가 무서워서도 '패거리의 날'에는 칼질할 생각조차 못했을 것이다.

1949 ~ 1950년 기준 기독교도와 천주교도를 합한 머리수가 전체 국민의 3.26%에 불과한데도 크리스마스를 국정 공휴일로 지정한 잘못만은 하루바삐 바로잡아야지 그냥 넘어갈 수 없다는 것은 삼척동자도 수긍할 것이다. 지금에 와서도 크리스마스나 불탄일이 국정 공휴일이 될 수 없는 이유도 매한가지다.

이것이야말로 민족 주체성을 고취시키기 위해 꼭 올바로 잡아야만 할 일 중의 할 일이다.

이제 우리는 건전하고 보편타당성에 입각한 민주적 가치관으로써 우리 사회의 모순을 하나하나 걷어내어야 할 때다. 지금까지 정치인들은 표를 의식해서, 지성의 전당인 대학의 구성원들은 놀기 좋아서, 원로 지도층에서는 무기력하고 나약해서, 하고많은 시민단체들은 운동의 지각知覺이 아직 거기까지 미치지 못해서 이와 같은 국치國恥적 과오를 나 몰라라 방관하고 있는 게 아닌지? 아니면 패거리 떼가 설쳐대는 세상이라 시비하기 두려워서 알고도 모르는 척 꼬리 내리고 있는 게 아닌지 모르겠다.

그러나 이제 더는 그래서는 아니 될 것이다. 국가 위상의 정립 차원, 민족정기의 회복 차원, 정의사회의 구현 차원, 나아가 국가 기틀을 바로 잡는 개혁 차원에서도 위정자들을 선두로 정치인, 국민적 영향력 있는 지도층, 정의감에 불타야할 청년 · 학도들, 사회정의를 기치로 내건 시민단체들이 우국충정을 발휘하여, 종교의 날은 종교인들에게, 국민의 날은 국민들에게 돌려주는 일에 주저해서는 아니 될 것이다.

이에 온 백성의 이름으로 간절히 간諫하노라.

그리고 또 한 가지 못마땅한 것이 있다.

우리 애국가의 가사 중에 "하느님이 보우하사 우리나라 만세"라는 구절이다.

기독교(광의)가 대한민국의 국교가 아니다. 그리고 반만년의 역사를 내면적으로 종속과 피지배와 끝내는 식민지의 굴레까지 쓰고 통치를 받았고, 8.15 해방도 미 · 영 · 불 · 소련 등 연합군의 덕택에 광복했으며, 6.25 전란도 미국이 주도한 UN군의 도움으로 극복했고, 오늘날까지도 미국의 방위우산 아래서 간신히 민주국체를 유지해 왔거늘, 독립정신을 깨치지 못하고 종내 천신天神에게라도 의존하는 보호의 대상이 되어 나라를 지탱하고, 민족의 목숨을 연명하자는 건가?

하느님(우리나라에서 기독교는 하나님, 천주교는 하느님으로 달리 하고 있으나 동의어임)은 그저 인습因習적 칭위稱謂라고만 할 수 없는 기독교(로마 가톨릭교, 정교회, 개신교)의 상징어다. 그것도 구미歐美 세계 강대국들의 종교 말이다. 애국가의 이런 자구字句는 작사자에게 이데올로기의 영향과 개인적인 종교성향이 크게 작용했음이 감지될 뿐더러, 한국의 역사적 운명이었던 의존의 냄새를 풍기며 민족 자주정신과 민족 자결주의에 역행하는 작태다.

이래서는 아니 된다. 대한민국 국민의 민족정기를 불러일으킬 수 있는 당당하고 굳센 의지의 어구語句로 고치는 것이 마땅하리라.

2003년 가을이었던가? 미국의 앨라배마 주 대법원 마당에 십계명을 기재한 대리석 설치를 두고 연방법원이 정교분리원칙에 어긋난다며 철거명령을 내린 사건을 쓴 신문의 가십gossip을 읽은 적이 있다. 국민 대다수의 종교가 기독교인 미국 같은 나라에서도 이러하거늘, 대한민국도 정교 분리 국가이며, 하물며 전체 국민의 머리수에 비해 하느님의 신자는 소수집단에 불과하니, 민주 자주독립국의 대명천지에서 나의 위 두 가지 주창에 종교인들도 선뜻 동의하리라 믿어 의심치 않는다.

그렇다. 그들도 어느 종교의 신도이기 이전에 대한민국 국민의 한 사람이기 때문이다. 그리고 종교는 진리와 사랑과 정의를 배척할 수 없는 신성한 사회적 의무를 띠고 있기에 더욱 그렇다.

온 국민에게 하소연하노라.

우리 대한민국은 자주독립국이다. 우리 대한민국은 기독교국의 식민지가 아니다. 잃어버린 우리 민족의 얼을 찾자. 하느님에게 구원의 손길을 내미는 그런 치사한 생각일랑 탁탁 떨쳐버리자. 그리하여 우리 모두 하나 되어 우리의 힘으로 아름다운 삼천리강산 길이길이 보존하자. 그래, 그래서 '대한민국 만세.' 를 자자손손 우렁차게 외치게 하자.

다음으로 군대에 관한 얘기이다.

우리의 민주주의 역사는 일천하다.

아직은 땡감처럼 설익은 민주주의이지만 그간의 발전과정에는 경천동지할 사건들이 꼬리를 물었다. 분명 3.15 부정선거는 이들의 격문檄文역할을 했다고 볼 수 있다. 교사敎唆인지 자발自發인지는 모르겠으나, 군대에서 공공연히 자행된 기발奇拔한 3.15 부정선거의 한 실상을 뒤늦게나마 밝히고자 한다. 새삼스런 얘기이긴 하지만 분명 우리의 민주주의와 국군 발전 과정의 한 역사로 기록되어야만 할 뿐 아니라, 역사는 국민에게 진실을 말해야 하기 때문에 여기에 기술하는 것이다.

내가 수도사단 제1 연대 제3 대대 제12 중화기중대 소속으로, 경기도 파주군 탄현면에서 근무하고 있을 때였다.

1960년 3월 15일의 대통령 및 부통령 선거가 임박해 오고 있었다. 몇 달 전부터 이승만 정부와 자유당은 군인 세뇌교육에 들어갔다. 구체적인 예로 저녁 식사가 끝나고 나면 주로 학보병S.O(Student Order)인 기재계器材係로 하여금 소대별로 관보나 다름없던 '서울신문' 을 한 시간씩 읽어주게 했다. 당시 서울신문은 '언론은 사회의 거울이다.' 라는 본분을 까맣게 망각하고 권력의 꼭두각시 노릇만 했다. 아니, 했다고 하기보다 그러토록 만들어져 있었다. 서울신문은 국민의 귀를 틀어막고, 눈을 가리어 자유당 독재정치의 시녀 노릇을 하는 정부기관지였다.

그런 중에도 특히 동아일보(그런 논조의 신문이 비단 동아일보만은 아니었을 것이다)는 언론의 사명을 다하기 위해 이승만 독재정치에 회사의 명운을 걸고 항거했다. 민족혼을 일깨우려는 동아일보의 고독한 투쟁과 정의로운 기개는 '자유' 와 '민족' 의 기둥처럼 우뚝했다.

동아일보는 일제강점기에는 독립정신을 앙양하고, 일제를 규탄하는 선봉에 서서 민족혼을 고취시키는 데 사운을 걸었다. 그로 인해 수차례에 걸쳐 정간을 당하기도 했는데 특히 손기정 선수의 베를린 올

림픽 마라톤 우승을 보도하면서 손기정 선수의 가슴에 붙인 일장기를 지우는 등 지속적으로 저항하다가 급기야 일제 말에는 일제에 의해 폐간을 당하기도 했다.(조선일보도 같은 논조로 비슷한 고역을 치른 것으로 알고 있다.) 그래서 대한민국의 많은 백성들은 동아일보와 조선일보를 '민족지' 라고 부르기도 했던 것이다.

서울신문은 이승만을 애국애족의 영웅으로 떠받들고, 자유당 치적을 찬양, 지지하는 논조로 일관했다.

세상 일에 어두운 졸병들 중에는 세뇌교육의 일환으로 신문을 읽어주는 행사를 시사時事를 알려주는 역할로 여기고 곧이곧대로 받아들이는 사람이 많았다. 그 당시만 해도 군인들 중에는 무학자와 국민학교 졸업자가 수두룩했으니 당연한 일이었다.

그리고 서울신문 이외의 다른 신문은 일절 부대 내로 들어오는 것이 허용되지 않았다. 만약 다른 신문을 보다가는 영창엘 가게 될 것으로 눈뜬 장병들은 공히 인식하고 있을 정도였다.

자유당정권은 야당 정치인부터 군졸에 이르기까지 권력의 쇠사슬로 꽁꽁 묶어놓고 장기집권을 꾀했다. 거기에는 북한과의 대치현실을 십분 볼모로 삼았다.

3.15 정·부통령선거가 가까워 오자 부대 내에는 살벌한 분위기가 감돌기 시작했다. 이른바 모의 투표가 계획되었다.

2월 하순경으로 기억된다. 대대장은 전 장병들을 연병장에 집합시켜 놓고 모의투표에 대한 설명을 했다.

"내일 각 중대별로 모의투표를 실시한다. 명심해야 할 것은 투표결과가 반드시 대통령에 이승만 박사, 부통령에 이기붕 선생을 90%이상 지지해야 한다는 것이다. 그렇지 않은 중대는 저 ㅇㅇ산 봉우리까지 완전무장을 하여 왕복구보를 시키겠다. 알겠나?"
하고 겁을 주었다.

"예!" 하는 장병들의 소리는 어쩔 수 없이 우렁찼다.

다음 날, 엄엄嚴嚴한 분위기 속에 모의투표가 끝이 났다. 개표 결과 한 중대가 90%에 조금 못 미쳤다. 그 연유는 이러했다.

그 당시에 하사는 진급할 때가 돼도 국방 예산이 부족했던지 진급을 시켜주지 않았으며, 복무 연한이 지나도 제대도 시켜주지 않아 불만이 가장 많았다. 그래서 그 하사들이 모여 막걸리 한잔씩 들이키고는 각 소대에 다니면서 반민주적인 모의투표를 반대하는 뜻에서 상부의 지시에 따르지 말자고 선동한 것이 화근이 되었다.

대대장은 즉시 전 대대 장병을 연병장에 집합시켰는데, 명령에 불복한 중대의 장병들만 완전무장으로 따로 정렬시켰다.

중대장은 지휘대에 올라서서,

"늦게 도착하는 자들은 중벌에 처하겠다. 도착순대로 절반을 잘라 늦게 도착하는 자들은 한 번 더 구보를 시킬 테니 그리 알고 힘껏 뛰기 바란다. 알겠나?"
하고 고래고래 고함을 질렀다. "예!" 하는 대답소리가 앞산에 메아리쳤다. 곧 신호탄이 발사되고, 서로 앞다투어 달리기 시작하자 봄 가뭄으로 메마른 땅에서 희부연 먼지가 포연처럼 솟아올랐다. 장병들은 2분지 1 등수 안에 들기 위해 사생결단으로 뛰었다. 연병장에 다다랐을 때, 땀에 먼지범벅이 되어 쓰러지는 병사가 부지기수였다.

아무리 뛰어도 뒤처지는 절반은 어쩔 수없이 나오기 마련이다. 정한 시간 안에 돌아오지 못한 사람에게 가벼운 책벌責罰은 가할 수야 있겠지만 무조건적으로 반절하여 처벌하는 어처구니없는 짓거리를 바라보는 열외의 장병들은 목격하기에도 민망했으며, 안쓰럽기 그지 없었다.

이런 일도 있었다. 어느 중대장이 교장教場에서,

"이번 선거에 군부에서의 대처가 너무 심한 것 같다."

고 말을 했다. 그런데 그 날 오후 그 중대장은 행망불명이 되어 버렸다. 들리는 말로는 그의 가족들도 그의 행방을 몰라 안절부절못한다고 했다.

당시에는 헌병대가 군인의 경찰이라면 특무대는 군인의 중앙정보부에 비유될 만했다. 모두들 특무대에 걸려든 것으로 짐작했다.

바로 그 즈음 또 한 가지 기발한 자유당 선거책략이 군문軍門에 침투해 왔다. 이른바 '가정통신' 이라는 부정선거 걸작이었다. 꼭 그대로 외우지는 못하나 골자는 아래와 같았다.

부모님 전상서

부모님께옵선 기체후 일향 만강하시옵고, 온 가족이 다 편안하십니까? 저는 부모님과 가족들의 염려덕분으로 건강하게 맡은 바 임무에 충실하오며, 편히 잘 있사오니 조금도 염려하지 마시기 바랍니다.

(중략)

그런데 저는 이번 선거에 대통령에 이승만 박사, 부통령에 이기붕 선생을 지지하오니 부모님께서도 꼭 그렇게 지지해 주시기를 부탁드립니다.

그럼 온 가족이 평안하시길 기원 드리며 이만 필을 놓겠습니다.

1960년 2월 ××일

불효자식 ○○○ 드림

2월 ××일까지 전 사단장병이 모두 의무적으로 위와 같은 가정통신을 써서 내도록 지시가 내려졌다. 만약에 써 내지 않는 사람은 계급 여하를 불문하고 엄벌에 처한다는 엄명이었다.

이런 공포분위기 속에서도 우리 사무실의 동료 5,6명은 주보에서 막걸리를 마시며 '가정통신'을 절대 보내지 말자는 약속을 했다.

그러나 그것은 순간적인 의기투합이었을 뿐 얼마 안 가 유야무야로 끝나고 말았다.

누구에게나 의분義憤이 있기는 마찬가지였다. 처음에는 쓰지 않고 눈치를 살피는 사람이 상당히 많았으나 날이 갈수록 그 수가 점점 줄어들어 갔다. 순순히 받아들이지 않고 싶은 심정은 누구나 매한가지였겠지만 군대에서 명령을 어길 수는 없는 것이 정한 이치이니, 따를 수밖에 없었다. 써내라는 기한이 가까이 다가오자 중대장은 온갖 회유책을 다 썼다. 제대가 얼마 남지 않은 사람에겐 '제대를 시켜주지 않는다.' 또는 '진급을 안 시킨다.' '영창엘 보낸다.' 등등의.

가급적 순종하지 않으려던 병사들의 의지도 중대장의 협박에 별수 없이 꺾이고 말았다.

얼마 안 가서 전 대대장병이 다 써내고 나 혼자 남게 되었다.

중대장은 격노하여 대갈했다.

"대대 전 장병이 다 쓰는데, 너 놈만 왜 못 쓰겠다고 버티느냐?"

나는 분명하게 대답했다.

"학교에서 민주주의를 그렇게 배우지 않았습니다."

화가 난 중대장은 배트를 집어 들었다.

"엎드려 뻗쳐."

중대장은 힘껏 몇 대를 내리쳤다.

"퍽퍽……."

살이 두툼한 둔부에서 무딘 소리와 함께 머리끝까지 띵하는 통증이 느껴졌다. 나는 이를 악물고 간신히 일어서서 중대장의 책상 앞 멀찍하니 섰다.

"야, 이 새끼야. 너보다 똑똑하지 못해서 모두들 쓰는 줄 아니? 사관학교 출신 장교들까지 빠짐없이 다 쓰는데 네까짓 게 뭐 그리 잘났다고 뻗대?"

중대장의 얼굴은 홍당무처럼 달아올라 족대겼다.

"저는 조국의 민주주의 발전을 위해 한 알의 밀알이 되겠습니다."

비장한 각오로 줄곧 교과서적인 대답을 하며 맞섰다.

"야, 이 곰 같은 새끼야. 너 때문에 내가 죽게 돼. 네가 끝내 가정통신을 쓰지 않으면 네놈이야 영창엘 가든지 죽든지 그것은 응당 네 몫이겠지만, 나까지 진급은커녕 불명예 제대야. 나를 죽일 작정이냐?"

중대장은 노발대발하며 화를 삭이지 못해 씩씩거렸다.

"좌우간 저는 쓰지 못하겠습니다. 그에 따른 여하한 처벌도 감수하겠습니다."

나는 백절불굴의 기백으로 당당히 대꾸했다.

"이 새끼, 군대 맛 톡톡히 좀 봐야겠군. 엎드려!"

엎드리자마자 배트로 볼기 언저리를 마구 두들겼다.

나는 어시없이 방바닥에 네 활개를 쭉 펴고 뻗어버렸다.

"내일까지 안 써 오면 죽여 버릴 테니 그리 알어."

중대장은 머리끝까지 성이 치밀어 시뻘건 얼굴을 하고 책상 앞 의자에 펄썩 주저앉았다.

안간힘을 써 간신히 일어서서 절름절름 걸어 문밖을 나와 바지를 내리고 더듬어 보았다. 양 엉덩이 주위가 뱀등같이 시퍼렇게 멍들고 두툼하게 부어 올랐다. 그 후로 매일 불려가서 배트 두 대씩을 맞았으나, 끝내 가정통신을 쓰지 않겠노라고 다부지게 버텼다.

왜 그랬을까? 대의에 목숨을 내던질 수 있는 것이 남아의 진정한 용기라고 생각했기 때문이었을까? 분명히 그것은 아닐 것이다. 오직 진정한 '나'를 빼앗기지 않고 지키려는 자기방어 의지였을 것이다.

"야, 이 새끼야, 너 한 놈이 가정통신을 안 쓴다고 해서 우리나라에 민주주의가 덥썩 올 것 같으냐? 이제 수도사단에서 가정통신을 안 쓴 놈은 너 놈밖에 없어. 어디 누가 이기나 한번 해보자."

이왕에 여기까지 온 거, 기까지 꺾여서는 안 되겠다 싶어 아주 당돌하게 맞섰다.

"중대장님, 제 행동은 결코 만용蠻勇이 아닙니다. 젊은 사람으로서 오직 정의와 양심을 지키겠다는 신념입니다."

"이 새끼, 간이 배 밖에 나왔군, 엎드려 뻗쳐!"

중대장은 여느 때처럼 배트로 마음껏 내 엉덩이를 두들겨팼다.

내 볼기 언저리와 넓적다리는 시퍼렇게 멍이 들고 선혈이 낭자하더니 두꺼비 등처럼 누덕누덕해져 의자에 앉을 수도 없었다.

수도사단에서 가정통신문을 내지 않은 사람이 나 혼자밖에 없다는 사실은 울산이 고향인 특무대 정무조 하사로부터 정확하게 확인할 수가 있었다. 정 하사는 우리 중대에서 근무하다 특무대로 전보 발령을 받아 간 사람이었다.

그가 임진강변 최전방 소대의 선임하사로 있을 때였다.

특무대장이 일요일마다 오전 10시경이면 그의 소대에서 얼마 떨어지지 않은 못으로 낚시질을 하러 왔다. 정 하사는 12시가 거의 다 되어 가면 연락병을 시켜 민가에서 구한 질 좋은 입쌀로 밥을 지어 민물고기 매운탕과 닭도리탕 등 맛깔스러운 음식을 정성껏 해 보내곤 했다. 특무대장은 낚시를 올 때마다 진수성찬을 차려 보내는 정 하사가 무척 기특하게 여겨졌으리라.

특무대장은 정 하사를 불렀다. 그리하여 특무대장과 정 하사는 처음으로 만나게 되었으며, 유난히 깨끗한 얼굴을 한 귀공자 같은 풍골에다 똘똘해 뵈는 정 하사에게 특무대장은 은근히 호감을 가졌던 모양이었다.

"정 하사, 애로사항이 있으면 언제든지 나한테 얘기해."

특무대장은 숨김없이 호의를 표했다.

"예, 감사합니다."

정 하사는 씩씩하게 대답했다.

그 뒤로 오랫동안 단 한번도 빠짐없이 지성껏 음식을 차려 보냈다.

어느 날 정 하사가 찾아왔다.

"문 상병, 미안하지만 편지 한 통만 써 줘."

"무슨 편진데요?"

내가 묻는 말에 정 하사는 특무대장과의 관계를 샅샅이 얘기해 주면서 특무대로 전출을 가고 싶다며 편지 내용을 잘 좀 써 달라고 부탁했다. 내가 수도사단 신문에 몇 번 기고했던 글을 보고 나에게 청탁을 한 것이었다.

그는 국졸 학력인데도 글씨는 꽤 좋았다. 그러나 그런 중요한 편지를 스스로 쓸 자신이 없어 나에게 의뢰하는 것이 좋으리라 생각한 모양이었다. 그래서 글씨는 자기가 쓰되 내용만 빌리자는 작정이었던 것이다.

나한테서 편지를 받아간 지 얼마 안 되어 정 하사는 특무대로 발령이 났다. 그 까닭으로 해서 정 하사는 나에게 무척 고마운 마음을 가지고 있었으며, 가끔 우리 중대에 들리기도 했는데, 그 때마다 나에게 남다른 친절을 넌지시 건네주곤 했다. 특히 가정통신에 관한 사단 전체의 상황에 대하여 수시로 전화로 자상히 알려 주었다.

인간으로서 자기 양식良識을 먹다 남은 개밥처럼 쏟아 버리기를 고민하여 순순히 명령에 복종하지 않고 버티던 사람이 동안이 뜨기까지 수십 명에 달했으나, 점점 줄어들어 십여 명에 불과하게 되자 정 하사는 일부러 나를 찾아 와서 진심 어린 충고를 해 주었다.

"문 상병, 가정통신을 꼭 써야 돼. 그렇잖으면 영창에 가는 건 말할 나위 없고, 그 보다 더한 어떤 일을 당하게 될지도 몰라."

정 하사가 엄숙한 표정으로 염려해 주고 걱정해 주는 것이 고맙게 생각되었으나 내 마음은 변함 없이 단호했다.

"정 하사님, 걱정해 주셔서 고맙습니다. 그러나 나는 쓰지 않기로 작심했습니다. 아무리 군대라지만 그런 부당한 일에 굴복할 수는 없습니다. 죽음도 불사하기로 결심했습니다."

"그러지 말고 한번 더 잘 생각해 봐. 군대에서 개죽음 당한들 세상이 알기나 하나?"
하고 돌아선 정 하사의 무척 걱정스런 눈빛이 자꾸만 눈에 밟혔다.

이틀 후에 전화가 왔다.

"이제 문 상병 혼자 뿐이야. 사단 전 장병이 다 쓰는데 문 상병 혼자 반대한들 무슨 소용이 있겠어? 오늘이라도 꼭 쓰도록 해."

그가 극진히 걱정해 주는 것이 너무 고마워서 고운 말로 대답했다.

"잘 알겠습니다. 감사합니다."

그래서 수도사단에서 가정통신을 쓰지 않은 사람이 나 혼자뿐이라고 한 중대장의 말을 믿을 수가 있었다.

그 후로는 중대장도 나에게는 설득이고 완력이고 먹혀들지 않음을 인정하였던지 더는 배트를 들지 않았다.

운명의 여신이 나를 암흑의 세계로 안내하기 위해 바로 내 턱밑에 다가와 섰구나 싶었다. 성인도 시속時俗을 좇는다는 말이 있는데, 내가 뭔데? 육군 상등병, 얼마 안 있어 제대를 하여 세상 풍상에 휩쓸려 물처럼, 바람처럼 흘러갈 초개같은 목숨이, 수도사단 전 장병 중에 유아독존 격으로 절대복종이 율법인 군령을 거역하는 중죄인(?)이 된단 말인가. 그림자뿐인 계수나무에 새끼줄을 매달아 달에 오르려는 멍청이, 스스로가 스스로를 가소롭게 여기기도 했다.

그날 밤, 나는 만일의 사태에 대비하여 두 장의 유서를 썼다. 한 장은 어머니 앞, 한 장은 동아일보 사장 앞으로.

그런데 그 유서의 원본이 지금의 내게 남아 있지 않다. 제대 후, 대구에서 직장생활을 하며 결혼을 하고, 얼마 뒤 서울에 직장이 마련되어 서울로 왔다. 나 혼자 먼저 상경하여 당분간 여관(북창동의 남북여관) 생활을 하고, 달포 정도 아내 혼자 남아서 살던 집 정리를 하여 이삿짐을 철도편으로 부쳤는데, 공교롭게도 조치원역 구내에서 우리 짐이 실린 화차 칸에서 화재가 나, 주로 포목을 실은 그 칸의 화물이 몽땅 다 타버렸다. 우리 이삿짐도 장독 속에 넣은 사진첩만이 유일하게 일부가 타고 일부가 남아 있을 뿐, 나머지 세간살이는 말끔히 타버렸다. 지금도 안타까운 것은 언젠가 이 글을 쓰는 데 참고로 쓰기 위해 모아두었던 자료들이 그 짐 속에 모두 들어 있었다는 것이다. 그러므로 해서 두 유서가 남아있질 않다. 그렇지만 그 줄거리는 내 가슴에 분명하게 새겨져 있다.

먼저 동아일보사장 앞으로 쓴 유서다.

동아일보 사장님께

자유당 철권통치의 공포분위기 속에 온갖 시련과 고난을 겪으면서도 민족의 자유와 국가의 민주화를 위해, 언론의 사명을 다하고자 고군분투하시는 동아일보 임직원 여러분께 고개 숙여 경의를 표하는 바입니다.

동아일보의 분투는 자유의 사도, 민권쟁취의 횃불, 민주화운동의 기수, 민족의 길잡이, 민주언론의 표상으로서 언론사에 길이길이 빛날 것이며, 우리 겨레붙이의 가슴마다 깊이깊이 새겨져 만세에 찬연히 빛날 것을 확신하는 바입니다.

저는 수도사단 제1연대 제3대대 제12 중화기 중대본부 서무계에 복무 중인 군번 10324863 상등병 문여상입니다. 저의 집 주소는 경남 창원군 대산면 갈전리 904번지입니다. 저는 다가오는 3.15 정부통령 선거와 관련한 일로 인하여 어쩌면 목숨을 버리게 될지도 모르는 처지에 놓여 있습니다. 만약에 제가 개죽음을 당할지라도 그것은 이 글을 드리는 취지와는 거리가 멉니다.

저는 단지 군부대 내에서 공공연히 자행된 3.15 부정선거를 온 국민들에게 알림으로써, 다시는 군대가 정치권력의 사병노릇을 하지 못하도록 우리의 민주주의 역사에 꼭 기록으로 남아야 한다고 판단되어 이 글을 쓰는 것입니다.

3.15 정부통령선거를 몇 달 앞두고부터는 저녁 식사 후 1시간씩 각 소대 기재계(대개 학보병)를 통해 소대원들에게 '서울신문'을 읽어주

게 했습니다. 물론 부풀린 시정의 홍보차원에서지요. 그리고 부대 내에는 '서울신문' 이외의 다른 신문은 일절 반입이 금지돼 있습니다.

선거를 한 달 가량 앞둔 시점에서는 모의 투표를 실시하여 대통령에 이승만, 부통령에 이기붕을 90%이상 지지하지 않은 중대는 완전무장을 시켜 무척 높은 고지를 왕복 구보를 시키고, 늦게 도착한 절반은 한번 더 구보를 시키는 어처구니없는 행태가 벌어지기도 했습니다. 이 기합으로 먼지투성이에 옷이 땀에 흠뻑 젖어 픽픽 쓰러지는 군우들의 참상은 차마 눈뜨고 볼 수 없을 정도로 참담했습니다.

모의 투표에 이어, 이른바 '가정통신' 이란 양식을 만들어 하달하여 강압적으로 모든 장병들에게 써내게도 했습니다. 그 내용은 아래와 같습니다.

부모님 전상서

부모님께옵선 기체후 일향 만강하시옵고, 온 가족이 다 편안하십니까? 저는 부모님과 가족들의 염려 덕분으로 건강하게 맡은 바 임무에 충실하오며, 편히 잘 있사오니 조금도 염려하지 마시기 바랍니다.

(중략)

그런데 저는 이번 선거에, 대통령에 이승만 박사, 부통령에 이기붕 선생을 지지하오니, 부모님께서도 꼭 그렇게 지지해 주시기를 부탁드립니다.

그럼 온 가족이 평안하시길 기원 드리며, 이만 필을 놓겠습니다.

1960년 2월 ××일

불효자식 ○○○ 드림

그런데 사장님, 수도사단 전 장병 중에서 오직 저 혼자만이 이 가정통신문을 보내지 않아 필설로는 표현할 수 없는 엄청난 고통을 겪어야 했습니다. 중대장이 엉덩이와 허벅다리를 떡치듯 매질을 해서 선혈이 낭자하기도 했으며, 의자에 앉아 있을 수도 없을 만큼 상처를 입었습니다. 이젠 중대장도 저의 몸을 내맡기는 반발에 저를 회유하기 위한 완력을 포기한 듯합니다. 그 결과 현 상황은 저 자신뿐 아니라 저를 아는 장병들 모두가 제가 사형을 면치 못할 것으로 인식하고 있습니다.

한 때는 혈혈단신孑孑單身, 형단영척形單影隻, 어떤 수사로도 묘사할 수 없는 절망의 나락에 떨어지기도 했습니다만, 이제는 미련 없이 생명을 포기하고 나니 홀가분한 기분이 들고 마음이 편안해졌습니다.

이런 일도 있었습니다. 어느 중대장은 교장教場에서 이번 선거에 군부의 대처가 너무 지나치다는 말을 한 후 그날 오후에 귀신도 모르게 증발해버렸습니다. 그 만큼 부대 내의 분위기는 공포에 휩싸여 있습니다.

그런 가운데 제가 암팡스레 가정통신을 쓰지 않고 고통을 감수하며 죽음도 불사하겠다는 까닭은 아주 단순합니다.

첫째 오직 제 자신을 지키기 위한 방어 행위라고 하는 것이 가장 적절한 대답이 될 수 있을 것입니다. 사람은 자기 자신에게 철저해야 한다는 것이 저의 기본 신조이기에 이에서 비롯된 행위입니다.

둘째 불의와 타협하지 않는 기백氣魄이 구차하게 목숨을 구걸하는 것보다는 남아의 자존自尊이라고 여기기 때문입니다.

셋째 제 인생을 확립된 가치관으로써 의롭게, 사람스레 살겠다는 것이 저의 확고한 신념이기에 그럴 수 있었습니다.

넷째 중대장에게 '민주주의를 그렇게 배우지 않았습니다.' '우리 조국의 민주주의를 위해 한 알의 밀알이 되겠습니다.' 하고 내건 기치旗幟는 돌멩이 한 개로 웅덩이를 메우겠다는 우매한 행위이지만, 그 돌멩이는 웅덩이의 수면을 진동시켜 자그마한 파장이라도 일으키고 가라앉을 것으로 여기기 때문입니다.

이것이 제가 '가정통신문'을 쓰지 않고 끝까지 항거하게 된 진정한 이유입니다.

이처럼 한 사람의 권좌를 유지하기 위해서 최전방에서 주야장천 북한 괴뢰군과 대적하고 있는 군졸들에게까지 횡포를 부리는 독재자 이승만과 자유당 무리에 분노하여 온 국민이 총궐기해야 한다고 사자후를 토하고 싶습니다.

이 유서를 사장님께 드림으로써 동아일보사의 민주주의 쟁취 투쟁에 육군 병졸의 한 사람도 가세하고 있음을 알려드림과 동시에, 자유당 정권의 악랄한 부정선거 책략을 온 국민에게 폭로하고자 합니다.

동아일보 사장님, 그리고 임직원 여러분의 정의로운 투쟁에 다시 한번 고개 숙여 아낌없는 찬사를 보내드리는 바입니다.

필부의 초개같은 목숨이나마 동아일보 임직원 여러분의 분전奮戰에 바치는 한 송이 꽃으로 지렵니다.

이 유서가 동아일보사에 전해지는 날이면 이미 저의 짧은 생애에는 울부짖는 통곡도 없이 종지부가 찍혀졌을 겁니다.

동아일보의 정의의 불길이 우리 조국 방방곡곡에 고루고루 지펴져서 우리 대한민국이 자유롭고 평화로운 민주주의국가로 굳건히 건설되길 기원하는 바입니다.

동아일보사의 번영과 임직원 여러분의 건투를 삼가 비옵나이다.

1960년 2월 ××일

문 여 상 드림

'어머니께 드리는 유서' 는 내용의 중복을 피하기 위해 생략하기로 한다. 동아일보 사장에게 드릴 유서를 쓸 때에는 의기충천했으나, 어머니께 드릴 유서를 쓸 때는 눈물이 마구 쏟아져 몇 장의 종이를 적셨다.

'누나는 시집을 갔지만, 비고悲苦, 빈고貧苦, 노고勞苦의 간난신고艱難辛苦를 아직도 겪고 계신 어머님과 가련한 어린 여동생을 두고, 조그마한 명분을 걸고 죽기로 결단한 것이 과연 옳은 일인가? 어머니는 오직 이 아들자식 하나를 바라보고 사시는 줄을 모른단 말인가?' 이런 생각이 들어 스스로를 서글프게 비웃기도 했다.

내가 제대한 수년 후의 얘기이다.

우리 중대에서 근무하던 김홍연 상사가 창원에 소재한 제39 예비사단으로 전출을 하였는데, 하필이면 창원군 창원면 소답리(지금의 창원시 소답동)에 있는 우리 누나 시댁의 친척집에 세를 들어 살고 있었던 관계로 해서 누나와 김 상사가 서로 알게 되었다. 그래서 자연스럽게 김 상사와 내가 잘 아는 사실이 밝혀졌고, 내가 가정통신 사건으로 죽을 뻔했다는 얘기를 전해들은 누나는 나에게 몹시 분개했다며, 새삼스레 나를 책망한 적이 있었다.

나는 두 장의 유서를 써서, 창고 한쪽 구석에 땅을 파고 탄약상자를 묻어 놓고 비밀 서류함으로 사용하고 있었는데, 그 맨 밑바닥에 깊숙이 감춰 두었다. 만약의 경우 동료들에게 전달해 달라는 부탁을 할 요량으로.

유서를 쓴 그날 밤.

나는 새벽녘까지 잠을 이루지 못했다. 사무실 밖을 나와 머언 남쪽 끝 내 고향 마을을 그려봤다. 유서의 한 구절이 떠올랐다.

'어머님, 이 불효자식을 용서해 주십시오. 그러나 어머님, 어머님의 아들은 비굴하게 살아 남기보다는 차라리 정의로운 죽음을 택했습니다. 조국의 민주주의를 위해 한 알의 밀알이 되고자 장렬히 산화하였다는 데 긍지를 가지시기 바랍니다…….'

두 줄기 물방울이 주르르 발등에 떨어졌다.

두 눈을 꼭 감았다. 어머니의 거칠어지신 얼굴이 떠올랐다.

당 열네 살배기 여동생의 초롱초롱한 두 눈과 애처로운 얼굴도 생생하게 다가왔다.

눈을 뜨자 어두운 하늘에 새벽 별들이 총총했다.

며칠이 지나.

투표 통지서를 나눠주었다. 물론 나에게는 지급되지 않았다. 예측한 일이긴 했지만 당연한 내 몫을 빼앗긴 기분에 대단히 언짢은 심정이었다.

1960년 3월 15일.

마침내 선거일이 다가왔다. 대대 연병장에 전 대대 장병이 집합되고 있었다. 안경호 특무상사는 "문 상병, 전화당번 해." 하고 말했다. 그만의 특유한 평소의 날카로운 억양이 아닌, 부드러운 목소리엔 안쓰러움이 한껏 담겨 있음을 느낄 수가 있었다.

"예" 하고 늠름히 대답하자 동료들이 일제히 나를 쳐다보았는데, 그

시선들도 하나같이 동정을 보내고 있는 듯했다. 분위기가 잠시 찹찹해졌다.

연병장에서는 호루라기 소리가 끊일 새 없이 들려오더니, 대대 장병들의 대열이 잘 정렬되었다. 대대장은 지휘대에 등단하여 훈시를 시작했다.

"오늘은 대통령과 부통령의 선거날이다. 지금부터 내가 하는 말을 잘 듣고 그대로 실천하기 바란다. 잠시 후 출발하여 연대본부에 마련된 투표소에서 투표를 실시하게 된다. 투표소에는 네 사람의 참관인이 투표상황을 감시하게 돼 있다. 그런데 두 사람은 자유당원이고, 두 사람은 특무대원이다. 야당인 민주당 측에서는 한 사람도 참관을 하지 않는다. 그러니 투표를 하여 접지말고 참관인들에게 확인을 받은 다음에 투표함에 넣어야 한다. 만약에 확인을 받지 않고 투함하거나, 이승만 박사를 대통령에, 이기붕 선생을 부통령에 기표하지 않든가 하는 일이 있게 되면 투표장 맞은편에 트럭이 한 대 세워져 있는데, 그 트럭에 싣고 영창으로 바로 가게 돼 있다. 만에 하나라도 불미스런 일이 없게끔 명심하길 바란다. 알겠나?"

"예" 하는 소리가 하늘을 찔렀다.

나는 사무실 문을 조금 열어 놓고 듣고 있었다.

'오늘의 투표가 끝나면 이 몸은 영락없이 죽게 될 것이다. 기표한 투표지를 확인을 받지 않고 투함해도 당장 트럭에 실려 영창엘 보낸다는데, 나의 죄목은 사형 감을 훌쩍 뛰어 넘고도 남을 만한 것이리라.' 하고 생각하면서도 담담한 심경으로 지켜보고 있었다.

어느새 트럭이 장병들을 싣고 연대로 향해 줄을 이었다. 빗자루로 쓴 듯 인적이 끊어진 연병장에는 스산한 찬바람이 나뭇가지를 흔들었고, 간혹 가느다란 돌개바람이 흙먼지를 일으켜 마치 상여 떠난 초상집 마당처럼 썰렁했다.

아마 두어 시간이 되어갈 즈음, 붕붕 하고 차소리가 들려 창문으로 내다봤다.

한 대의 트럭이 먼저 도착하더니 이내 연달아 여러 대의 트럭이 장병들을 부려 놓고 돌아가고 있었다.

비포장 도로를 달린 트럭에 실려 온 장병들은 윗옷을 벗어 잡고 아랫도리를 툭툭 두들겨 먼지를 턴 뒤 자기 막사로 몰려가고 있었다. 나는 책상으로 돌아가 천연덕스레 책을 읽는 척하고 있었다.

노크도 없이 문이 덜컥 열리더니 칠팔 명이 들어섰다. 그들의 태도와 눈빛에는 강압적인 부정투표 때문인지 무지근한 기분이 엿보였다. 정의감이 강한 정완섭鄭完燮 하사는,

"씨팔 놈들, 그걸 선거라고 해?"

하며 모자를 책상 위에 집어던졌다. 그리고,

"문 상병, 미안해."

하고는 의자에 털석 주저앉았다가 내가 아무런 반응을 보이지 않자 그는 이내 자기 소대로 가기 위해 모자를 집어 들고 나갔다.

잠시 후, 정 하사는 나를 데리러 사람을 보냈다. 막걸리 파티를 벌일 참이었다. 언짢은 심정을 막걸리로라도 주저앉히려는 심산인지 몇 개의 항고에 술이 가득가득 담겨 있고, 안주도 어지간히 준비되어 있었다.

"사관학교 나온 장교 놈들도 별 수 없더군. 문 상병이 최고야. 죽어도 남자답게 죽어야 하는 건데……, 문 상병 한 잔 해!"

하며 알루미늄 양재기에 술을 따랐다. 나는 여전히 묵묵바답인 채 화

답주를 따랐다. 다른 소대의 하사들도 모두 함께 자리하고 있었다. 모두들 쓴 입을 씻어내기라도 하듯 단숨에 한 잔씩 쭉 들이켰다. 술을 잘 못하는 나도 그날따라 막걸리 맛이 가슴을 시원하게 적셨다. 주고받고 한참 술잔이 오가더니 모두들 얼굴빛이 거나하게 닳아 올랐다. 한껏 마셔 꺼림칙한 기분을 술로써 씻어내고 싶은 모양들이었다.

나는 사내다운 정 하사를 평소에도 참 맘에 들어 했지만, 그날은 새삼 존경하는 마음에 고개가 숙여졌고, 고맙게 여겨졌다.

그처럼 최전방의 군졸조차 큰 수난을 겪었지만, 3.15 부정선거는 대한민국 정치사의 큰 전환점이 되어 역사적 변혁을 가져오는 계기가 되었다.

선거가 끝나자 내 마음은 무척 뒤뚱거리고 있었다. 특히 어머니와 어린 여동생에게 죽을 죄를 짓는 것 같아 가슴이 아팠다. 특히 여동생에게는 내가 제대하면 중학교에 입학시켜 주마고 약속까지 해놓았던 터라, 만약 내가 죽는다면 그 애의 꿈마저 앗아가는 꼴이 될 입장이었다. 그래서 이런 저런 감정들이 나를 휘청거리게 만들었던 것이다. 마음이 무척 어수선해 왔다.

'죽기를 각오한 내가 아니었던가! 그런 마당에 왜 내일을 걱정하고, 마음을 졸이는가?'

나는 내 마음을 다독거리며 한 얘기를 떠올렸다.

독일의 어느 젊은 소설가가 이상형의 여인을 애인으로 맞아 서로 열애에 빠졌다. 둘은 이 세상에서 가장 행복하다고 생각했다. 그러나 누구나 결혼을 정점으로 사랑이 서서히 식어 가는 것이 물극필반物極必反의 진리임을 그 소설가는 잘 알고 있었다. 그래서 어떻게 하면 그 행복한 사랑을 한평생 이어갈 수 있을까 고민하게 되었다. 그렇게 숱한 고민 끝에 그는 한 방법을 생각해내고 애인에게 이야기했더니 애인도 동의해서 그 방법을 택하기로 했다.

둘은 보자기에 평소 자기들이 좋아하는 음식과 포도주를 싸들고 라인강 언덕으로 올라갔다. 비단결처럼 잔잔한 파도를 일으키며 흐르는 라인강이 너무나 아름다웠다. 두 사람은 절벽 위의 반석에 보자기를 풀어 놓고 마음껏 먹고 마셨다. 사랑에 취하고 포도주에 취한 그들은 힘껏 포옹했다. 그들이 서로 끌어안은 것은 남과 여의 육체가 아니었다. 아름답고 고귀한 사랑으로 뭉쳐진 거룩한 혼의 덩어리였다. 그 덩어리는 이내 맑고 짙푸른 라인강물에 풍덩 떨어졌다. 그들은 아름답고 고귀한 사랑을 영원으로 가져간 것이다.

그 소설가의 이름은 잊었지만, 그 이야기를 그저 흘려버리지 않고 기억하고 있었다. 목숨을 버려서라도 아름다운 사랑을 지키겠다는 그들의 사랑과 인생이야말로 극치의 예술이 아닐까하고 감동했기 때문이었을 것이다.

억겁의 시간 속에 인생의 100년은 고작 한 점 찰나에 불과하니, 하루살이가 오전에 죽든 오후에 죽든 별 의미가 없듯, 그들은 구태여 잠시 더 사느니 아름다운 사랑과 함께 일생을 다하고자 했던 것이다.

나 또한 마찬가지로 나의 혼을 영원히 지키기 위해 죽기로 각오한 것이었기에 그 소설가의 얘기가 떠올랐던 것이다.

내가 가정통신 문제로 된서리를 맞고 있을 무렵, 나와 고등학교 동기 동창인 이창우李昌雨는 한 사무실에서 근무를 하며, 같은 내무반에서 생활하고 있었다. 그와는 항상 짝꿍이 되어 잠자리에서도 가지런히 자며 서로 의지하고 지냈다. 그는 고려대학교 재학 중에 입대한 학보병이라 입대는 나보다 훨씬 늦었지만 제대는 먼저 하게 되어 석별의 정을 나누어야만 했다.

창우는 본시 아주 무던하고 믿음직하며, 대인관계가 원만하고 참 좋았다. 때문에 나와는 피붙이처럼 아주 가까운 사이였다. 그런 그가 내 곁을 떠나게 되자 나는 자꾸만 다시는 못 보리라는 생각이 들어 애틋한 이별의 감정을 추스를 수가 없었다. 나는 그의 두 손을 마주 잡고 '잘 가거라', '편지 자주 할게', 그 말밖에 못하고 마음으로 이별의 말을 나누었다. 나의 눈시울에는 물기가 핑 돌았다. 정문에서 왼편으로 철조망을 끼고 걸어가는 친구의 뒷모습을 지켜보고 있는 나에게, 그는 세 걸음이 멀다하고 돌아보며 점점 멀어지더니, 모퉁이를 돌아 아주 사라져갔다.

우 : 이창우 좌 : 필자

나는 그 자리를 얼른 뜨지 못하고 한참 동안 서 있다가 힘이 쭉 빠진 발걸음으로 돌아섰다. 그렇잖아도 뒤숭숭한 가운데 그가 떠난 자리는 너무나 넓게 느껴졌다. 나는 마치 짝 잃은 거위처럼 더욱 쓸쓸하고 외로운 느낌에 사로잡혔다.

오후 느직한 시간이었다.

PX에 근무하는 1029××××군번인 경남 함안의 선배로부터 빨리 오라는 전화가 왔다. 용건을 묻자 대답은 없이 빨리 오라고만 했다.

쏜살 같이 달려갔다.

그는 손바닥만한 신문 쪼가리를 건네주며 누구에게도 보여주지도, 말하지도 말라고 신신당부를 했다. 서울에 물건을 받으러 갔다가 동아일보에 실린 기사를 찢어 온 것이었다.

기사 내용은 3.15 부정선거에 항의하는 데모가 점점 확산되고 있다는 보도였다. 내 눈이 똥그래졌다. 그믐밤의 여명처럼 한 줄기 밝은 기운이 내 심장 속으로 깊이 파고들었다. 그러나 이내 부정선거에 대한 국민적 반항이 나에게 유리하게만 작용하지 않을 것 같은 생각이 들었다. 하지만 내 마음을 무척 긴장시키는 뉴스인 것만은 분명했다. 나는 호주머니에서 몇 닢의 돈을 꺼내 주며 서울에 나갈 때마다 동아일보를 좀 사다 달라고 부탁했더니, 그는 동아일보를 부대로 가져오다 들키면 영창엘 간다며, 3.15 부정선거와 관련된 기사를 보게 되면 찢어다 줄 테니 돈은 필요 없다고 했다. 할 수 없이 고맙다는 인사를 하고는 돌아섰다.

한 1주일쯤 후였다.

연락이 와서 단걸음에 달려갔더니 동아일보의 정치면과 사회면 기사를 제법 크게 찢어 온 것을 주면서 변소에 가서 읽어보고 불태워버리라고 했다.

그날 기사는 도시마다 학생들뿐 아니라 일반인들까지 가세해 산발적으로 데모가 확산일로에 있다는 내용이었다.

혹시나 과격한 데모가 정부의 강경한 대처로 오히려 내 생명에 위해危害하는 요인이 되지나 않을까 하는 생각이 들기도 하고, 반항이 국민적 합의로 비약되면 사소한 죄범罪犯은 유야무야로 끝나지 않을까 하는 기대가 교차했다.

죽기를 맹세한 몸이 그렇듯 긴장한 것은 아무래도 사는 것이 죽는 것보다는 낫다는 생각을 떨쳐버릴 수가 없었던 까닭이었으리라.

그 뒤론 검문소의 몸수색이 무척 심해졌다며 신문을 전해 주지 않았다.

밤 10시가 되어 잠자리에 드러누웠다.

내무반 문을 노크하는 소리가 들리더니 중대장의 연락병 김 병장이 들어섰다.

"문 상병, 중대장님이 찾으셔."

"왜요?"

반갑잖은 소리에 울화가 치밀어 올라, 김 병장에게 역정을 냈다.

"속히 가봐! 중대장님이 주보에서 기다리셔."

"주보에서요?"

'주보' 란 의외의 말에 괴이쩍은 느낌이 들었다. 바지랑 윗도리를 얼른 주워 입고 김 병장의 뒤를 따랐다.

밤바람이 제법 세차고 쌀쌀했다. 서해 바람이 임진강을 타고 치오르는 갯바람일 거였다. 애써 여유 있는 마음을 갖으려 해도 밤중에 주보에서 부르는 데에는 심상치 않은 이유가 있을 것 같아 무척 긴장되었다. 올 것이 왔구나 싶었다. 드디어 나에게 사형선고가 내렸구나하는 마음에 온 몸뚱이가 허물어 내리는 듯했다.

김 병장은 주보 문까지 손수 열어주고, 내가 들어서자 문을 콱 닫고 돌아갔다.

10시면 취침시간이라 주보는 텅 비어 있었고, 판매대에는 윗도리를 벗고 내의 바람의 병사 한 사람이 서 있는데, 중대장은 한갓진 구석자리에 앉아 있었다.

중대장 곁으로 다가선 나는 정중히 거수경례를 했다.

그런데 이 웬 일인가?

중대장은 경례를 받지 않고, 얼른 일어서서 손을 내밀어 악수를 청했다. 엉겁 결에 내가 손을 내밀자 중대장은 두 손으로 꼭 잡았다. 그리고는 나를 의자에 먼저 앉히고는 맞은편에 가 앉았다.

나는 어리둥절했다. 있을 수 없는 일이 순식간에 벌어졌으니 그럴 수밖에 없었다.

"문 선생, 대단히 미안합니다. 군대라 명령을 거역할 수 없어 본의 아니게 문 선생을 많이 괴롭혔습니다. 이해해 주십시오."

중대장, B 대위의 언행은 한마디로 점입가경이었다. 호랑이보다 더 무서운 다이아몬드 세 개짜리 장교가 소 명에 두 개 단 상병에게 선생이라니? 그리고 존대어를 쓰다니? 도대체 무슨 영문인지 어안이 벙벙할 따름이었다.

"중대장님……."

더 이상 말을 잇지 못하고 머뭇거리다가 마음을 가누어 뒷말을 이었다.

"……어찌된 영문이십니까? 저더러 선생이라 하셨습니까?"

"문 신생, 세상이 뒤집어졌어요. 이승만 대통령이 자진 하야했어요. 문 선생의 정의가 승리한 것입니다."

그제야 B 대위의 속셈을 알아차릴 수가 있었다. 초라해진 B 대위가 안쓰럽기 그지없었다.

"중대장님, 제가 중대장님을 너무 속상하게 해 드린 것 같습니다.

대단히 죄송합니다."

"아닙니다. 내가 잘 못했어요. 진심으로 사과합니다. 문 선생은 매사에 분명하고, 부지런하고, 모든 면에서 모범인 군인이라 생각하고 있었습니다만…… 군대 명령이라 도리가 없었습니다."

중대장은 하던 말을 멈추고 앞에 놓인 항고 뚜껑을 열었다. 두 개의 항고에는 막걸리와 쇠고기 볶음이 가득 들어 있었다.

"중대장님 말씀 낮추세요."

진작 했어야 할 말을 흥분한 탓에 그제야 했다.

중대장은 들은 척도 하지 않았다.

"문 선생, 한 잔 받으세요."

중대장은 술 항고를 들었다.

"중대장님 먼저 받으세요."

나는 중대장에게 먼저 술을 따르려 했다.

"안 돼요. 오늘밤만은 문 선생이 먼저 받아야 해요."

그는 기어이 나에게 먼저 술을 따랐다.

"죄송합니다. 중대장님, 한 잔 받으세요."

중대장의 술 양재기에 나도 술을 따랐다.

그렇게 해서 몇 순배나 술잔이 돌아갔고, 술 항고가 비자 또 하나의 술이 날라져 대작이 이어졌으며, 주량이 약한 나는 어지간히 취기가 올랐다. 화장실에 가서 손가락을 목구멍에 넣어 휘둘러서 두 번이나 토해냈다. 중대장도 거나하게 취해 얼굴빛이 붉어왔다.

"문 선생, 건배합시다."

"예, 감사합니다."

양재기가 쩔그렁 소리를 내면 두 사람의 입에서는 꿀꺽꿀꺽 술 넘어가는 소리가 났다.

"중대장님, 말씀 놓으세요."

계속 존댓말을 듣기가 거북해서 같은 말을 되풀이했다.

"아니요. 오늘밤만은 사단장이라도 문 선생으로 호칭하고 경어를 써야지요. 우리 수도사단에서 가장 용기 있고, 가장 정의롭고, 가장 훌륭한 군인 문여상 상병님. 하하…… 인생은 참 얄궂은 것, 한치 앞을 내다 볼 줄 모르는 미련한 것. 자 마음껏 마십시다."

그리하여 어느새 술이 다 비워지자 중대장은 소리쳤다.

"야, 술 하나 더."

"예."

주보병은 벼락같이 술 한 항고를 가져왔다.

"중대장님, 이제 그만하시지요."

"아니요, 밤새껏 듭시다."

두 번씩이나 토하고 왔어도 술기운이 끓듯이 달아올라 도저히 더는 마실 수가 없었다. 다시 화장실에 가서 배속에 든 술을 다 게우고 냉수를 실컷 들이마셔 정신을 가다듬고는 술상 앞에 마주 앉았다. 그렇게까지 해서 세 번째 항고가 다 비워져서야 자리에서 일어섰다.

나는 중대장에게 모질게 매질을 당했어도 내 탓으로 여기고 조금도 감정을 가지지 않았으나, 중대장은 세상이 뒤집혔으니 혹시나 내가 새 권력에 고소라도 할까 염려가 되었던 게 아닐까 싶었다. 그러나 그 따위를 옹졸하게 고소할 놈이라면 작은 명분에 목숨을 걸고 계란으로 바위를 치듯 반항을 했겠나 하는 생각이 들기도 했다.

우리가 일어선 시각은 1시가 가까워서였다.

주보 문을 나와 헤어질 때 중대장은 두 번 세 번 악수를 청하는 것으로 봐서 내 마음을 달래는 듯했고, 나는 두 번 세 번 고맙다는 말로 화답했다.

혼자가 된 나는 조용히 잠든 막사 사이를 걷고 있었다. 검은 하늘에는 푸른 별들이 초롱초롱 반짝였다. 너무나 신나는 밤이었다. 밤새껏 뛰어다니고 싶었다. 그처럼 통쾌한 기분을 느껴본 적이 없었다. 이슬에 젖은 4월의 새벽바람이 폐부 깊이 시원하게 스며들었다.

그날 밤, 나는 꼬빡 뜬눈으로 샜다. 동해에서 바다를 뚫고 솟아오를 희망찬 태양을 얼른 보고 싶었다. 술이 조금만 과해도 곯아떨어지는 게 심한 내 습관이었는데, 그날 밤만은 가쁜 숨을 몰아쉬면서도 잠은 커녕 정신이 말똥말똥했다. 얼른 날이 새기만을 재촉했다.

희망의 새 날이 밝아 왔다.

바깥 세상에서 4.19의 회오리가 지나가고 대통령이 하야하는 난리판이 벌어지기까지 군영은 굳게 위극圍棘에 둘러싸여 있었다.

언론의 경색이 풀리면서 군영에도 세상일이 샅샅이 전해졌고, 군인들 간에도 역시 세상 이야기로 떠들썩했다. 그리고 온통 나에게 시선이 집중되었다. 모두들 나를 죽음을 두려워하지 않는 의인으로 앙모하는 분위기로 가득해 나는 민망하기 그지없었다. 동료들뿐 아니라 상사들까지 그러했고, 심지어 타 중대에서 찾아와 찬사를 해 주기도 했다. 그런 사람이 헤아릴 수없이 많았다.

4.19 이후 군대생활은 한결 새롭고 마음 편했다. 지휘관들의 자숙자계自肅自戒도 은연중에 눈에 띄었다.

그럭저럭 봄이 다 가고 6월도 반삭에 접어들었을 무렵이었다. 포기했던 의가사 제대명령이 여러 가지 사정으로 27개월만에 내려왔다. 제대명령이 난 그 날부터는 열외로 먹고 땡이었다. 그렇잖아도 해방

된 기분이었던 나는 마음도 몸도 마냥 편했다. 나의 마지막 군대생활은 참으로 신났다. 이 사람 저 사람이 쉴 새 없이 주보로 가자는 호의를 베풀어주었다.

정든 군우들을 남겨 두고 군영을 떠날 날이 코앞에 다가왔다.

그런던 어느날 오후였다.

문영일 중위가 찾아왔다. 문 중위는 동래고등학교를 졸업하고 육군사관학교를 나온 신임장교로 기백 있고 다부진 체격에 용태 근사한 장교로 3대대에서 소문나 있었다.

"문 상병, 제대를 축하해."

무척 두터운 손으로 굳게 잡은 악수에서 그의 기백이 넘쳐남을 느낄 수가 있었다.

"예, 감사합니다."

같은 부대가 아닌 외부의 장교가 졸병한테 찾아와서까지 제대를 축하해주니 고맙기 이를 데 없었다.

"얼마 안 되는 돈이지만 귀향길에 식사라도 한 끼 해."

문 중위는 봉투 하나를 내 앞에 내밀었다.

그는 3.15 부정선거 직후에도 나를 찾아와서 사관학교 출신들이 할 일을 문 상병이 했다며 등을 쓰다듬어 준 일이 있었다.

"대단히 감사합니다."

사양하지 않고 받았다. 의가사 제대는 제대비가 나오지 않기 때문에 말할 수 없이 고마웠으며, 그보다도 상등병인 나에게 찾아와서까지 베푸는 정성 어린 마음에 크게 감격했다. 그리고 그것은 아마 3.15 부정선거에 대한 그의 강개慷慨의 정에 기인했으리라 여겨졌다.

"봉투 안에 내 사진도 한 장 넣었어. 후에 사회에서 다시 만나자."

하는 말도 덧붙였다.

문 중위가 간 뒤 봉투를 열어보니, 돈 1만 환과 당당한 모습의 사진 한 장이 들어 있었다.

그는 중장으로 예편된 것으로 알고 있으나 그가 말한 사회에서의 만남은 아직 이뤄지지 않고 있다. 꼭 한 번 만나보고 싶은 사람 중의 한 분이시다. 신문기사를 읽고 편지를 띄운 적이 있었으나 답장은 받지 못했다.

다음날, 전우들과 작별한 후 막사를 뒤로하고 집을 향하는 나의 감정은 어느 누구도 맛보지 못할 감개무량, 또 감개무량 그것이었다.

이 글을 쓰다보니 그 때, 옆에 있었던 보고 싶은 사람들의 이름이 떠오른다.

정완섭 하사, 정무조 하사, 황종생 하사, 문영일 중위(당시) 김홍연 상사(그는 서울에서 두 번 만난 적이 있음), 안경호 특무상사, 그리고 이복생, 정상원, 김기용, 김두희 등 동료들의.

같은 하늘 밑, 그리 넓잖은 같은 땅 위에 살면서도 어디에서 무엇을 하고 사는지조차 알 수가 없고, 보고 싶어도 만날 수 없는 것 또한 이 세상의 삶이로구나 하는 생각이 든다.

2. 나의 사랑, 나의 결혼

귀향길에서

귀향 도중 군대에서 사귄 친구로, 뒤에 입대했으나 먼저 제대한 서창수徐倉洙의 집에 들렀다. 그도 역시 대구대학 경제학과에 재학 중 입대한 학보병學保兵이었다.

우선 그와 친하게 된 동기부터 얘기하면.

포천군 이동면에서 근무할 때였다. 12월 말을 불과 며칠 앞두고, 산기슭에 터를 잡은 병영 밖은 칼바람이 코를 에는 듯 세차게 불어 추위가 맹위를 떨치고 있었다.

그날은 토요일 오후였다.

통영인統營人으로 같은 서무계에서 근무하는 같은 일병의 정상원과 둘이서 꽁꽁 얼어붙은 개울의 얼음을 돌로 깨어 세수를 했다. 수건으로 얼굴을 닦은 상원은 자기 애인한테서 크리스마스카드 왔다며 제법 크게 생긴 봉투를 하나 꺼냈다.

나는 한 번 보자는 말과 동시에 빼앗듯이 거머쥐었다. 부럽기도 하고 호기심이 강하게 발동했다. 그러나 알고 보니 그것은 상원에게 온 카드가 아니었다.

김영희라는 아가씨가 서창수란 사람한테 보내온 것이었는데, 주소가 잘못되어 3대대로 온 것을 상원이가 우리 중대 우편물을 가져오면서 알고도 함께 집어 온 것이었다. 3대대에는 본부중대와 10, 11, 12 중대가 있었는데, 봉투에는 제52020부대 제3대대 제9 중대로 적혀 있었다. 9중대는 2대대 소속이었다.

크고 그림도 예쁜 카드에는 깨알같은 글씨의 안쓰러운 사연이 빈틈없이 적혀 있었다.

"창수 씨.

그동안 옥체 편안하시며, 군대생활에 고생은 되지 않으신지요? 저도 잘 있습니다. 매일같이 창수 씨의 편지를 기다렸습니다. 애타게 기다리는 사람에게 편지 한 장 주셨으면 얼마나 기뻐했겠습니까? 저의 작은 가슴속은 밤낮 없이 창수 씨의 생각으로 가득 차 있습니다. 주소가 틀리지는 않았는지 모르겠습니다. 여러 사람을 거쳐 간신히 알아내었기에 전달과정에서 혹시나 잘못되지나 않았을까 염려스럽습니다. 이 카드 받으시는 즉시 편지 주셔요. 체부가 오기만을 기다리며 대문간을 서성거리고 있을 저를 한번 생각해 주세요. 정말 보고 싶습니다. 부디 건강하시길 두 손 모아 빌겠습니다.

1958년 12월 ×일

김영희 드림

사연이 너무 안타까웠다.

두 사람이 서로 사랑하다 남자 측은 말없이 멀어져 가고, 여자의 마음은 한결같이 뜨거운 사랑을 식히지 못해 못내 그리워하는 사연으로 이해됐다.

"야 이 새끼야, 이런 카드를 그림이 좋다고 가로채어 호주머니에 넣어 다니면 어떡해? 얼마나 사연이 애틋하냐? 임자를 찾아 줘야지, 이 고약한 놈아."

상원이를 심히 나무랐다.

"야, 인마. 2대대 9중대가 어딘데 임자를 찾아 줘?"

상원은 어이없다는 듯 강한 어조로 항변했다.

"인마. 가기 싫으면 봉투를 새로 써서 우표 한 장 붙여 보내면 될 거 아니냐. 네가 김영희라고 생각해봐."

"인마, 너 참 한가한 놈이구나. 너나 그런 짓 해라. 나는 못하겠다."

상원은 내 말이 너무나 어리석게 들리는 모양이었다.

일부인日附印이 12월 초로 박혀 있었다. 새 봉투에 주소를 바로 써서 우편으로 보내기엔 시일이 너무 많이 걸릴 것 같았다.

"내가 내일 일요일에 갖다 주지."

하며 카드를 방한복 안주머니에 조심스럽게 집어넣었다.

"네 정성도 참 팔자다, 남의 일에 안달하고 있네."

상원은 이해가 안 산다는 듯 흰 앞니를 드러내고 비웃음을 보냈다.

"생기기도 정자나무 밑동부리 토막같이 생겨 갖고 감정이나 인정머리라고는 눈곱만큼도 없는 목석 같은 사내야, 오늘 내가 이 카드를 보지 못했다면 김영희란 아가씨가 얼마나 불쌍해질 뻔했어?"

검사가 범인 다루듯 홀닦았으나 마음씨 좋은 상원은 나를 청승맞다는 듯 웃기만 하며 바라보았다.

이튿날 아침, 식사가 끝나자 바로 구두끈을 불끈 죄고는 두툼한 방한모를 뒤집어쓰고 나섰다. 한 뼘 가까이 눈 덮인 산길은 산기슭을 따라 닦은 군사도로였다. 9중대까지는 십리길이나 되어 돌아 와서 점심을 먹을 요량을 하니 부지런히 발걸음을 옮겨 놓아야만 했다. 산허리를 휘돌아 오는 눈바람이 매섭게 차가워 체감온도가 영하 10℃는 넘을 성싶었다.

하지만 내가 하는 일이 옳은 일이라 여기니 먼 길도, 추위도 잊은 채 한달음에 도착했다.

부대 정문에 면회접수를 하고 그의 소대로 찾아갔다.

그는 벽에 비스듬히 기대어 책을 읽고 있었다. 자그마한 체구에, 이목구비가 반듯한 얼굴은 여성스러워 차라리 예쁘게 생겼다고 하는 표현이 적절할 것 같았다. 무척 재치 있어 보이고, 게다가 눈은 유달리 똥그랗고 새까매서 빛이 부시는 듯했다.

"실례합니다."

내가 인사를 건네자 그는 벌떡 일어섰다.

"저는 3대대 12중대에 근무하고 있는데 문여상이라고 합니다."

"서창숩니다."

통성명을 하자마자 재우쳐 말을 건넸다.

"잠시 드릴 말씀이 있어 뵈러 왔는데요."

"그럼 주보로 가시지요."

"예, 그리하시지요."

그의 뒤를 따라 나서는 나에게 차근차근한 말씨와 더불어 빈틈없이 야무지게 생긴 모습과 조용히 옮겨 놓는 발걸음이 무척 차분한 사람이구나 하는 인상을 받게 했다.
주보의 탁자에 마주 앉자마자 그는 막걸리와 과자를 시켰다.
"어떻게 절 찾아 오셨습니까?"
술을 한 잔씩 따라 놓자 그는 무척 궁금했던지 그 말부터 꺼냈다.
"김영희 아가씨 아시지요?"
단도직입적으로 불쑥 말해 버렸다.
"그렇긴 한데……김영희 씨와 친척간이십니까?"
분명 놀란 표정이었는데도 지극히 차분한 말씨로 물었다.
"아닙니다. 전 김영희란 아가씨를 전연 모릅니다."
"그럼 어떻게……?"
그의 말이 끝나기도 전에 문제의 카드를 그의 앞에 내밀었다.
그는 약간 상기된 표정으로 카드에 촘촘히 박힌 글자를 읽어 내려갔다. 그리고 다 읽은 다음 그는 공손히 인사를 했다.
"추운 날씨에 먼 길을 찾아 주셔서 무어라 감사의 말씀을 드려야 할지 모르겠습니다."
"주소가 잘못되어 3대대 본부로 온 것을 제 친구가 집어 왔는데, 내용을 보니 너무나 안타까운 생각이 들어 전해 드리는 게 좋겠다 싶어 왔을 따름입니다. 혹시 실례가 되더라도 이해해 주십시오."
내용을 보아 그의 의도에 재를 뿌리는 격이 되지나 않을까 하는 생각이 들었다. 그는 손을 내밀어 내 손을 굳게 잡고 흔들며, 웃음이 만면하여 씨가 꼭꼭 드는 말로 말했다.
"정말 감사합니다. 어려운 걸음 하셨습니다. 앞으로 우리 친구가 됩시다."
"그럽시다. 저도 서 형을 만나 뵈니 구면 같은 느낌입니다."

나도 웃음 띤 표정을 짓고 두 손으로 그의 손을 맞잡았다.

알루미늄 양재기에 따른 술로 약속의 건배를 했다. 나도 술을 못하는 편인데, 그는 나보다 더 약한지 술을 반도 더 남겼다. 나는 추운 날씨를 염두에 두고 두 잔을 마시고는 일어섰다. 점심을 먹고 가라며 한사코 잡았으나 정식 외출이 아니고 슬쩍 빠져 나왔기 때문에 황급히 서둘렀다.

그와 헤어져 부대 밖을 나서는 내 발걸음은 올 적보다 한결 가볍고 기분도 썩 좋았다. 마음속으로 옳다고 판단되어 해야겠다는 것을 미루지 않고 행한 뒤의 흔쾌한 감정 바로 그것이었다. 그리고 서창수란 사람의 됨됨이가 퍽 마음에 들어서 더욱 그랬다.

서창수와 나는 이런 연유로 해서 첫 대면을 하게 되었는데, 그는 제2대대 제9중대에서 신병훈련을 마치고 용케도 우리 중대로 발령을 받았다.

그와의 첫 대면은 내가 찾아가서 이뤄졌지만 두 번째의 상봉은 그가 나를 찾아 왔던 것이다. 그는 내가 있다는 것을 알고 왔지만 완전무장을 하고 나타난 그를 보자 나는 깜짝 놀랄 만큼 기뻤다. 이처럼 그와 나의 만남은 만들고 만들어진 기이한 인연이었던 것이다. 친구가 되자는 그의 말이 지나가는 말이 아니었구나 싶었다.

전입신고가 끝나자 나의 직속상관인 서무계 책임자인 정○○ 하사와 인사계인 안성호 특무상사에게 중대본부 행정요원에 발령을 내달라고 부탁했으나 T/O가 차서 하는 수 없이 차선의 방법으로 1소대장의 연락병으로 자리가 정해졌다.

우린 가까이에서 근무하게 되어 서로가 무척 기뻐했다. 얼마 전 "앞으로 우리 친구가 됩시다."라며 양손을 꽉 잡던 창수의 말대로 된 것이었다. 우린 곧바로 십 년 지기처럼 두터운 정을 느끼게 되었다. 얼마 안 가 친구 이창우와 셋은 명콤비가 되었다.

그가 우리 중대로 온 지 얼마 안 되어 내가 휴가를 가게 되었다. 그는 깨알처럼 작은 글씨로 만리장성같이 긴 편지를 써서 건네주며,

"문형, 대단히 미안하지만 가는 길에 대구 우리 집에 들러서 이 편지 좀 전해 줘, 관보 한 장 쳐서 특별휴가 좀 가게. 집에 가고 싶어 죽겠어."

하고 애걸했다. 내 마음은 쏜살같이 우리 집으로 바로 가고 싶었지만 어쩔 수가 없었다. 검문에 걸리지 않게 편지를 야무지게 숨겨 감추고 휴가 길에 올랐다.

대구에 내려 버스를 한번 갈아타고, 약도를 들여다보며 그의 집을 쉽게 찾았다. 서문시장 입구 근방이라 찾기가 쉬웠다. 대문은 짙은 갈색으로 니스를 몇 겹이나 칠했는지 반질반질하여 새 대문 같았고, 대문틀거지 위 중방의 '大新旅館' 대신여관이란 나무 간판 역시 니스가 짙고 산뜻하게 칠해져 큼직한 검은 글씨가 선명하게 드러나 보였다. 대문간 기둥에는 '徐錫柱' 서석주란 문패가 달려 있었다.

대문을 들어서니 오른 편에 길다란 여관 건물이 깨끔스레 서 있고, 마당 가운데에는 자그마한 정원이 자리를 잡고, 그 안쪽에 아담한 살림집이 보였다.

친절히 맞아주시는 할머님의 안내에 따라 구두끈을 풀고 마루에 올라가 할머니께 큰절을 올리고 꿇어앉았다. 할머니께서는 편히 앉으라는 말씀을 남기고 전화통 앞으로 다가가시더니 다이얼을 돌리셨다.

잠시 후, 검은 가죽 장화를 신은 초로의 신사 한 분이 대형 오토바이를 몰고 들어섰다.

할머니께서 "창수 아버지네." 하는 말씀에 얼른 마당으로 내려가 깊이 고개 숙여 단정히 인사를 드렸다.

"안녕하십니까? 창수와 같이 근무하고 있는데, 휴가 길에 들리게 되었습니다."

"그래? 어서 올라가세, 대단히 고맙네, 창수 잘 있는가?"

"예, 잘 있습니다."

"먼저 올라가게."

"예"

그러나 나는 창수 아버님이 장화를 벗을 때까지 지켜 섰다가, 창수 아버님의 뒤를 따라 마루에 올라가 다시 큰 절로 정중히 인사를 드리곤 꿇어앉았다.

"편히 앉게."

"예."

무릎에 손바닥을 얹고 그대로 꿇어앉아 있었다.

'편히 앉게.' '예.' 하는 소리가 서너 번 되풀이되어도 그냥 꿇어앉아 있었다.

창수 아버님은 얼굴피부가 두텁고 이마에는 굵은 줄음 몇 개가 뚜렷했으며, 시꺼먼 눈썹에 검은 눈이 유난히 형형했다. 수염을 민 자리가 검고 넓었으며, 모습은 전형적인 호랑이상이었다. 얼핏 보아서도 엄하신 분으로 위엄을 느끼게 했다.

거듭 편히 앉으라는 말씀에도 계속 꿇어앉아 있자 창수 아버님은 나를 자세히 훑어보시고는 미소를 지으시며 말씀하셨다.

"얼른 편히 앉게."

그제야 몸을 약간 틀어 두 무릎을 한편으로 모아 단정히 앉았다.

"창수 잘 있는가?"

조금 전 마당에서 하신 말씀을 잊으셨는지, 아니면 다시 한번 아들의 평안을 확인하시려는 의도에서인지 되물으셨다.

"예, 편히 잘 있습니다."

창수 아버님을 안심시켜 드리기 위해 '편히'를 강조하며 대답하고 호주머니에서 편지를 내어 드렸다.

"창수 편집니다."

"그래……?"

입을 꼭 다무신 채 또박또박 훑어 내려 가셨다. 편지를 다 읽으시고는 말씀하셨다.

"관보란 무엇이며 어떻게 치는 건가?"

"관보도 일종의 전보인데, 관공서에서 확인을 받아서 치는 공인 전보입니다. 그러니까 창수가 부탁하는 전보는 누구와 결혼을 한다는 사실을 동사무소에서 확인을 받아 치시면 될 겁니다. 아마 결혼 청첩장과 호적등본 등 몇 가지 증명서류가 필요할 것입니다. 확실한 것은 동사무소에서 잘 안내해 줄 겁니다."

나는 내가 알고 있는 범위 내에서 소상히 설명을 해준 뒤 창수 집 가족들과 헤어져 창수가 신신당부한대로 그의 이모님 댁에 안내를 받아 갔다. 창수는 이모님 댁 식구들이 자신의 집 식구만큼이나 그리웠던지 꼭 한번 들러서 직접 안부를 전해달라고 했다.

창수 이모님 댁은 살림집에 달린 가게에 '三洋自轉車商會' 삼양자전거상회란 간판을 내걸고 자전거 판매와, 기술자를 두고 수리를 겸

하고 있었다. 당시 대구는 전국에서 자전거가 가장 많은 곳으로 알려져 있었기에 그 정도 규모면 꽤 잘 사는 편일 것으로 여겨졌다.

이상세李相世 창수 이모부님은 훤칠한 키에 점잖으시고, 인상이 참 어질어 보였다. 한마디로 호인상이었다. 이모님 역시 훤칠한 몸매에다 곱살스런 얼굴에, 조용하고 고운 목소리를 가지신 분으로 인정미가 철철 넘쳐 다정다감한 사람으로 보였다. 창수가 굳이 찾아가서 안부를 전하라는 까닭을 백번 이해할 수 있을 만큼 좋은 분들이구나 싶었다. 지나칠 만큼 푸짐한 대접을 받고, 또 따뜻한 인정을 느끼게 되어, 무척 마음 편하게 해주시는 분들이었다.

그 뒤로도 창수 집에 갈 때마다 창수 이모님 댁을 꼬박꼬박 찾았으며, 그때마다 창수 이모님은 항상 가식 없는 인정을 베풀어 주셨다. 지금 생각해도 따뜻한 정감을 느끼게 해주신 분으로 못내 잊지 못하는 한 분으로 기억되고 있다.

물론 창수 부모님을 비롯한 온 집안 식구들로부터 받은 돈독한 정과 후한 대우는 태산이 불급일 정도라, 여기에 일일이 모두 기술할 수가 없지만.

내가 제대를 했을 때는 창수는 재학 중이었고, 그간에도 수 차례의 서신으로 군대에서의 두텁던 우정을 변함 없이 이어가고 있었다.

제대하던 날에는 귀향길에 창수 집에 들렀다가 창수가 붙드는 통에 3일간이나 묵었다.

창수는 나에게 당부를 했다.

"문형, 아버지한테 취직 부탁하고 가! 아버지께서 문형 취직문제에 대해 늘 관심을 보이셨어. 꼭 한마디 부탁드려."

"아니야. 취직이 얼마나 어려운 세상인데 그런 부담스런 부탁을 드릴 순 없어."

"괜찮아. 아버지가 문형을 많이 좋아하시기 때문에 상관없어."

"그럴 순 없어, 좌우간 고맙네, 아버님께 인사 드리고 올께."

큰방 문을 노크하고 들어섰다.

"이제 가봐야겠습니다. 염치없이 폐 많이 끼쳤습니다."

"무슨 폐는, 왜 며칠 더 놀다 가지 않고?"

"많이 놀았습니다."

"그래, 자네 자당께서도 기다리실 테니 잡진 않겠네만 자네한테 긴히 할말이 있네. 잠시 앉게."

창수 아버님은 미소를 거두시고 정색을 하셨다.

나는 마음을 가다듬고 앉았다.

"문군, 내 말을 신중히 듣게……."

잠시 말씀을 끊으셨다가 목청을 가다듬는 기침을 두어 번 하신 후 차분한 어조로 뒷말을 이어 나가셨다.

"자네 장래에 대해서는 내가 전적으로 책임을 질 테니, 지금부터는 내 시키는 대로만 하게. 딴 데 취직할 생각일랑 아예 말고 어머님을 2 ~ 3년만 잘 모시게. 자네 자당께서 자네 삼남매 기르시느라 얼마나 고생이 많으셨겠어. 만 분의 일이라도 보답하는 셈치고 잘 모시게나. 자네의 경우 사회에 진출하기 전에 어머님의 은혜를 절실히 깨닫는 것이 매우 중요한 일이라고 나는 생각하네. 다시 한번 당부하네만, 절대로 딴 데에 직장을 구할 생각은 하지 말게. 내가 헛소리하는 사람이 아니야. 자네 장래는 내가 꼭 책임질 테니까. 나는 자네를 맨 처음 만나고서 자네는 다른 젊은이들과는 어딘가 좀 다르다고 생각했네. 아니나 다를까 자네는 내가 본 사람 그대로였어. 어떻게 하든 자네를 내 곁에 두고 싶네."

"대단히 감사합니다. 부족한 저를 과찬해 주셔서 몸 둘 바를 모르겠습니다."

"꼭 약속하게, 나도 다시 한번 약속하네, 자네 장래에 대한 일체의 책임을 내가 지겠다는 것을 말일세."

"예, 감사합니다, 맹세하겠습니다."

창수 아버님은 이처럼 두 번 세 번 다짐하시면서 노자까지 주셨다. 나는 예기치 못한 말씀에 몹시 당황하여 몸둘 바를 몰랐다.

잠시 후, 역까지 창수의 배웅을 받고 기차에 몸을 얹었다.

차창을 내다보는 마음이 무척 경쾌했다. 칠월의 하늘에는 높센구름이 덩실덩실 굴러가고 있었다.

당시는 취직난이 여간 심하지 않았으니, 창수 아버님은 내개는 구세주셨다. 내가 그 어른께 그런 분의 대접을 받을 만한 감이나 되며, 또 그럴 짓이나 했는가 하고 생각할수록 분에 넘치는 일이었고, 고맙기 이를 데 없었다.

그렇잖아도 제대 후 대도시로 진출을 해야겠다는 야심을 품고 있었기에 속 깊이 걱정을 하고 있었는데, 이 얼마나 잘된 일인가 싶어 날고 싶은 기분이었다.

세상일이란 참 신기하기 짝이 없다고 여겨졌다. 항상 염려하는 것보다는 그런 대로 어연간히 맞춰지는 것이 세상사인 것처럼 느껴진 적이 한두 번이 아니었다. 다만 올곧게 사유하고, 바르게 처신하면 사람이 살아갈 길은 생각보다 어렵잖게 이어지나보다 싶었다.

창수와의 만남도 어쭙잖은 크리스마스 카드 한 장을 전해주는 것이 옳은 일이라 생각되어 실천에 옮겼으며, 그 하찮은 일이 징검다리가 되어 좋은 친구 한 사람을 얻게 되었고, 친구와의 교분이 '자네 장래를 전적으로 내가 책임지겠네.' 라는 창수 아버님의 뜻으로 발전한 게 아닌가. 아무리 사소한 일이라도 옳다고 여겨지면 반드시 실행해야 한다는 평소 나의 작은 생각이 부질없는 것만은 아니구나 싶었다.

선로변에 간간이 옹기종기 모여 있는 초가 마을에는 싱그러운 신록이 칠월 초순의 싱그러운 바람에 너울거리고, 넓은 들에는 검푸른 벼가 물결처럼 넘실거리고 있었다.

그 언젠가 창수 이모님이 하신 말씀이 생각났다.

"우리 형부는 사람 보는 눈이 신기할 정도예요. 사람을 많이 접하셔서 그런지 모르지만, '여상이는 예절이 참 바르고, 됨됨이가 요새 사람 같잖아. 아무리 가르친다고 해도 가르치는 것만 가지고는 그렇게 될 순 없어. 타고난 사람이야.' 하시면서 칭찬이 자자하십니다."

하고 은근슬쩍 일러주신 적이 있었다.

사실 나는 아버지에게서 어릴 적부터 예의범절을 철저히 익혔다. 아버지께서 일일이 가르쳐주신 게 아니라, 아버지를 본받았다고 하는 것이 옳을 것이다. 아버지는 온 마을 사람들의 입에 오르내릴 만큼 지극한 효자였었고, 예의범절이 바르기로 소문나 있었다. 그리고 예법도 두루 잘 아셨다. 심지어 장가들 사람들이 며칠 밤씩 우리집에 와 시 혼례에 관한 예법을 배워가곤 했다. 아버지는 예절은 어릴 적부터 익혀 몸에 배어야 하며 인격의 근본이라고 하시면서 윗사람한테는 철저히 공경하는 말씨를 쓰고, 볼 때마다 인사하라고 수시로 일러 주셨다. 좀은 부끄러운 얘기지만 그런 연유로 해서인지 나는 우리 마을에서 인사성이 바른 사람으로 정평이 나 있었으며, 손위 사람들로부터 남달리 사랑을 받는 일이 많았던 것 같다. 창수 아버님의 사랑과 신뢰를 받게 된 것도 우리 아버지의 음덕이라고 여겨졌다.

진정한 인사는 호의好誼의 전달이요, 상통相通의 신호인 것이다. 윗사람에 대한 바른 인사는 공경의 뜻이며, 아랫사람에 대한 인사는 사랑의 의미이고, 붕우간의 인사는 무간無間함의 표시이다.

희랍의 철학자 아리스토텔레스는 갈파했다.

"사람에게 순종할 줄 모르는 사람은 좋은 지도자가 될 수 없다."

여기에서 말하는 순종의 의미도 위격位格이나 나이가 위인 사람에 대한 반듯한 예의로 보아야 할 것이다.

예의는 절대 천성이 아니다. 예의는 가정교육, 즉 부모로부터 어떻게, 그리고 얼마만큼 배웠는가에 따라 달라지는 것이다. 때문에 예의가 바르지 못하면 사람은 그 부모를 욕하는 것이다. 즉 욕급부형辱及父兄의 하나이다. 더욱 명심해야 할 것은 예의는 그 사람의 교양이며 인격이다. 예의는 바르면 바를수록 자신이 존경받는다. 그래서 '말' 한마디, '행동거지' 하나라도 소홀히 해서는 아니 된다.

또 내가 인작人爵보다 천작天爵을 남달리 숭모崇慕하는 것도 이와 무관한 일이 아닐 것이다.

이런 저런 생각에 잠겨 있노라니, 어느새 진영進永역이 선뜻 눈에 들어왔다.

수산守山가는 버스에 오르니 비포장 신작로는 차체를 마구 흔들어 댔다. 앞차가 일으키는 흙먼지가 뿌옇게 앞을 가렸다.

내 고향의 너른 들판에는 나락이 새까맣게 땅내를 맡고 있었다.

나의 첫사랑

그 날은.

갓 제대한 7월 중순의 오후였다.

수리도랑을 따라 닦은 좁은 신작로는 자갈이 듬성듬성 박혀 울퉁불퉁했다. 밀짚모자가 바람에 날아가지 않도록 턱에다 고무줄로 걸고 빌려 탄 자전거의 페달을 부지런히 밟으며 5일장이 선 수산시장엘 가고 있었다.

일동국민학교를 조금 지나 수성 마을에 채 못 미쳤을 때였다. 예쁜 색깔의 파라솔을 든 한 처녀가 마주 오고 있었다. 의식적으로 자전거의 속도를 서서히 줄이며 정시했다. 눈길이 마주친 그녀는 서로 안면 정도는 있는 이웃 동네의 아가씨였다. 검정스커트에 흰블라우스를 단정하게 차려 입은 그녀는 갓 여고를 나왔을 텐데도 병아리 처녀티를 완전히 벗고 미모의 숙녀로 성숙해 있었다. 그녀의 아름다운 모습은 나로 하여금 아슴푸레한 기억을 떠올리게 했다.

아마 내가 국민학교 6학년이었고, 그녀는 2학년 적이었을 것으로 기억되는데, 어린 그녀와 처음 마주쳤을 때 참 예쁘고 인상이 좋구나 하는 야릇한 감정을 난생 처음으로 느낀 적이 있었다. 유아티를 간신히 벗은 그 여자아이는 마주칠 때마다 어린 나에게 기쁘고도 미묘한 정감을 불러일으켰다.

드높은 푸른 하늘 아래 벼이삭이 누렇게 익어 가는 가을, 운동회 날에 하얀 운동복을 입고 달리기를 하는 그녀에게 열렬히 손뼉을 치며 응원을 했던 기억도 되살아났다.

그녀를 스쳐 지나 보내고 뒷모습을 바라보니, 뒷모습 또한 아름다움을 잘 건사하고 있었다. 굵지도 가늘지도 않은 아리따운 다리며, 알맞은 키에 맵시 있는 몸매는 처녀의 풍미를 한껏 품기고 있었다. 앞모습이나 뒷모습이나 어릴 적의 미모를 그대로 지닌 성숙한 처녀였다. 옛 미인을 수화폐월羞花閉月이라 했지만, 현대 미인은 얼굴은 말할 나위 없고, 팔등신의 미인이라야 한다. 그녀는 이른바 현대 미인이었으며, 내 어린 시절 마음속으로 느꼈던 이성의 아름다움을 고스란히 지닌 채 성장한 한 여인이었다. 한마디로 내 가슴속 깊은 곳에 품고 있던 이상형의 여자였다. 아직 한번도 이성의 감정을 느껴보지 못한 나에게 그녀의 모습은 너무나 아름답게 다가왔으며, 내 마음을 통째 빼앗아 갔다.

그녀는 무심하게 자갈길에 하이힐을 딸각딸각 옮겨놓으며 차츰차츰 멀어져 갔다. 한번 돌아보지도 않고 걷고 있는 그녀의 뒷모습을 한참동안 바라보고 서 있는 내 가슴속엔 불현듯이 사랑의 정념이 요원의 불길처럼 맹렬히 타올랐다.

자전거의 바퀴를 열심히 돌려 가던 길을 재촉했다. 후덥지근한 날씨였지만 뺨을 스치는 바람이 무척 시원스레 느껴졌다.

얼마 안 가 수산교守山橋의 반반한 시멘트바닥을 미끄러지듯 곱게 굴러가던 자전거를 잠시 세워 인도로 들어 올렸다.

낙동강 물이 잔잔한 파도를 이루며 쉼없이 흘러가고, 물새들은 끼룩끼룩 소리를 지르며 꼬리에 꼬리를 물고 오르락내리락 했다. 하염없이 흐르는 강물을 바라보며 실타래처럼 많은 지난 시간들을 올올이 감아 올렸다. 잠시 숙연한 마음이 일었다.

하지만 지나간 날들은 흐르는 세월에 속절없이 모서리가 닳아가고, 새로운 시간들이 우리의 삶이 되어지고 있구나 하고 생각하니 무정한 인심이 나를 무척이나 책망하는 듯했다.

돌아오는 길의 자전거 짐받이에는 풍선처럼 부푼 꿈이 한 바구니 실려 있었다.

'Y씨, 나는 그대를 사랑하오. 내 빈 가슴에 그대를 듬뿍 채우고, 그대의 가슴에는 나를 가득히 담으리다.' 라는 그런 꿈을.

그 때부터 환상적인 그 아름다운 꿈을 내 가슴 깊은 곳에 매일매일 차곡차곡 쟁이어갔다.

어느덧.

그녀가 못 견디게 보고 싶었다.

연정이 불길처럼 활활 타올랐다.

그것은 어쩌면 나에겐 숙명적인 것인지도 모를 일이었다. 처음 만났을 때부터 어린 그녀는 생전 처음 느끼는 감정을 불러일으켰으며,

운동장에서 간혹 어린 그녀를 만나게 되는 날은 무척이나 기분 좋은 날이 되었다. 그러나 그것은 어릴 적이라 일상적 감정 이상으로 진전이 불가능했었다.

하지만 그날, 그녀로부터 받은 감정은 다르다고 생각되었다. 길거리에서나 버스 안에서나 기차간에서나 만난 여느 아가씨에게서 느낀 단순한 그런 감정이 아니었다. 나는 어떻게 하든 그녀의 사랑을 쟁취해야 한다고 다짐했다. 그녀를 내 곁으로 불러오리라고 두 주먹을 불끈 쥐고 굳게 맹세를 했다. 내 가슴엔 사랑의 열정이 7월의 태양이 내뿜는 열기만큼이나 달아올랐다.

날이 가고 달이 갈수록 점점 초조해진 내 마음은 그녀의 포로가 되어가고 있었다.

1960년.

시골에서는 처녀 총각이 연애를 한다는 소문이 나면 여자는 속절없이 바람둥이로 취급되어 혼삿길이 위협받는 시절이었다. 그 때 대도시의 여성들은 죄었던 젖가슴을 풀고 서양바람을 들이마시며 애정표현의 자유를 넉넉히 구가했던 모양이지만.

1954년 정비석鄭飛石은 이미 자유로운 여성의 성性모럴을 소설 《자유부인》의 모티브로 설정했었다. 그 때 그 책을 낙동강 모래사장에서 쇠고삐를 잡고 풀을 뜯기면서 참 흥미롭게 읽은 기억이 아직도 선하다. 후에 어느 교수가 그 소설의 여주인공에 자기 부인을 인유引喩 했다며 소송을 제기했다는 보도를 본 것 같다.

그러나 내가 살던 시골은 달랐다. 그때까지도 유풍遺風을 놓지 않으려는 상투 틀었던 사람들이 사회의 목탁 노릇을 하고 있었던 것이다.

그러기에 속되지 않고 좀더 고고孤高한 방법으로 그녀와의 만남을 이루고 싶었다. 아무렇게나 무례하게 접촉을 시도한다면 방법이야 얼마든지 있었지만, 그렇게는 마음이 가질 않았다. 그래서 가슴앓이만 하면서 가을을 보내고 겨울을 보냈다. 그만큼 나는 그녀를 진정으로 사랑했던 것이다.

그 이듬해의 봄.

가느다란 이슬비에 부드러운 풀잎들이 물방울을 물고 있는 어느 오후였다. 작은 도랑 둑을 타고 소에 풀을 뜯기며 한 손에는 쇠고삐와 하늘색 비닐우산을 받쳐들고, 다른 한 손에는 모윤숙의 《렌의 애가》를 펼쳐 읽고 있었다. 주인공 '렌' 이 너무나 가련하게 여겨졌다.

먼저 《렌의 애가》의 주제부터 얘기해야겠다.

우리나라 현대문학의 선구자이자 인도주의 작가인 춘원春園이 창작에 한창일 무렵, 우리나라의 문학소녀라면 예외 없이 한번씩은 춘원을 사모했다고 한다. 모윤숙도 마찬가지로 문학을 사랑하는 소녀끼로 춘원을 한 때 사모했던 모양이었다. 문학소녀의 사모는 맹렬하고 맹목적이다. 그런 불타는 열정이 있어야만 훌륭한 작품을 소산해낼 수 있을 것이다.

모윤숙은 사모의 열정을 끝내 떨쳐버리지 못해 하얀 종이 위에 애련의 정을 주워 담았다. '렌' 은 모윤숙 자신이었다.

'렌' 은 단신 여자의 몸으로 산을 넘고 물을 건너 평양을 향한다. 가시덤불을 헤치고 철조망을 뚫고 삼팔선을 넘는다. 이광수 선생의 단골인 평양 어느 식당의 여급이 되어 새하얀 에이프런을 두르고 이광수 선생에게 음식상을 공손히 갖다 바침으로써 소녀 적의 아름답던 연모의 정과 사랑의 한을 풀고, 무한한 행복을 거둔다. 적이 딱하기도 한 '렌' 의 사랑은 안쓰럽기도 하지만 아름다운 예술이 아닐까? 하여

튼 '렌' 이 너무나 가엾은 여인으로 여겨졌다.

'나도 이러다간 ' 렌 '처럼 되려나……?

나는 '렌' 처럼 처량한 머스마는 되고 싶지 않았다.

호주머니에 든 종이와 연필을 끄집어내었다.

'렌' 이 삼팔선을 넘는 대신 나는 빳빳한 하얀 종이 위에 피가 흐르고 맥이 뛰는 사랑의 글을 박아 보내기로 작심했다.

편지의 글제를 '내 사랑이 이루어질 때까지' 로 정하고 매월 한 통씩 보내어 프로포즈를 하기로 작정하고 써 내려갔다.

내 사랑이 이루어질 때까지

(제 1 신)

Y씨.

나의 무례한 구애求愛에 대해 먼저 양해를 구하는 바입니다.

나는 한마디로 벌써부터 그대를 열렬히 사랑하고 있습니다. 사랑한다는 말을 함부로 해서는 안 된다는 것을 잘 알고 있습니다만, 그럼에도 사랑한다는 말을 하지 않고는 견뎌낼 수가 없기에 용기를 내어 말하기로 했습니다.

참으로 '사랑' 이란 게 이처럼 황홀한 줄을 미처 몰랐습니다. Y씨께서 처음으로 나에게 '사랑의 아름다움' 을 가르쳐 주셨습니다.

어릴 적의 아스라한 이야기부터 해야겠습니다. 이성의 눈을 뜨기도 전, 그러니까 내가 국민학교 6학년이었고, Y씨가 2학년 때의 일로 기억됩니다. 그 때 처음으로 어린 Y씨를 보았을 때, 나는 생전 느껴보지 못한 뜨거운 감정을 가슴 그득 느꼈습니다. 참 예쁘고 인상이 좋구나 하고요. 그 때의 나이로서는 예사롭지 않은 감정이었던 것 같습니다.

그 뒤로 늘 혹시 어린 Y씨를 만날 수 있을까 하고 기대해 보는 날이 계속되었으니까요. 어쩌다 Y씨를 보게 되는 날이면 무척 기분 좋은 날로 여겨졌습니다.

운동회 날, 어린 Y양이 하얀 운동복을 입고 경주를 할 때, 손바닥에 불이 붙도록 박수를 치며 열렬한 응원을 보내기도 했습니다.

그러나 어린 내 마음을 그처럼 기쁘고 아름답게 해주던 날들은 짧은 봄날의 꽃향기처럼 바람에 띄워 보내야만 했습니다. 국민학교를 졸업한 이후에는 Y양을 만날 수가 없었으니까요.

그로부터 십여 년의 세월이 흘러갔습니다. 사람의 본성은 원래 무정한지라 Y씨도 감쪽같이 잊혀지고 말았습니다.

그런데 지난 해 칠월 중순, 우연히 현숙한 숙녀가 된 Y씨를 언뜻 보게 되었습니다. Y씨는 십 년 전의 예쁜 모습과 인상을 하나도 버리지 않고 그냥 그대로 간직한 채 성숙해져 있었습니다.

Y씨를 보는 순간 Y씨에 대한 나의 감정 또한 어릴 적의 그 느낌 그대로 고스란히 살아났습니다. 이 모든 것이 우연이 아닌 숙명적인 인연이라고 여겨졌습니다. '사랑'의 조건이 무엇이겠습니까? 강렬한 사랑을 느꼈을 때, 티 없이 순수한 마음으로 그 사랑의 정념을 가슴 가득 쌓아 쟁이고, 받아들인 감정만큼 상대방에게 되돌려 주고, 상대가 그 감정을 온전히 받아들인다면, 더 이상의 완벽한 사랑이 또 어디 있겠습니까?

진심으로 Y씨를 사랑합니다. Y씨로부터 느끼게 되는 걷잡을 수 없이 뜨거운 감정을 나의 숙명적인 사랑으로 여기는 데 추호도 의심의 여지가 없습니다. 지난 해 칠월 Y씨를 만난 이후 주야장천 Y씨를 사랑하는 마음 하나에 매달리어, 너무나 고독한 가운제 그래도 사랑하는 사람이 있기에 행복하게 지내고 있습니다. 자그마치 10여 개월 동안을 저 혼자 밤낮 없이 사랑의 물레질을 했습니다.

지금부터 Y씨로부터 받은 사랑의 불길을 Y씨에게 지펴 드리기로 맹세하였습니다. 매월 한 통의 편지에 고이 담아 보내 드리겠습니다.

이제 나의 아름다운 사랑의 시는 그대를 읊을 것이며, 봉선화처럼 순결하고 빨간 내 사랑의 정념은 그대 열 손가락 손톱을 붉게 물들이게 되리라 믿습니다.

나는 Y씨에게 지면이 있는 사람입니다. 지면이 있으면 선입견을 가지게 마련이지만, 나에 대한 Y씨의 지면은 나를 파악하는 데 있어 자유로운 사고를 방해할 정도는 아닐 것으로 알고 있습니다. 시간을 두고 충분히 이 사람을 살펴보아 주십시오.

매월 그믐날에 수산이나 가술에 가서 아름다운 사랑을 담은 편지를 부치겠습니다. 집 가까운 유목柳木에서 부치면 이상히 여겨 도독盜讀당할 우려가 있으니까요. 아마 매월 초 3일 안엔 받아보시게 되리라 생각됩니다. 그리고 Y씨의 신변보호(당시는 시골 처녀가 외간남자로부터 편지를 받는 것조차 정결하지 못한 것으로 취급됐음)를 위해 주소는 부산으로 하고 성명은 가명으로 보냅니다.

그럼 오늘은 짤막하게 이만 줄이겠습니다.

내내 편안하시길 빕니다.

1961년 ×월 ×일

Y씨를 사랑하는 사람으로부터

나의 주소를 부산시 동대신동 2가 43번지로, 성명은 정영숙이란 여자 이름으로 수산(지금의 하남읍)에 가서 등기로 우송했다.

내 사랑이 이루어질 때까지

(제 2 신)

뙤약볕이 농부들의 얼굴을 그을리는 여름이 성큼 다가왔습니다. 숨돌릴 틈 없이 바쁘던 일손들이 심어 놓은 벼 뿌리가 땅내를 맡을 동안 조금은 한가해졌습니다.

녹음이 우거진 긴 둑길이라도 있었으면, 그 숲 속을 왼종일 걸었으면 하는 마음입니다. 그 길을 내처 달려 바닷가로 불쑥 나가 물기슭에 앉아 하이네의 시 한 수를 읊고 싶습니다.

고 백

저녁이 다가오자 바다는 점점 더 사납게 날뛴다.
나는 바닷가에 앉아 흰 물결의 춤을 바라본다.
내 가슴은 불현듯 바다를 닮아 끓어오른다.
간절한 그리움에 가슴이 닳는다.
상냥한 네 모습, 나는 네가 그립다.
아아, 네 모습은 가는 곳마다 나를 싸고돌며
어디서든지 나를 부른다.
가는 곳마다 어디서든지.
바람의 속삭임, 바다의 울부짖음, 또 다시
새어나온 내 한숨소리에도.

가느다란 갈대 줄기로 나는 모래 위에 적는다.
「아그네스여! 너를 사랑한다!」고.

그러나 심술궂은 물결이 밀려와서
달콤한 나의 고백을 적시어
자국도 없이 지워 버린다.

갈대여, 모래여, 파도여, 쉽사리 무너져
흩어지는 것들 너희들을 믿지 않겠다.
하늘은 어두워 오고 내 마음은 거칠어질 뿐이다.
나는 힘찬 손으로 노르웨이의 숲 속
드높은 전나무 가지를 꺾어
붉게 타오르는 에도나의
분화구 속에 담갔다가
불꽃이 담뿍 묻은 그 거대한 붓으로
검은 하늘에 이렇게 적으리라
「아그네스여 너를 사랑한다!」고.

그럼으로써 밤마다 창공에
영원히 사라지지 않는 불꽃 글씨가 타오르리라.
후세에 태어나는 후손들은
이 하늘의 글씨를 환호하며 읽어 주리라.
「아그네스여, 너를 사랑한다」

하이네는 독일의 유태계 시인으로서, 시풍이 낭만적인 서정시인으로 크게 인정받았습니다. 후에 프랑스로 망명하여 작품 활동을 하다 그곳에서 작고했습니다. 그는 뒤셀도르프의 가난한 유대인 상인의 아들로 태어나, 19세 때인 1816년 함부르크의 백부 집에 상인 견습생으로 갔다가 사촌 자매인 아마리에와 테레제를 연모한 끝에 실연한 쓰라린 체험으로《젊은 번뇌》,《서정 간주곡》 등의 작품을 꽃피웠다고 합니다.

이처럼 선진 독일인들이 우리의 풍습과는 달리 근친혼이든 어떤 관계든 사랑에 자유분방한 것은 아마 사랑의 가치가 어떤 가치보다도 존중받고 있기 때문일 것으로 이해됩니다. 73세의 괴테가 19세의 울리케 폰 레베초프를 사랑한 것과 다윈이 외사촌 여동생과 결혼한 것 역시 마찬가지겠지요.

그리고 하이네는 뮌헨에서 서로 알게 된 보오트마 백작 부인도 사랑한 적이 있을 뿐 아니라 많은 여인들을 사랑했을 테니, 위의 하이네의 고백이 첫사랑의 노래인지는 모르겠습니다.

그러나 내가 읊고 있는 '고백'은 첫사랑의 고백이며, 하이네의 것이 아닙니다. 내 것입니다. 하이네의 그것을 잠시 빌렸을 따름입니다. 비록 남의 글일지라도 절실히 공감하고 공명하면 내 글처럼 느껴지기도 하거든요.

오늘은 꼴망태를 메고 쇠고삐를 잡고 야산에 올랐습니다. 토박한 산에는 풀이 많지 않아 남들이 잘 가지 않지만, 여기에 서면 Y씨의 마을이 아련히 시야에 들어옵니다. 소에 풀을 뜯기며 꼴을 벱니다. 시집 한 권을 옆구리에 끼고 왔습니다. 잠깐 쉬는 틈에 읽어 봅니다. 온통 사랑타령이라 몇 장 넘기다 덮어 버렸습니다. 모두가 마치 거리의 흔한 사랑 노래만 같은 게 내가 오매불망 그리워하는 고귀하고 애절한 사랑을 평범한 사랑의 반열에 들게 하는 느낌이 들어 그랬습니다. 하기야 그들도 매한가지로 고귀하고 애절한 사랑을 노래했겠지만 나는 그렇게 생각되었습니다.

나는 Y씨와의 사랑을 일상다반의 작시금비昨是今非가 아닌 영원불멸의 숭고한 사랑으로 꽃피우고 싶습니다. 울컥 치밀어 오르는 기분대로 쏟아내는 사랑이라면 그 열기가 이내 식을 것이며, 사랑의 꽃은 이내 이울게 될 것입니다. 진정한 사랑은 참고 견딜 줄 아는 과정을 통해 애정을 다지고 쌓아서, 그 토대 위에 두 영혼이 깨어지지 않는 하나의 혼으로 탄생하는 새 생명이어야 한다고 생각합니다.

Y씨, 우리는 머잖아 만나게 되겠지요. 만나면 내 이름도, 성도 알게 될 것입니다. 사람은 마주 앉으면 정을 느끼게 됩니다. 미운 정이든 고운 정이든.

냉정하게 이 사람을 뜯어볼 수 있는 충분한 시간을 가지세요. 그리고 나에게는 지금의 이 감정이 한층 더 무르익게 해 주세요.

Y씨!

낮이나 밤이나 내 마음은 그대 곁에 가 있습니다.

오늘 하루 일을 거두고 밤이 깊어 갑니다. 깊은 밤의 적요는 사랑을 방안 가득 불러들여 사랑의 이야기를 시킵니다. 가장 행복한 시간입니다.

Y씨를 사랑하고부터 무척 고독해졌습니다. 그러나 사랑하기 때문에 너무나 행복한 고독입니다. 사랑은 고독을 불러들이나 봐요.

사랑할수록 고독해지고, 고독할수록 사랑하는 마음은 불길처럼 타오릅니다.

세상은 고요한 잠에 빠졌습니다. 닭이 홰를 치는 소리가 들릴 시각이 다가오고 있습니다. 환희의 새 아침을 맞아들이기 위해 잠자리에 들겠습니다. 짧은 잠에서나마 Y씨를 만나 사랑을 나누는 긴 꿈을 꾸겠습니다. 그대의 하얀 손목을 잡고 비단결 같은 손바닥에 오른손 엄지로 꾹꾹 눌러 도장을 찍겠습니다.

「Y씨여! 그대를 사랑한다!」고요.

오늘밤의 얘기는 이만 줄입니다.

부디 건강하시길 빌겠습니다.

1961년 ×월 ×일

Y씨를 사랑하는 사람으로부터.

내 사랑이 이루어질 때까지

(제 6 신)

무르익은 가을날의 하늘이 너무 새파랬습니다.

맑은 햇살이 정다운 사람의 마음처럼 따사로웠습니다. 호젓한 오솔길을 혼자 걷고 싶었습니다. 이런 마음이 든 적이 전에는 없었습니다.

오늘은.

왠지 나뭇잎이 붉게 물들고 파아란 하늘이 진하게 덮였을 그 길로 가을을 따라 걷고만 싶었습니다. 산비탈의 단풍잎이 붉게 타오르는 그런 심정으로요.

먼저 Y씨를 처음으로 만났던 일동학교 교정으로 찾아가 사랑하는 사람의 어릴 적 모습을 떠올려 봤습니다. 흰 운동복을 입고 경주하던 모습도 찾아냈습니다. 과거는 그저 과거가 아니고, 현재의 근본이 되고 있구나 하는 생각이 들었습니다.

운동장 주위는 그때는 없었던, 떼를 지은 코스모스가 홍자・백색의 아름다운 꽃을 피워 솔솔바람에 하늘하늘 군무를 하고 있었습니다. 내려다보고 있는 맑게 갠 푸른 하늘과 너무나 잘 어울린다 싶었습니다. 모교의 운동장을 오랜만에 밟아 보는 감회도 새로웠거니와, 어여쁜 어린 Y씨를 만나게 되면 소년의 조마조마한 새가슴이 기쁨의 충동을 느끼던 추억이 한없이 아름답게 되살아났습니다. 사랑하는 마음만이 향유할 수 있는 그런 행복감 같은 감개가 가슴을 뿌듯하게 했습니다.

어딜 갈까하고 잠시 머뭇거리다가 수리도랑을 따라 걷기 시작했습니다. 얼마 안 가 ㅇ리 부락 앞을 지나면서는 Y씨가 살던 집을 물끄러미 바라보았습니다. 다리목을 지나며 생각했습니다. 언젠가는 여기가 Y씨와 만날 때마다 석별의 정을 나누는 길목이 되리라하고요.

도랑 길을 따라 줄곧 걸어 본포本浦 나루터를 지나 벼랑길에 들어섰습니다. 이 길은 어릴 적부터 일년에 두서너 번 마금산馬金山 온천을 찾던 길입니다. 대중목욕탕이 없는 우리 고장에서는 2십리길이 훨씬 넘는 마금산온천까지 목욕을 하러 간혹 다녔거든요.

산이 없는 우리 고장에서 태어나 맨벌 마을에서 자라던 우리 동네 친구들에겐 낙동강 푸른 물이 내려다보이는 벼랑길을 아슬아슬하게 걸으면서 귀에 선 새소리를 듣는 것도, 산에서나 볼 수 있는 바위와 낯선 나무와 풀포기들을 살피는 것도 모두 흥미로웠으며, 꼬불꼬불 휘어진 산길을 오르락내리락 걸어 보는 것도 드문 일이라 먼 곳을 여행이라도 하는 기분이었던 적이 있었습니다.

Y씨.

오늘은 감당할 수 없는 그리움을 잔뜩 끌어안고 어디까지고 혼자 걷고 싶어 그 길을 찾았습니다.

흔히 사람들은 혼자 걷고 싶다는 말을 잘 합니다. 혼자 걷고 싶다는 말은 반어反語 형식을 빌린 그 누구와 함께 하고 싶다는 맹렬한 심상이 아닐까요. 오늘따라 그런 생각을 하게 되었습니다.

가을이 한창인 데다가 벼랑은 북풍에 덩저리를 내밀고 있어 벌써 윗도리는 단풍이 검붉어져 가고, 아랫녘은 선혈이 감돌기 시작했습니다. 작은 바위틈을 비집고 나온 키가 작은 잡목들과 소나무들도 가을의 따스한 햇볕을 초름하게 받고 있었습니다. 생명을 건져내기 위해 야문 땅을 뚫고 바위틈에 끼어서 살아가는 모습이 참 장하게 느껴졌습니다. 조잘조잘 지저귀는 산새들과 끼룩끼룩 울어대는 물새들이 너울너울 오르내려 수정같이 맑은 하늘과 어우러져 한가한 가을날을 구가謳歌하고 있었습니다. 오른 편 한참 아래로는 짙푸른 강물이 도도히 흐르고 있어 벼랑길에서 바라보는 풍치는 가을을 흠씬 익히고 있었습니다.

산허리를 휘어 감은 벼랑길을 아슬아슬 넘어, 산기슭 좁은 길을 타고 내려 들길을 한참 걸어 온천 마을(신촌리新村里)에 들어섰습니다. 온천장 주변에는 잘 손질해진 사철나무들이 군데군데 웅크려 앉아 있고, 화단에는 아직 된서리를 크게 맞지 않았는지 고르게 심어져 있는 여러 가지 꽃나무들이 끝물의 참외 덩굴처럼 풀죽은 채 푸른빛을 애써 지니고 있었으며, 철 아닌 장미꽃 한 송이가 꽃잎 끝을 까맣게 말리고 있었습니다.

온천장에서 바라보는 신촌 들은 산협치고는 제법 넓어 보였습니다. 산을 등진 온천장은 신촌 들을 바라보고 있고, 들판은 산들이 병풍처럼 둘러싸고 있었습니다.

욕실 문에는 숱한 사람들이 꾸역꾸역 드나들고 있어 퍽 번거로워 보였습니다. 온천장 구석구석을 둘러보곤 언뜻 생각에 온 김에 목욕이나 할까하다가 그만두는 것이 마땅하리라 생각되어 목욕은 하지 않았습니다.

'여기까지 왜 오게 되었는가?' 하고 자문해 봤습니다.

'온천장은 목욕을 하는 곳이지만, 내가 오늘 여기까지 오게 된 것은 분명 목욕이 목적이 아니었고, Y씨에 대한 사무치는 그리움과 사랑을 이 가을과 함께 단풍잎처럼 빨갛게 익혀 보겠다는 열정이 아니었던가.' 하고 초롱초롱한 자답을 하게 되었습니다.

뿐만 아니라 그것은 Y씨를 사랑하는 나의 신념을 확인하고, 나 자신에게 다짐하는 계기가 되리라 생각했던 것입니다.

그래서 긴 나무의자에 덩그러니 혼자 앉아 있었습니다. 목욕을 하는 시간만큼이나 오랫동안요. 그렇게 앉아 그리움을 쓰다듬으며 사랑을 다짐했습니다.

머리 위의 나뭇가지에서 소슬바람 스치는 소리가 으스스 들렸습니다. 그리움이 소슬바람처럼 밀려왔습니다.

Y씨가 불현듯 보고 싶었습니다.

그대로 Y씨에게 내처 달려가고 싶었습니다.

이 가을이 가기 전에 꼭 만나야겠다는 다짐을 하였습니다.

퍼지르고 앉은 엉덩이가 저려왔습니다. 왔던 길로 돌아오는 마음에는 사랑에 대한 감상적 풍요와 정서적 여유만이 아닌, 서글픈 구석이 전혀 없지는 않았습니다. 가을은 그리움이 진해지고 심한 외로움을 느끼게 하는 계절인가보다 싶었습니다.

Y씨!

오늘 하루를 그렇게 보냈습니다. 그리워하고 사랑을 생각하는 시간은 너무 고독하면서도 참 행복하다 여겼습니다.

Y씨가 못 견디게 보고 싶습니다.

좋은 가을밤 달콤한 꿈꾸시길 빌겠습니다.

1961년 가을에

Y씨를 사랑하는 사람으로부터

여섯 번째 편지를 보내고 얼마간 있다 만나자는 편지를 썼다.

사랑하는 Y씨에게

여섯 차례의 편지는 모두 잘 받아 보셨으리라 믿습니다.

상대의 의향을 불문곡직한 일방적인 사랑의 세례는 큰 폐해가 될 수도 있다는 점을 잘 알고 있기에 다시 한번 양해를 구하는 바입니다. 하지만 진정한 사랑은 진정한 사랑을 반드시 맞이할 수 있으리라고 믿는 마음에 추호도 의문을 가져본 적이 없습니다.

건강하시겠지요? Y씨는 건강을 타고난 듯 보이시니까요.

사랑하는 마음은 깊어 가는 가을과 함께 붉게 익어가나 봅니다.

Y씨!

그대는 오래 전부터 나의 첫사랑이었으며, 진정으로 사랑합니다.

정말 보고 싶습니다.

하루 속히 만나고 싶습니다.

오늘은 길게 쓰지 않겠습니다.

11월 ××일 11시에 수신교의 일동쪽 다리목에서 만납시다.

꼭 나와 주시리라 믿습니다.

안녕을 빕니다.

1961년 11월 ×일

Y씨를 그리워하는 사람으로부터

곧 바로 수산에 가서 편지를 부쳤다.

7일 후에 만나기를 요청하였던 것이었다.

나는 양복과 넥타이를 곱게 다리고 구두를 반질반질하게 닦아 놓고 만날 날을 초조히 기다렸다.

드디어 만날 날이 되어 일찌감치 약속장소로 갔다.

추수가 거의 끝나고 보리갈이가 한창인 들판에는 군데군데 나락무더기가 논두렁에 쌓여있었다. 수산교 다리목에 올라서니 겨울을 재촉하는 쌀쌀한 바람이 얼굴을 스쳤다.

약속 시간보다 20여 분 전에 도착하여 다리목에서 그녀가 오는 길을 살피며 어슬렁거리고 있었다. 11시가 훌쩍 지나고부터는 그녀가 오는 방향에 눈길을 고정시키고 노심초사했다.

그런데 웬일일까?

12시가 되어도 그녀는 나타나지 않았다. 나를 외면하자는 심산일까? 아니면 수일간 어딜 다니러 가서 만나자는 내 편지를 받지 못한 까닭일까? 나는 나름의 해석을 하기에 분주했다.

약속시간부터 1시간 반을 기다렸으나 끝내 그녀는 나타나지 않았다. '틀림없이 그녀는 어딜 가고 없어 만나자는 내 편지를 받아 보지 못했을 것이다.' 하고 선의의 해석을 했지만, 그것은 어디까지나 자위일 뿐, 서글프고 처량한 심사를 애써 달래면서 무거운 발걸음으로 돌아서야만 했다. 좀은 언짢은 기분을 삭이느라 마음이 편하질 못했다.

집에 돌아와 겉옷을 벗기가 바쁘게 점심을 몇 술갈 뜨고는 당장 또 만나자는 편지를 썼다. 그리고는 곧바로 수산까지 가서 부쳤다.

그로부터 이레만에 같은 장소에 섰다. 약속시간도 내가 도착한 시간도 전번과 똑같았다. 약속 시간이 1 시간이 지나도록 그녀는 또 나타나지 않았다. 그녀가 오길 망연히 바라보고 서 있는 처량한 내가 스스로에게도 너무나 초라한 모습으로 느껴졌다.

'아무래도 장기간 부산에라도 가 있는 모양이지. 제발 그랬으면 좋으련만…….' 하고 나 자신도 모르게 자위를 하고 있었다.

그러나 그런 마음은 잠시였다. 보름이 넘게 외지에 나가 있을 리가 만무하며, 집에서 출발하여 30분이면 충분히 당도할 수 있는 거리이기에 틀림없이 바람을 맞는구나 하는 생각이 들었다. 정각 12시가 되자 발길을 옮겨 돌아섰다. 정확히 1시간 20분을 기다린 셈이었다.

'이것이 어디 그저 단순히 만나자는 편지였나. 10여 개월을 연모의 불길로 혼신을 태우다가, 여섯 달을 두고 매월 애틋한 사랑을 고백한 연서를 보내며 진정한 사랑을 위해 참고 견딘 뒤의 일이 아닌가. 한번은 만나서 쓰다 달다 말을 해주는 것이 도리가 아닐까? 하는 푸념이 절로 쏟아져 나왔다.

상대방의 사정을 헤아릴 수는 없고, 좌우간 두 번씩이나 허탕을 치게 되었으니 내 꼴이 말이 아니었다. 어디 가서 잘 못하는 술이나마 실컷 퍼마시고 싶었다. 그래야만 속이 좀 풀릴 것 같았다.

빠른 걸음으로 산업조합(대형 정미소)을 관리하고 있는 고등학교 한 해 선배이자 친구인 김형순을 찾아갔다.

마침 경찰관이 와서 서류철을 뒤지고 있는 중이라 인사만 나누고 조금 떨어진 툇마루에 걸터앉아 기다리고 있었다.

채 5분이 못 되어서였다.

철문 두 짝을 활짝 열어 젖힌 확 뚫린 공간을 통해 바로 건너 수리도랑둑이 보였는데, 그 둑길을 따라 파라솔을 쓴 젊은 여인이 매우 바쁜 걸음으로 지나가고 있었다. 울타리는 수십 년 묵은 탱자나무가 촘촘하게 꽉 짜여 있어서, 곧 그 여인은 보이지 않았다. 친구한테 말할 겨를도 없이 종종걸음으로 나가 그 여인의 뒷모습을 바라보았다. 그 여인은 무척 빠른 걸음을 옮겨놓고 있었다. 서둘러 걷는 품을 보아 그녀가 아닐까? 하는 생각이 들었다. 도랑을 낀 맞은편 도로로 뒤를 따랐다. 삽시간에 수산교 다리목에 이르자 그녀는 시계를 들여다보더니 이리저리 살폈다. 이내 다가선 나를 보더니 엷은 미소를 지어 보였다. 상대를 짐작한다는 뜻으로 여겨, 나도 가는 미소를 보냈다.

첫말을 건네기가 다소 어색했다.

"안녕하세요. 참 오랜만입니다. 내 얼굴 알아보시겠습니까?"

내가 먼저 말을 건넸다.

"예, 늦어서 죄송합니다……."

무슨 말을 이으려다가 말고 얼굴을 약간 붉혔다.

마침 승합차가 수산에서 건너와 덜컥 섰다. 동시에 강둑 안 물가에 바짝 맞닿은 수성마을 쪽에서 강둑 오름길을 해서 내가 잘 아는 세 분의 부락 이장들이 우리 바로 뒤에 다다랐다.

"안녕하십니까? 먼저 타세요."

하고 물러섰다.

"아니네, 자네들 먼저 타게."

하신 분은 우리 부락 이장이었다.

"아닙니다. 어르신네들 먼저 타세요."

하고 나는 절대 양보자세를 취하고 물러섰다.

"자리가 두 자리밖에 없습니다. 두 분만 얼른 타세요."

하는 기사의 말은 무척 퉁명스러웠다.

할 수 없이 우리 두 사람이 차에 올랐다. 차는 내리막길을 미끄러지듯 자갈을 퉁기며 내달렸다.

노선 승합차라 마을 앞마다 세워지면서도 삽시간에 종점인 진영읍에 세워졌다. 거기가 부산도 갈 수 있고, 마산도 갈 수 있는 버스정류장이며, 바로 곁에 부마산釜馬山을 왕래하는 기차역이 있는 곳이었다.

"Y씨, 어디로 갈까요?"

아무런 생각 없이 그렇게 불쑥 말해 버렸다.

"부산이고 마산이고 어디든지 좋습니다. 오늘은 문 선생님 뜻대로 하세요."

그녀는 썩 시원스레 대답했다. 할갑게 심상을 드러내 보이는 그녀의 말이 더없이 고맙게 여겨졌다.

"점심시간도 되었으니 멀리 갈 것 없이 차나 한 잔 하고 식사를 하도록 하는 것이 어떻겠습니까?"

"그렇게 하시지요."

둘은 부산 방향 오름길을 나란히 걸었다. 얼마 안 가 오른쪽에《귀로다방》이란 간판이 보였다.

우린 음악소리가 다소 낮게 들리는 창가에 마주 앉았다.

처음으로 바로 눈앞에서 바라보는 그녀의 얼굴은 생각만큼이나 참 소담스레 보였다. 순간 애끓는 사랑을 달래느라 마음을 졸이고, 태우고, 노 새벽닭을 울리며 편지를 쓰던 일들이 파노라마처럼 뇌리를 스쳤다. 헛일이 아니었구나하는 생각에 무한한 만족감이 온 전신에 스르르 녹아들었다. 분명히 그녀는 오늘 하루의 스케줄을 나에게 맡긴다고 했다. 그것은 곧 나의 구애에 대한 분명한 화답으로 해석되었다. 꿈만 같았다. 그리고 꿈은 정성을 다하면 현실과 그리 멀지 않구나 하는 생각이 들었다.

"내 편지는 다 받으셨는지 모르겠습니다. 두 번째로 만나자는 편지까지 여덟 장……."

"예, 다 잘 받았습니다."

"그럼 먼저 번엔 무슨 일이라도 있었습니까?"

"그냥……. 친구들이 첫 번에는 안 나가는 게 좋겠다고 해서……. 대단히 죄송합니다."

미안스런 생각에선지 그녀의 볼두덩이 약간 붉어졌다.

"……."

"오늘도 시간을 못 지켜서 대단히 죄송합니다. 사정이 좀 있었습니다. 너무 늦어 만나지 못할까 걱정했는데, 오래 기다려 주셔서 감사합니다."

"괜찮습니다. 좌우간 만나 뵈옵게 된 것을 고맙게 생각합니다."

긴 말을 널어놓는 것은 온당치 않다고 여겨 간결하게 화답했다.

주문한 두 잔의 커피가 탁자 위에 놓였다. 김이 모락모락 나는 찻잔에서 향기가 그윽하게 풍겨왔다. 마치 사랑의 향기처럼.

"내 편지 받으시고 어떤 생각 하셨어요?"

그것이 가장 궁금했다. 또 그 말은 곧 나의 프로포즈에 대해 어떻게 생각했느냐는 확실한 물음이기도 하기 때문이었다.

"편지 너무너무 잘 쓰셨고요. 참 진실한 분으로 여겨졌습니다. 그리고 누구신지가 무척 궁금했습니다. 그래서 부산 주소로 찾아가 보기도하고요, 부산의 k고등학교에 다니는 남동생을 시켜 알아보라고도 했습니다."

"내가 다 편지에 밝혔는데요. 주소도 성명도 사실과 다르다고요.

그런데 부산까지 찾아가셨다구요?"

"그래도 너무 답답하니까요."

그런 우매한 행동이 오히려 그녀의 순박성으로 느껴졌으며, 내 맘을 감동시키기까지 했다.

우린 금방 오랫동안 만나왔던 사이처럼 다정해졌다. 그래서 다방으로, 식당으로 옮겨 다니면서 이런 저런 얘기를 정답게 주고받으며 하루를 정말 유쾌하게 보냈다.

그녀의 마음이 이미 내 곁에 와 있음을 느끼게 된 나로서는 마냥 황홀했다. 11월의 해가 짧은 것이 안타깝기만 했다. 어둡기 전에 그녀를 집에 돌아 갈 수 있게 해야겠다는 생각이 들어 뜨고 싶지 않은 자리를 떠야만 했다.

다방을 나서는 우리의 등뒤에는 경쾌한 리듬의 경음악이 흐르며 우리의 사랑을 찬미해주고 있었다.

우리는 다시 비좁은 승합차에 나란히 끼여 앉았다. 자갈이 깔린 도로를 달리는 자동차는 몹시 흔들거렸다. 몸이 심하게 부딪칠 때마다 올 때의 좀은 어색하던 느낌과는 달리 다정한 감정을 느끼게 했다.

자동차는 순식간에 수산다리목에 덜커덕 섰다.

우린 내리막길을 느슨한 걸음으로 나란히 걸었다.

해는 서산마루 서너 뼘치 위에서 붉은 빛을 현란하게 비끼고 있었다. 수리노랑 둑길에 이르러서는 사람이 덜 다니는 건너편 길로 해서 ㅇ리에 이르렀다. 한 발자국이라도 더 그녀와 함께 걷고 싶어 좀 두르는 길이었지만 수리도랑 둑길을 택했던 것이었다.

우리에게 그날 하루는 너무나 짧았다. 헤어지기가 아쉬웠다. 그러나 석별의 정을 나눠야만 했다. 헤어지는 마당에 신신당부를 했다.

"다음 편지 받으시면 곧 해답해 주세요. Y씨의 편지 얼른 받아보고 싶습니다. 내일 당장 편지 보낼게요."

"……."

그녀는 아무런 대답이 없었다.

"편지 받으시는 즉시 회답 주세요."

다시 한번 다그쳤다.

솔직히 나는 만날 장소도 없는 시골에서, 남의 눈을 피해가며 어두운 골목길에서 만나 즐기는 사랑을 원하지 않았다. 그보다는 많은 편지로써 사랑을 주고받으면서 누구의 어떤 사랑보다도 고상하고 우아한 사랑의 탑을 차곡차곡 쌓아가고 싶었다. 그래도 보고 싶을 때는 만나야겠지만, 만날 때는 그날처럼 차를 타고 가서 아는 사람이 없는 곳에서 만나야겠다고 생각했다.

"회답은……."

그녀는 말끝을 맺지 않았다.

"편지에 회답을 꼭 하셔야지요. 죽자 사자 기다릴 테니까요."

"……."

그녀는 여전히 대답이 없었다.

나는 그날 하루의 유쾌했던 기분을 지속시키고 싶었다. 더 이상 편지 얘길 하는 것은 적절치 않다고 생각되어 말머리를 돌렸다.

"Y씨, 오늘은 정말 즐거웠습니다. 자주 만나기로 합시다."

"예, 저도 오늘 참 즐거웠어요. 자주 만나 뵈옵고 싶습니다."

그녀의 스스럼없는 명쾌한 대답은 나를 말할 수 없이 흔쾌하게 만들었다.

덜 가신 저녁노을의 붉은 빛을 받은 그녀의 얼굴이 무척이나 밝고 아름다워 보였다. 인사를 나누고 돌아선 그녀의 뒷모습을 한참 바라보며 나는 황홀경에 빠져들고 있었다.

지금 저 서산마루에서 울긋불긋 꽃피우고 있는 구름덩이처럼 부풀기만하던 내 영롱한 사랑의 꿈이, 바로 여기 내 앞에 현실로 다가왔구나 하고 생각하니 너무나 행복한 감정이 가슴에 스르르 녹아 내렸다.

밤늦게 책상 앞에 앉았다.

사랑하는 Y씨에게

Y씨.

정말 행복합니다.

몽매에도 그리던 사랑이었습니다.

Y씨 가까이 내가 다가선 현실이 정녕 꿈만 같습니다.

Y씨는 일찍 나에게 사랑을 일깨워주시고, 동경의 세계를 안겨 주셨습니다. 내가 Y씨를 열렬히 사랑하는 것은 무작정 한 사랑이 아닙니다. 어린 시절의 순박한 동경이 사랑의 열매로 성숙한 것입니다. 그러므로 해서 우리의 사랑은 더욱 아름답고 숭고하다 하겠습니다.

오늘도 Y씨의 아름다운 모습은 나를 여지없이 황홀하게 만들었습니다. 예쁜 얼굴로, 상냥한 미소로, 다정한 눈빛으로, 고운 말씨로 그대는 나에게 큰 꿈 하나를 이루어 주셨습니다. 우리 인생의 긴 여정을 신실로 사랑하는 사람과 함께 살아간다는 것, 그것보다 더 수중한 삶이 어디 있겠습니까? 인간은 원초적으로 행복을 추구하지만, 행복의 첫째 조건은 사랑이라고 생각합니다. 나는 이제 Y씨와 손을 꼭 잡고 넓고 넓은 대지를 달려갈 것입니다. 우리의 꿈을 향해 질주할 것입니다. 저 푸른 하늘을 훨훨 날을 것입니다.

Y씨.

이 목숨 다하여 사랑을 바치겠습니다.

Y씨는 아무 보잘것없는 나를 마다하지 아니 하시고, 조금도 주저없이 사랑의 문을 활짝 열어주셨습니다. 이제 밤을 지새우며 사랑을 얘기하고, 사랑의 기쁨을 노래합시다. 뜨거운 열정으로 가슴을 데우며 우리의 인생을 마음껏 찬미합시다.

오늘도 밤이 으슥하도록 사랑의 밀어를 정성껏 포개어 담고 있습니다. 내일 일찌거니 우체통에 넣어 보내겠습니다. 그러고는 석류알처럼 맑고, 진주알처럼 우아한 밀어로 수를 놓은 Y씨의 사랑의 밀함密函이 오기를 학수고대할 것입니다. 아마도 일주일은 더 걸려야 Y씨의 예쁜 글씨가 박힌 하얀 봉투가 내 품에 안기리라 믿습니다. Y씨의 편지 얼른 읽어보고 싶습니다. 사랑하는 사람의 편지봉투를 조심스레 뜯는 순간을 상상만 해도 행복에 겨워 집니다. 편지 받으시는 즉시 회답 보내 주세요. 기다리는 시간은 지루하고, 기다리는 마음은 애타니까요. 나는 매일 동구 앞에 나가 체부 오길 기다릴 것입니다.

내 사랑하는 Y씨!

아무래도 꿈만 같습니다.

우리 인생은 꿈이 현실로 실현될 때, 세상이 참으로 아름답고 삶이 그지없이 행복해지나 봅니다. 사랑의 꿈은 인생의 꿈 중에 꿈일 것입니다. 이제 그 꿈을 일구어 내었습니다. 나는 어제의 내가 아닙니다. 이 세상이 너무나 아름답습니다. 보라는 듯이 하루하루의 삶이 기쁘고 행복해질 것입니다. 그대와 함께 하는 인생은 예술보다 더 아름다울 것입니다.

그리스의 의학자 히포크라테스는 「인생은 짧고 예술은 길다.」라고 했습니다. 이 명제는 인생이나 예술을 논할 때 많이 회자되고 있습니다. 얼핏 듣기에 인생에 비해 예술의 우월성을 찬양하는 것 같지만 그렇지 않을 것입니다.

예술은 인생이 조작한 인생의 소유물입니다. 인생과 예술의 존비귀천을 대비 논할 수는 없을 것입니다. 길이로 대비시킨 것은 짧은 인생을 예술에 담아 영원토록 그 이름을 남기자는 뜻일 것입니다. 사랑도 사랑 나름일 겁니다. 따라서 천고불후千古不朽의 예술작품보다 더 위대한 사랑의 예술이 빚어질 수도 있을 것입니다.

사랑하는 Y씨!

우리의 숙명적인 사랑을 예술보다 더 아름다운 사랑의 예술로 만들어 봅시다. 그리하여 「사랑은 짧으나 예술보다 더 아름답다」는 명제를 남깁시다. 로미오와 줄리엣처럼 슬프지는 않으면서 보다 더 아름답고 거룩한 사랑으로 말입니다.

Y씨!

진정으로 사랑합니다.

그대는 이제 나의 불타는 생명입니다.

그대는 나에게 환상적인 미래입니다.

그대는 무지개처럼 영롱한 나의 인생입니다.

Y씨를 위해 내 모든 것을 바치겠습니다.

미인 훗날에도 Y씨가 후회하지 않는 사랑이 되도록 정성을 다하여 진실하고 착실한 사랑을 다듬어 갈 것입니다. 청포도알처럼 싱그러운 우리의 행복을 위해 황소처럼 일하겠습니다. 한 사람의 인간으로서, Y씨의 남자로서 모자람이 없게끔 참되게, 그리고 열심히 살아가겠습니다.

'사랑은 사랑을 먹고 자란다.' 고 생각합니다.

진실한 삶과 정성어린 사랑으로 그대를 지키겠습니다.

'ㅇㅇ씨!'

마음속으로 그대 이름을 불러봅니다.

너무나 행복합니다.

밤이 너무 깊었습니다.

안녕을 빕니다.

1961년 11월 ××일

Y씨를 사랑하는 상祥이가

이튿날 일찍 수산에 가서 편지를 부쳤다.

그리고는 회답 오길 마음 졸이며 기다렸다.

하루 이틀, 사흘 나흘……열흘이 지날 때까지만 해도 나는 기다리는 기쁨에 마음 설레었다. 그러나 보름이 가고 스무날이 지나도 손꼽아 기다리던 회답이 없었다.

또다시 간단하게 쓴 편지를 보냈다. 그러나 역시 회신은 없었다.

기어코 답장을 받아봐야겠다는 생각에 띄엄띄엄 편지를 보냈다. 그러나 그녀의 편지는 끝내 받아 보지 못했다.

도대체 어찌된 영문인지 궁금하기 짝이 없었으나, 이 문제에 대해서만은 가볍게 처신하고 싶지 않았다. 답장을 받기 전에는 만나자는 편지는 쓰지 않기로 작심을 했다. 진심으로, 정성껏, 밤을 지새우듯 하며 써 보낸 내 편지가 무참히 짓밟히는 것 같아 서운하기 이를 데 없었다. 생각하면 생각할수록 그것은 단순한 편지 문제만이 아니리라고 판단되었으며, 나를 너무나 허탈하게 만들어 편지 쓸 의욕마저 잃게 했다.

만나서는 그처럼 흔쾌하게 대해주던 그녀가 아니었던가. 왜? 편지 한 장 보내지 못 한단 말인가? 여고를 나온 사람의 품위에 온당한 일일까? 편지를 받으면 으레 회답을 하는 것이 예의가 아닐까? 하고 생각하니 울화통이 터져 견뎌내기가 힘들었다.

데이트를 하고 헤어지기 직전에 '곧 회답하세요.' 하는 내 말에 '회답은…….' 하고 끝맺지 않던 그녀의 말을 흘려 들은 기억이 떠올랐다. 그리고,

"Y씨, 오늘은 정말 즐거웠습니다. 앞으로 자주 만나기로 합시다." 하는 내 말에, 분명히 그녀는 이렇게 대답했었다.

"예, 저도 오늘 참 즐거웠어요. 자주 만나 뵈옵고 싶습니다."

그렇다면 데이트는 하되 편지에 회답은 안 하겠다는 뜻이 아닌가? 내 상식으론 이해하기 어려웠다. 나 자신에게도 '나' 라는 생명체가 너무나 처량하고 비참한 꼴로 비쳤다.

솔직히 나의 의향은 좀은 고상한 연애를 하고 싶었고, 남녀와의 만남을 보다 신성하게 치르고 싶었을 뿐이었는데……, 그와 같은 나의 사고가 통념과는 거리가 멀었던지, 아니면 조화의 예술인 연애를 충족시키기에 상대적 호응불가의 방식이었던지 모를 일이었다.

그녀와 첫 만남이 있은 지 한 해가 훌쩍 넘어.

대구의 친구 아버지 회사에 직장이 마련되어 고향을 떠났다.

대구에 와서도 편지를 보냈으나 마찬가지로 회신이 없었다. 심지어 이런 말까지 써 보냈다.

"편지 잘 받았습니다라는 말만이라도 적어 보내 주세요."

“이번 편지에도 회답이 없으면 날 사랑하지 않으시는 걸로 간주하겠습니다.”

그런데도 끝끝내 답장이 없었다. 나를 너무나 실망시켰다.

곧 다가오는 음력설에 고향에 가면 직접 찾아가서 담판을 지을 생각을 하고 직장 일에만 열중하며 더는 편지를 보내지 않았다.

설을 사날 앞둔 날이었다.

큰방에서 저녁을 먹고 일어서려는데 친구 어머니께서 만면에 웃음을 띄우시고 말씀하셨다.

“자네 잠깐만 나하고 얘기 좀 하세.”

“예.”

나는 도로 앉았다.

“자네 우리 SJ가 마음에 드는가?”

꿈에도 상상하지 못할 말씀이었다.

“…….”

나는 어리둥절하여 아무 말도 할 수가 없었다.

“자네만 좋다면 우린 벌써부터 자네를 우리 맏사위로 마음먹고 있다네. 창수 아버님은 자네가 제대를 한 뒤 ‘여상이는 우리 큰사위로 삼을 테니 그리 알라,’ 하고 공언하셨네. 그래서 자네만 모르지 우리 친인척들까지 다 알고 있다네.”

하시며 빙그레 웃음 띤 얼굴로 나를 바라보셨다.

“황송합니다…….”

더 이상의 말씀을 드릴 수가 없었다.

“잘 생각해 보게. 이번 설에 집에 가거든 어머님과도 상의해 보고,

어머님도 우리 SJ를 보셔서 승낙을 하셔야 할 테니 조만간 한번 모시고, 연후 자네의 생각을 알려주게."

"예."

숨죽여 대답했다.

하기야 지금도 정도 차이는 있을지언정 부정할 수 없는 사실이지만, 60년대 초두 우리나라가 극빈에 처해 있던 당시의 재력은 엄청난 사회력을 지니고 있었다. 부와 빈만으로 사람의 등위가 결정되는 거대한 위력을 가지고 있었던 것이다.

그런 현실을 도외시하고 나 같은 가난에 절이고 갖춘 것 없는 촌놈에게 그 부유한 가정의 귀한 규수를 시집보내겠다는 결정은 놀라운 일이 아닐 수 없었다. 마음속으로 창수네 가족들에게 경의와 감사를 표했다. 나에게는 너무나 과분한 대우가 아닌가하는 생각에서.

내로라 할 만한 부잣집 귀한 따님, 마음만 먹으면 얼마든지 좋은 혼처를 가려가며 택할 수 있는 결혼의 조건을 갖추고 있었다. 어디 내어놓아도 부족함이 없는 참한 색시감이었다.

나는 묘하게도 매우 어려운 처지에 놓이게 되었구나 하는 생각이 들었다. 그날밤 잠자리에는 들었으나 덩굴나무 줄기처럼 얼키설키 뒤엉키는 생각들이 새벽녘까지 잠을 쫓았다.

'나의 천진한 열정을 깡그리 살라먹은 Y씨. 아무렇거나 나의 첫사랑인 그녀. 아직도 떨어버리지 못하고 있는 슬픈 연모……. 설날이 오면 찾아가서 담판을 짓기로 작정한 그녀와의 관계는……?

운명의 여신은 나에게 너무 가혹한 장난을 걸어 온 것이었다.

마침내 설날이 다가와 귀향 길에 올랐다. 분지인 대구의 날씨는 매섭게 차가워 열차의 유리창에는 입김이 하얗게 서려 있었다.

희부연 차창을 휴지로 문지르고 바라보는 창밖의 겨울풍경이 여정旅情을 몹시 어지럽히고 있었다. 눈을 감고 의자에 머리를 기댔다. 레일의 마디에 쇠바퀴가 부딪는 소리가 쉴 새 없이 떨거덕거렸다.

전날 밤늦게까지 여장을 챙기느라 잠이 나빴던지 깜박 졸던 눈을 뜨니, 기차는 경부선 궤도를 벗어나 부마釜馬 철로를 달리고 있었다.

집에 도착하여 저녁을 먹고는 Y씨와 중학교 동창인 집안 여동생 D와 질녀 J를 불렀다. 사연의 줄거리를 대충 얘기하고 내가 보낸 편지의 부본을 보이며 그녀의 집엘 함께 좀 가자고 부탁했다. 둘은 큰 호기심을 가지고 읽기 시작했다. 그 날에 있었던 얘기는 여기에 적지 않는 것이 좋을 것 같아 기록을 하지 않는다.

셋은 깜깜한 섣달 그믐밤에 그녀의 집에 찾아갔다. 땅거미가 진 지 오래 전이라 검은 하늘에는 새파란 별이 총총했지만 칠흑 같은 밤 골목은 무척 더듬거려야만 했다.

그녀의 대문 앞에 이르자 둘은 Y씨를 불렀다. 곧 활짝 열린 대문을 통해 마루에 켜 놓은 전깃불을 등지고 마당가운데로 걸어오고 있는 그녀의 모습이 보였다. 둘은 대문 앞에 바짝 다가 서 있었으며 나는 한참 처져 서 있었다. 그녀는 두 사람과 인사를 나누고는 곧 바로 나에게로 종종걸음으로 다가왔다.

"문 선생님, 오셨어요. 날씨가 춥습니다. 얼른 방으로 가세요."

하고 양손으로 나의 손을 잡고 친절히 안내했다. 셋은 안내하는 대로 사랑채의 커다란 방으로 들어갔다.

이내 큰상이 놓이더니 준비해 놓은 설음식이 한 상 그득히 차려졌다. 우리 세 사람과 Y씨와 그녀의 종고모인 H씨 모두 다섯 사람이 둘러앉았다. H씨도 그들끼리 잘 아는 또래였으며, 나와도 생소한 사이였지만 안면부지는 아니었다.

"제사도 모시기 전에 제사음식을 이렇게나 많이……."

거대한 음식상을 차린 성의에 대한 답례로 인사말을 그렇게 했다.

"괜찮아요. 제사에 쓸 음식은 먼저 따로 덜어내 놓았습니다. 많이 드세요."

그녀는 두 손으로 주전자를 들어 나에게 술을 권했다.

예를 갖춰 두 손으로 정중히 잔을 들었다. 맛깔스런 동동주가 꼴꼴 흘러내려 잔을 가득 채웠다. 나도 그녀에게 술을 따르려 했으나 그녀는 술을 못한다며 사양했다. H씨도 마찬가지였다.

나는 잠잠히 술잔을 비웠다. 그녀는 또 따르려 주전자를 들었다.

"조금만 주십시오. 술을 잘 못합니다."

하면서도 또 한 잔의 술을 받아 마셨다. 그녀는 주인 몫을 다하려 애를 쓰는 모습이었고, 나는 그날따라 술이 당겼다. 거북스런 얘기를 해야 할 자리가 될 것 같아 그랬을 것이다.

"많이 잡수세요. D야, J야 많이 먹어."

그녀는 음식접시를 이리저리 옮겨 놓으며 친절히 권했다.

정성 들여 차린 음식을 너무 안 먹기도 뭣하고, 그렇다고 덥석덥석 집어먹기도 그랬다. 사실 나에게 음식 맛이 제대로 날 리가 만무했다. 그래서 체면치레로 음식을 몇 조각 집어먹고는 할말을 해야겠다고 마음먹었다.

"Y씨, 한 가지만 물어 보겠습니다."

사뭇 상기된 얼굴로 말을 끄어냈다.

"……."

그녀는 아무 말 없이 고개만 약간 숙였다.

“Y씨, 내 편지에 회답 한 장 안 해 주신 까닭을 솔직히 말씀해 주시면 고맙겠습니다.”

정중한 말씨로 물었다.

“문 선생님이 너무나 편지를 잘 쓰셔서…….”

그녀가 말끝을 맺지 못하고 고개를 떨구자 H씨가 말을 받았다.

“문 선생님의 편지를 저도 같이 읽었습니다. 이처럼 진실한 분이 어디 또 있겠느냐며 회답을 하라고 했지만……, 회답 못한 잘못은 제가 대신 사과 드립니다. 앞으로도 변함 없이 사랑해 주십시오.”

반면 그녀는 줄곧 고개를 숙인 채 사과 한마디도 없어 나는 무척 고까운 기분이 들었다. 잠시간 침묵이 이어져 방안 공기는 모두를 거북살스럽게 만들었다. 나는 그런 분위기를 오래 지속시키고 싶지 않았다.

“섣달 그믐이라 할 일도 많으실 텐데 그만 가봐야겠습니다. 잘 먹었습니다.”

인사를 하고 일어서자, 둘은 더 놀다 가라며 한사코 잡았다. 그러나 나는 방문을 나섰다.

돌아오는 길은 갈 때보다 더욱 침울한 심정이었다. 가볍게라도 회답 못한 점에 대해 이해를 구하고, 다음 편지엔 꼭 회답을 하겠노라고 시원한 대답이 있기를 간절히 바랐는데 그게 아니었다.

내 혼신을 활활 태워버린 그 사랑의 열정을, 한 폭 사랑의 수채화를 그리는 연습으로 돌리기엔 너무나 아쉽고 서운했다. 나의 첫사랑의 출발은 그저 그런 세상 따라 유행하는 사랑이 아니었기에 더더욱 허탈했다.

대구로 돌아온 그 날.

'……이번 편지에 회답이 없으면, 날 사랑하지 않으시는 걸로 여기겠으며, 만약 이 편지에 답신이 없으면 아마 이 편지가 마지막이 될 것입니다. 편지 잘 받았다는 말 한 마디라도 좋습니다. 꼭 회답 주세요. 학수고대하겠습니다…….'

이렇게 편지를 띄우고는 꼭 답신이 있길 염원했으나 역시 감감소식이었다.

요란하던 저녁이 잦을 시간 자갈마당 로터리 포장마차에서 해삼 안주에 소주 한 병을 들이켰다. 사실 소주 한 병은 내 주량에 버거웠다. 그래도 아랫도리는 아무렇지도 않았으나 마음이 사뭇 비틀거렸다. 가로등도 어둑한 밤 길은 태평로를 걸으며 희미한 별들에게 나의 슬픈 심경을 전했다.

'Y씨는 나의 운명적인 첫사랑이오. 아직도 나는 Y씨를 사랑합니다. 두 번의 만남에서 Y씨도 날 사랑하고 있음을 확인할 수 있었습니다. 그런데 왜 편지 한 조각 내 손에 쥐어 주어 읽게 할 수 없나요? 잘 받았다는 말 한마디라도 좋다는 나의 애걸복걸을 그다지도 무참히 짓밟아 버릴 수가 있나요? 이제 난 냉철한 사람으로 돌아가겠어요. 혼미한 꿈에서 깨어나서 이성을 회복하여 현실을 발바닥으로 꼭 밟고 감정에 휘우뚱거리지 않고 똑 바로 걸어갈래요. 진한 첫사랑을 씻어내기가 무척 힘듭니다. 그러니 더 이상의 사랑동냥은 하지 않겠습니다. 우리들의 사랑 얘긴 전설처럼 띄워 보내겠어요.'

나의 첫사랑의 꿈은 너무나 환상적이었다. 그만큼 반사적인 허탈감에 내 가슴은 남몰래 몹시도 쓰리고 아렸다. 내 인생의 반쪽을 난자당한 기분이었다. 더는 사랑에 미치고 싶지가 않았다.

“첫사랑은 가슴에 묻어 두는 얘기다.”

내 처지에 꼭 들어맞는 이 말을 나 대신 누가 했을까?

그처럼 나의 첫사랑도 가슴엔가 어딘가에 얼쑹얼쑹 묻어버리고 말아야만 했다.

(여기에 수록된 편지들은 그 때의 정황을 떠올려 쓴 글임.)

결혼의 인연은 따로 있다

전화벨이 요란히 울렸다. 펜을 든 손으로 수화기를 귀에다 댔다.

"아세아기료亞細亞機料입니다."

"안녕하십니까? 창수 이몬姨母데요."

창수 이모님은 내 목소리를 쉽게 알아 들으셨다.

"예. 안녕하십니까?"

나는 습관이 되어 고개를 숙여 절을 하며 말을 했다.

"오늘 저녁은 우리 집에 오셔서 드시도록 하세요, 준비 다 해놨으니까요."

"예, 감사합니다. 그리하겠습니다."

"좀 오래 놀 수 있게끔 되도록 일찍 오세요."

인정 어린 당부까지 하셨다.

"예, 그리하겠습니다."

언제나 진심 어린 말씨에 인정이 넘치는 창수 이모님의 전화는 참 반가웠다. 그리고 그 집은 내가 마음놓고 가고 싶어하는 터수였다. 창수 이모님 내외분이 보통사람보다 특히 후덕하신 때문이었다.

퇴근길을 잰걸음으로 서둘었다.

내가 방에 들앉자, 잇따라 SJ씨가 들어왔다. 창수 이모님의 의도를 알아차릴 수가 있었다. 언젠가 흘러가는 말처럼 귀띔해 주신 말이 기억났다.

"우리 SJ가 시집가면 서울 마포에 있는 집도 주고, 용산에 있는 공장(개풍기료상회와 50%씩 동업)도 주겠다고 우리 형부가 공언하셨어요."

창수 이모님은 가정부와 함께 부엌에서 음식을 장만해서 이내 밥상을 차려내셨다. 그런데 밥상이 어찌나 거창했던지 먹기에 민망스러울 정도였다.

저녁상을 물리고 후식이 담긴 과반을 든 가정부가 들어왔다. 우리가 창수 이모님 내외분이 들어오시길 기다리고 있자,

"먼저 드십시오."

하며 영화 입장권 두 장을 내밀곤 나가버렸다.

그 새 창수 이모님 내외분은 아이들을 데리고 어디론가 나가시고 안 계셨다.

입장표를 받아 상영시간을 보니 아직 여유가 많았다. 우린 과일을 몇 쪽씩 먹고 차를 마셨다. 방안에는 둘밖에 없었다. 처음으로 단 둘이 있게 되자 방안은 아무래도 조금은 어색한 분위기였다.

"SJ씨, 가시지요. 조금 미리 나섭시다."

나는 어색한 분위기에서 벗어나고 싶어 시간이 남았는데도 서둘렀

다.

"예, 그러시지요."

그녀는 가는 미소를 지으며 따라 나섰다. 그녀 이모님께서 우리에게 교제를 하도록 데이트를 시켜 주신 것이었다.

그녀는 나보다 먼저 결혼 얘기를 들었는지 모르겠으나 나는 단지 친구의 동생으로 대한 것이 전부였는데, 혼삿말이 나에게 전달되고, 또 어머니와 외삼촌이 선을 보는 절차를 밟고부터는 전과는 영 부자연스런 감정으로 그녀를 대하게 되었다.

나에게는 그녀와의 데이트가 감개무량하지 않을 수가 없었다.

그 즈음 시골에서는 결혼의 조건으로 재산이 있니 없니, 외동이니, 편모슬하니 어쩌니 하며 말도 많고 탈도 많았는데, 아무런 조건 없이 보잘것없는 나를, 그녀 부모님께서는 사윗감으로 선택해 주시고, 또 그녀는 거리낌 없이 나를 결혼상대로 맞아주니 그럴 수밖에 없었다. 그처럼 나에게는 고맙고 어려운 연고였던 것이다.

그래서 그녀와의 첫 만남이 부자연스러울 수밖에 없었다. 또 한편으론 부잣집 따님인 그녀에게 매달리듯 사랑을 쏟아붓기엔 자존심에도 관계가 되고 있었다. 게다가 서울 집을 준다, 서울 공장을 준다하는 터라 더욱 그랬다. 그래서 그녀에게서 애정을 느끼면서도 끝내 미온적인 사람으로 보일 수밖에 없었을 것이다. 반대로 믿음직하고 순진한 시골 총각으로 보였을지는 몰라도.

영화를 보고는 그녀를 집 앞까지 바래다주고 돌아와 팔베개를 하고 누워 있으려니 묘한 느낌이 들었다.

홀링 빠져 죽고 싶었던 첫사랑에 얼마나 허탈했던가하고 돌이켜보니, 사람이 살아가는 길은 참 신기하고, 예측 불허로구나 싶었다.

그로부터 여러 날이 지나서였다.

사무실에서 밀린 업무를 처리하고 있는데 전화를 받는 경리 아가씨가 수화기를 건네주었다.

"예, 문여상입니다."

"창수 이몹니다. 오늘 저녁 같이 드시게 우리 집으로 오세요."

"예, 감사합니다. 매번 폐를 끼쳐 대단히 죄송합니다."

"폐는 무슨 폐예요. 꼭 오세요."

"예, 그리하겠습니다."

그 날은 SJ씨가 먼저 와 있었다.

'어머니가 보고 싶으면 이모 보러 간다.' 는 옛말이 있듯이 이모란 어머니 다음으로 따뜻한 정을 가지신 분이다 싶었다. 애써 SJ씨와 만나게 해 주시려는 그녀의 이모님은 여느 이모와는 다른 면이 많은 훌륭하신 인품의 소유자였으며 깊은 정, 잔정이 두루 많은 참 좋으신 분이었다.

푸짐하게 차린 음식을 배부르게 먹었는데도 과자, 과일, 마실 것 등이 계속 들어왔다.

그녀 이모님은 그전부터 내가 하도 먹성이 좋으니까,

"잡수시는 것이 참 보기 좋습니다."

하시며 항상 진수성찬으로 시골밥상 같이 넉넉히 차려주셨다. 그렇게 항상 가진 정을 아낌없이 다 퍼주시는 창수 이모님은 진작부터 나에게도 이모님 같이 두터운 정분을 느끼게 해 주셨다.

이런 저런 얘기로 한참 놀고 있는데, 추적추적 비 오는 소리가 들려왔다. 낮부터 찌푸린 날씨였으나 비가 올 것 같지 않더니 밤늦게 내리기 시작한 것이다.

봄비는 좀체 그칠 기미를 보이지 않아 10시가 좀 너머 우린 일어섰다. 창수 이모님은 우산을 하나만 주시면서 우릴 문밖으로 내모셨다.

그녀 집까지 제법 먼 길을 우산 하나로 둘이 받치고 보도가 없는 아스팔트길을 사붓사붓 걸으면서 비 내리는 밤의 데이트를 했다.

그 후로는 일요일이면 으레 나는 그녀의 집엘 갔으며, SJ씨와는 단둘이서 데이트를 하기보다는 그녀네 가족들과 어울려 놀곤 했다.

그녀 어머님 또한 나에 대한 사랑이 극진하셨다. 품성稟性이 어지셔서 언제나 입가에는 잔잔한 미소를 머금으시고, 인정이 많아 항상 따뜻한 정을 느끼게 해 주셨다. 제사를 모신 뒤엔 내가 떡을 좋아하는 것을 아시고 두고두고 되쪄서 챙겨주시고, 일요일에 그녀 집에 놀러 갈 때 간혹 양복을 입고 가노라면 한나절도 채 안 입은 와이셔츠를 벗겨 손수 빨아 곱게 다려 입혀 주곤 하셔서, 나에게 어머니의 정을 강렬하게 느끼게 해 주신 분이셨다.

그 무렵이었다.

오후 느지막이, 귀에 익지 않은 순하고 고운 여인의 목소리가 수화기를 울렸다.

"여보세요. 문여상 씨 계십니까?."

"예, 전데요. 누구시지요."

"○○○라고 하는데요. 문해상文亥祥 선생님 아시지요?"

"예, 잘 압니다."

"저, 몇 년 전에 통영중학교에 계신 문해상 선생님한테 선생님과 또 한 분의 친구 분과 충무(현 통영시)에 놀러 오신 적이 있으시지요?"

"예, 그랬었지요."

"그 때 같이 놀았던 사람입니다."

"아! 예, 그렇습니까? 정말 반갑습니다. 그 동안 잘 계셨습니까? 친구 분들도 편안하시고요? 지금 계신 데가 어디십니까?"

"대구 시낸데요, 오늘 시간 좀 내어 주시면 만나 뵙고 싶습니다만……. 내일 아침 일찍 충무로 가야하거든요."

'충무忠武시?'

'60년대 초에 처음 가본 충무시는 한려수도의 심장부로서 산수가 빼어나 너무나 아름다운 항구도시로 기억되고 있었다. 한국의 나폴리라고 불리는 충무는 첫눈에 내 맘을 사로잡아 언제고 한번 살아보고 싶은 충동을 받았던 곳이었다.

한려수도를 조망할 수 있는 남망산공원이 항구를 끼고 있고, 도려낸 듯 동그라니 생긴 포구의 해안선은 꿈나라의 호수처럼 아름답고, 선착장에는 작은 고깃배들이 다닥다닥 사이좋게 붙어 매여 있어 마치 충무 사람들의 따뜻한 인심을 말해 주는 것 같기도 하고, 좀 떨어진 맞은편에는 이순신 장군의 수군 근거지였던 한산도가 바다 가운데에 그림같이 둥둥 떠 있고, 항구의 물기슭에서 바라보는 잘 전개된 풍광은 너무나 조화롭고 자연自然해서 아름답기 그지없었다. 그야말로 충무는 경승지景勝地다 싶었다.

또 서쪽 끝의 충무와 미륵도를 연결하는 해저 터널을 걸어본 기억도 생생했다. 석양이 해안에 눈이 부시게 쏟아질 무렵 이 배에서 저 배로 건너 뛰어 다니며 놀기도 하고, 한산도 제승당 터전 언덕 아래에 있는 바닷가 좁다란 모래밭에 내려 서서, 단풍이 진하게 물든 가을풍치를 즐기던 아름다운 추억이 어제 일처럼 눈에 선했다.

또 그때 떠올렸던 기억도 되살아났다.

'충무는 아름답고, 낭만적이고, 정서적인 환경의 고장이어서 극작가 유치진, 그의 동생이며 시인인 유치환, 작곡가 윤이상, 시조시인 김상옥, 시인 김춘수, 소설가 박경리 같은 걸출한 예술인을 많이 배출했구나.' 라는. 특히 김상옥, 김춘수 두 선생님은 마산고등학교의 은사님이시라 충무가 더욱 가깝고 정답게 느껴지기도 했었다.

해상 형이 통영중학교에 영어선생으로 교편을 잡고 있어서 친구 박주석朴周碩과 함께 충무로 놀러 간 적이 있었다. 그때 해상 형의 하숙집 따님과 그녀의 친구 두 사람, 그리고 우리 셋이 도란도란 방담을 하며 꼬박 밤을 지새우며 즐겁게 놀았던 것이다. 그랬던 처녀 중 한 사람이 대구에 온 걸음에 전화를 한 것이었다. 내 근황은 해상 형을 통해 듣게 되었을 것이고.

나는 생각을 정리했다.

어느 책에서 읽은 기억이 떠올랐다.

'아무 관계없는 여자와 같이 있는 시간이 가장 즐겁다.' 고 했던가?

남자는 누구나 여자를 좋아한다. 총각이 아무 관계없는 처자와 이성을 전제로 한 만남은 참 즐거운 일이다. 그러나 나는 SJ씨와 정혼이 되어 있을 뿐더러 그 날 저녁을 SJ씨 집에서 먹기로 선약이 돼 있어서 참 곤란했다. 그래서 나는 담담한 심경으로 말했다.

"전화 주셔서 대단히 고맙습니다만 오늘 저녁에는 만부득이한 선약이 있어서 시간을 낼 수가 없습니다. 대단히 미안합니다."

"대구에 온 김에 꼭 만나 뵈옵고 싶었는데……."

그녀는 퍽 아쉬워하는 눈치였다.

"귀하신 손님이신데……, 정말 죄송합니다."

그렇게 해서 그녀의 목소리는 끊어졌다.

그 길로 SJ씨의 집으로 가면서 귀한 손님을 홀대한 기분을 삭이느라 심기가 몹시 불편했다.

SJ씨한테 전화를 하여 고향친구가 와서 부득이 못 가게 되었노라고 둘러 될 수도 있었지만, 나는 인간의 순수성을 빼앗기는 그런 거짓말은 하기가 싫었다. 한마디로 꼬집어 말해서 나의 인생관은 풀잎 위의 아침 이슬처럼 맑고, 솔잎처럼 꼿꼿하고 싶었던 것이었다.

사랑에 대한 나의 관념도 그처럼 경직되어 있었다. 그것은 무엇보다 내가 진부하고 고루한 사고불구의 샌님이었던 까닭이었으리라. 또 나의 결혼관도 마찬가지였다.

나는 인생에 있어서 결혼은 제2의 탄생이기 때문에 동정童貞의 순결한 남과 여가 만나야 하고, 일부일처제라야 하며, 이혼은 외고外苦, 내고內苦, 가고家苦의 삼중고三重苦를 초래함으로 사별 이외의 배반은 절대 안 된다는 결혼관을 가지고 있었다. 그러나 그때 벌써 바깥 세상은 성의 자유에 있어서 나를 수십 년 앞질러, 사람의 욕정 또한 동물의 그것보다 더 천하게 만들어 놓았으며, 욕정에 대한 자유로운 사고와 자유로운 행위를 재촉했었다.

그런 마당에 나, 샌님은 그처럼 사랑을 고결하게 섬기고자 했으니, 그리고 남에게 조금도 빚지지 않는 삶을 살고자 했으니 어이 내 사랑과 삶이 평탄할 수 있었으랴.

이듬해 봄쯤에 나와 SJ씨는 결혼을 하게 되어 있었다. 그녀의 아버님이, "문 군, 내년 봄에는 결혼을 해야겠지?"
하고 언질을 주신 적이 있었다. 그 봄을 내년으로 앞둔 늦여름이었다.

그 얘기를 들은 며칠 후, SJ씨에게 만나자는 전화를 했다.

우린 당시의 젊은 남녀들이 만남의 장소로 주로 이용하는 음악 감상실에서 만났으나 너무 시끄러워서 제과점으로 자리를 옮겼다.

우린 빵을 한 개씩 먹은 후, 빵이 담긴 그릇을 가운데 두고 마주 앉아 처음으로 결혼에 대한 얘기를 나누게 되었다. 결혼에 대한 서로의 속내를 허심탄회하게 털어놓자는 나의 의도에서 마련된 자리였다.

"SJ씨."

내 말은 신중한 어조였다.

"예."

그녀는 다소곳이 나를 정시했다.

"우린 이제 결혼을 하게 돼 있으니, 오늘은 우리의 결혼에 대해 심도 있게 의견을 나눠 봤으면 합니다."

"예."

그녀는 마음을 가다듬는 기색이었다.

"SJ씨가 나와 결혼을 하시겠다고 생각한 동기부터 좀 알고 싶습니다. 아버님께서 나와 결혼을 하라시니까 마지못해서입니까? 진정으로 나를 사랑하시기 때문입니까? 솔직한 대답을 듣고 싶습니다."

"아무리 아버님이 무서운 분이시라지만 결혼을 그런 이유로 결정할 수가 있겠습니까? 저는 문 선생님을 사랑하기 때문에 결혼하려고 생각하고 있습니다."

그녀의 대답은 분명했다.

"보잘것없는 사람을 사랑해 주신다니 정말 고맙게 생각합니다. 나도 SJ씨를 사랑합니다. 아마 내년 봄쯤에는 결혼을 할 것 같은데, 우리의 앞날에 대해 진지하게 의논을 좀 해봤으면 합니다. 그래서 이 자리를 마련했습니다."

"예. 그러시지요."

"SJ씨와 결혼을 하게 되면, 서울에 있는 집도 주고 용산 공장도 우리에게 주시겠다는 아버님의 뜻은 참 고맙게 생각합니다. 그러나 나는 우리가 결혼을 하더라도 그런 재산은 하나도 받지 않을 생각입니다. 다소 어렵게 사는 한이 있더라도 내 노력으로, 내 분복대로 살고 싶지, 처갓집 무동을 타고 잘살고 싶지는 않습니다. SJ씨가 어디 나보다 못한 사람입니까? 훌륭하게 길러 교육 시켜서 나 같은 사람한테 주시는 것만으로도 감지덕지한데, 그 많은 재산까지 끼워주신다니 될 말입니까? 그리고 처갓집 재산을 타서 잘 살아간들 처가살이나 별반 다를 게 없지 않습니까? 나는 그러고 싶지는 않습니다. 절대 결벽증이 아닙니다. 내 혼이고, 정신입니다. 나에게는 'SJ' 씨 사람 한 사람이면 만족합니다. 그리고 결혼하면 나는 아버님 밑에서 일하지 않을 생각입니다. 옛말에 '겉보리 서 말만 있으면 처가살이 하랴' 라는 말도 있잖아요. 다른 직장을 구하다 안 되면 보따리 싸서 시골 우리 집으로 내려가 살다 적당한 기회에 다시 도시로 나가는 한이 있더라도 일정 기간 일하다가 아버님 곁을 떠날 작정입니다. 나도 시골에서 살 수는 없어요. 후진국일수록 수도 아니면 대도시에서 살아야 한다는 것도 잘 알고 있습니다. 나와 결혼만 해주신다면 나의 건강한 몸과 건전한 정신만으로 SJ씨 한 사람 고생 안 시키고, 마음 편하고 몸 편하게 해 드릴 자신이 있습니다."

그녀가 나와 뜻을 같이 해주길 간절히 바랐다.

"전 그렇게는 못해요. 시골에 가서 살 수가 없어요."

그녀는 상기된 얼굴에 눈이 똥그래져 당황하는 기색이 역력했다.

"내 뜻이 너무 어리석다고 생각되십니까? 단지 나는 부유하게 살기 위해 남아의 자존을 저당잡히듯 그렇게는 살기 싫어서입니다."

"……."

아무런 대답이 없었다.

"내 지향하는 바가 옳다고 생각되시면 따라 주세요. '임 따라 가시밭이 천리라도 맨발로 나선다.' 는 말이 있지 않습니까. 진심으로 날 사랑하신다면 나의 뜻을 받아주십시오. 결혼이란 혼과 혼의 결합이어야 진정한 행복을 추구할 수가 있다고 생각합니다."

"어쨌든 그렇게는……."

그녀가 한 말을 여기에 모두 옮겨 놓을 수는 없다. 그녀의 프라이버시에 관련된 이야기이기 때문에. 결론적으로 그녀는 결단코 나의 뜻에 동의할 수 없다는 의지만은 분명했다.

"남들보다 나의 의식구조가 조금은 다르다는 것만은 나도 인정합니다. 그러나 나의 생각이 어리석지만은 않다고 확신합니다. 오히려 떳떳한 태도라고 자부합니다. 그런데도 결코 나와 뜻을 같이 할 수가 없으시다면, SJ씨의 결혼관과 인생관이 나와 다르다는 의미 아니겠습니까?"

"……."

그녀는 아무 말이 없었다.

"한 번 더 생각해 보시고 나와 뜻을 같이 해 주신다면 대단히 고맙겠습니다."

나는 그녀가 나의 생각을 깊이 헤아려주었으면 하는 마음 간절했다. 그러나 그녀는 여전히 아무 말 없이 고개만 숙이고 있었다.

나는 심기가 무척 울적했다. 그녀가 나의 뜻에 동조해 준다면 얼마나 다행일까 하는 아쉬움에서 뿐 아니라, 결혼에 대한 첫 의견부터 소통이 되지 않는다는 것은 중대한 문제라고 생각되었기 때문이었다.

한동안 긴장된 분위기에 무거운 침묵이 흘렀다.

그녀는 내 말을 대수롭지 않게 여겼을지도 모른다. 3년이나 기다려서 어렵게 얻은 직장을 생각해서라도, 나의 제언에 불응한들 무슨 별일이 있을 것이며, 또 말은 쉬워도 실천은 쉽지 않을 것이라고 생각할 수도 있었을 것이다.

나는 무척 우울한 심정이었다. 아무리 내 뜻이 올바르다 해도 상대가 이해해 주지 못한다면, 그것은 한갓 자만으로 간주될 수밖에 없으리란 생각이 들었다. 또 두 사람의 삶에 대한 철학이 상충한다는 의미로 받아들여졌다. 만약 파혼의 경우, 그 결과로 빚어질 가늠할 수 없는 엄청난 고통이 닥쳐 올 것을 번연히 예측하면서도 나의 작은 '정신 세계' 하나를 지키기 위해서는 직장이고 결혼이고 다 버릴 수 있다는 의지를 나는 가지고 있었던 것이다.

나는 그녀와의 정혼을 없었던 일로 단정을 내리는 것이 좋겠다 싶었다. 모든 것은 나의 운명에 맡기기로 작심했다. 그것은 곧 나의 '혼' 이 살아있다는 증험證驗이기도 했던 것이다.

"결혼에 대한 의견이 이처럼 상충해서야 되겠습니까? 나는 내가 한 말을 꼭 지킬 것입니다. 한번 더 깊이 사려해 주시면 고맙겠습니다."

"……."

역시 그녀는 아무 말이 없었다.

"그러시다면 차라리 우리의 결혼문제는 없었던 걸로 하는 것이 더 나으리라 싶습니다. 죄송합니다만 우리의 결혼약속은 없었던 걸로 하겠습니다."

"아버지께서 아시면 전 맞아 죽어요."

나의 언사가 그녀에게는 크게 충격적인 듯 당황하는 표정을 감추지 못했다.

"절대 비밀로 하고 모든 건 내가 알아서 처리할게요. 조금도 염려 마십시오. 어느 누구에게도 사실대로 발설하지 않을 겁니다."

그녀는 잠자코 있었으나 심정이 몹시 착잡한 듯 불편한 안색이었다. 나도 그녀에게 무척 미안한 생각이 들었다.

세상 물정에 밝은 사람들이 보기엔 '나' 라는 인간은 젬병으로 취급하기에 꼭 알맞을 경우였다. 남들이 찾는 보물이 내 손에 절로 굴러들어왔는데도 한갓 돌멩이처럼 내던지겠다고 하니 말이다.

그녀를 집 앞까지 바래다주고 돌아와서 팔베개를 하고 천장을 바라보고 누워 있으니, 이 생각 저 생각에 좀체 잠을 이룰 수가 없었다. 그녀가 나의 결연한 태도를 사실로 받아들이든, 설마 그럴 리야? 하고 회의하든, 그것은 이제 나와는 무관한 일이라고 미루어버리기로 작심했지만, 날 사윗감으로 마음을 정하시고, 있는 정 없는 정 다 털어서 따뜻하게 베풀어주시고 있는 그녀의 부모님에게는 무슨 낯짝으로 대할 수가 있을까? 무엇보다 사장님에게 신의를 어긴 부도덕한 사람이 되고 말았지 않았는가. 또 그녀와 결혼을 하지 않고 직장에 그대로 다닌다는 것은 나를 너무 초라하게 만들 것이며, 다른 직장을 구하는 일 또한 만만치 않을 것이고, 장가 잘 간다고 소문이 나 있는 판에 결혼 내상을 새롭게 구하는 일 또한 쉽지 않을 것이며, 그리고 내년 봄이 오기 전에 도둑장가라도 가야 할 처지, 등등으로 해서.

입사하자마자 그녀의 아버님이 사주신 스위스제 손목시계를 들여다보니 바늘은 11시에 다가서고 있었다. 답답한 마음을 그냥은 도저히 다스릴 수가 없어 옷을 대충 주워 입고 길거리로 뛰쳐나가 포장마

차에서 소주 한 병을 허둥지둥 들이마시고 나니 얼굴이 홧홧 달아오르고 세상만사가 대수롭지 않게 느껴질 만큼 마음이 누그러졌다.

'될 대로 되라지. 어디 사람 사는 길이 한 길밖에 없으랴. 심리학에서 성격은 운명이라고 하지 않았던가? 내 성격대로 운명이 개척되겠지. 참되고 올곧게 살려는 자를 하늘은 버리지 않겠지. 남자답게 몽땅 잊고 살자. 설마 죽는 날까지는 어떻게 살든 살아가겠지.' 그런 독백으로 된 숨을 들이마시다가 자신도 모르게 깊은 잠에 떨어졌다.

그 후로 혼처를 구하려고 갖은 애를 다 썼다.

나의 종이모부님이 대구 효성여고에 영어선생으로 계셨기에 제일 먼저 그곳 종이모님을 찾아갔다.

"이모님, 저 중신 좀 해주세요."

나는 간절히 부탁했다.

"너 지금 무슨 소릴 하고 있니? 그런 자리 못 구해서 눈이 빨간 세상에 바보 같은 소리 작작 해라."

"이모님, 진정이에요. 처녀 한 사람 구해 주세요."

"그런 얘기하려거든 우리 집에 오지도 말아라."

종이모님은 심히 꾸짖으셨다.

어디에도 중매해 달라는 말을 할 데가 없었다. 중매를 부탁할 만한 가까운 사이는 서의 나의 정혼이 알려져 있었으며, 어머니와 외삼촌께도 이해를 구할 설득력을 정립할 수가 없었으므로 드러내 놓고 결혼 대상을 찾을 수도 없는 처지였다.

참으로 고독했다. 사랑의 방랑자는 마음 둘 곳이 없었다.

나이에 비해 세상살이가 너무 가혹하다 싶었다. 집안의 온갖 애고

哀苦, 의義누나의 자진으로 인한 애통哀痛, 첫사랑이 빚어 낸 허탈감, 그리고 결혼문제로 인한 통고痛苦 등등으로 해서. 한마디로 말해 의지가지 없는 고아나 다름없는 심정이었다.

그 이후로 내 인생의 모든 것은 그저 낭비하는 삶이 시작되었다. 우울한 날들이 지나면서 여름도 마지막 문턱을 넘어 추석을 기다리고 있을 즈음이었다.

내 고향, 경남 창원군 대산면의 대산중학교 정해필丁海佖 교장선생님이 찾아 오셨다. 정 교장선생님과의 좀 비상하고 야릇한 관계는 뒤에 상술하겠다. 천만 뜻밖의 귀하신 손님이었다.

사장님께 인사를 시켜 드렸더니 교장선생님께서는 나에 대한 칭찬을 장황하게 늘어놓으셔서 듣기에 민망스러웠다. 나의 직장생활에 도움이 되도록 하기 위한 의도된 말씀으로 받아들여졌다.

"문 군은 저의 직접 제자는 아닙니다만 제 어느 제자보다도 마음 가까이 지내고 아끼는 사람입니다. 신망이 두텁고 요새 사람과는 달리 예절이 바르고 사람됨이 훌륭해서 저와는 나이 차가 많지만 저와 만나기도 하고 편지내왕도 종종 있습니다. 참 좋은 일꾼 두셨습니다."

"예, 감사합니다. 저도 그런 점을 익히 알고 있습니다. 그렇잖으면 대구에도 사람이 얼마든지 있는데, 그 먼데 사람을 일부러 데려다 놓았겠습니까?"

사장님께선 무척 흐뭇한 기분이신지 웃음 띠 얼굴에 연방 굵은 주름이 잡혔다. 그리고는 직접 교장선생님께 공장 구경을 두루 시켜 드리시곤 정중히 말씀하셨다.

"제가 모시고 나가서 저녁 대접을 해 드려야 도리인 줄 압니다만 문 군과 오랜만에 만나셨다니, 저는 이만 집으로 가보겠습니다. 문 군에게 좋은 말씀 많이 들려주시면 고맙겠습니다."

그리고는 나에게 접대비를 넉넉히 주시면서 말씀하셨다.

"교장선생님께 대접 잘 해드리게."

"예, 감사합니다."

나는 주머니가 홀쭉해 있던 터라 사양하지 않고 받았다.

교장선생님과 나는 동인동 로터리 근방에 있는 횟집 '둥굴레' 집으로 갔다. 거기엔 정 교장선생님의 셋째 동서되시는 분이 기다리고 있었다. 그 분은 교편을 잡고 있는 채무원蔡武源 선생으로 입가에 쉴 새 없이 엷은 미소를 물고 있어 참 좋은 분이다 싶었다.

우린 인사를 나눈 후 회와 정종을 시켜 들었다. 술을 한잔 받아 놓으시고 교장선생님께서 말씀하셨다.

"문 군, 축하하네. 사장님의 따님과 결혼을 하게 되었다니 그 이상 기쁜 일이 어딨겠는가. 그 소식을 듣고 대구 처가에 온 김에 축하해줄 겸 자넬 찾았네."

"교장선생님, 말씀은 대단히 감사합니다만 저는 사장님의 따님과 결혼을 안 하기로 작정했습니다."

"뭐? 무슨 일로?"

교장선생님은 퍽 놀란 표정을 지으시며 다잡아 물으셨다.

"일일이 말씀드리기 곤란합니다만, 그렇게 되었습니다."

"사상님 댁과 합의된 일인가?"

"아닙니다. 사장님은 아직 모르십니다."

"왜, 처녀가 마음에 들지 않는가?"

"그렇지 않습니다. 저보다야 훌륭한 규수지요."

"그럼 무엇 때문인가?"

"말씀드리기가 좀 그렇네요."

"괜찮네. 말해 보게나. 내가 꼭 알고 싶네."

"후에 천천히 말씀드리겠습니다."

"아니네. 지금 꼭 알고 싶네."

교장선생님의 집요한 추궁에 마지못해 사연의 굵은 줄거리만 말씀을 드렸더니, 교장선생님께서는 진지한 표정을 지으시고는 진정 어린 충고를 해 주셨다.

"문 군, 자네 생각은 원칙적이고 존경할 만하네, 하지만 너무 이상적이네. 우리네 세상살이는 이상보다 현실이 더 중요하다네. 아무 말 말고 결혼을 하도록 하게."

"교장선생님 말씀은 감사합니다만 저는 이미 결정을 했습니다."

교장선생님은 잠시 말씀을 거두시고는 담배연기를 몇 모금 내뿜으시더니 찬찬히 말씀하셨다.

"지난 얘기지만 우리 부부는 자네를 동서로 삼았으면 좋겠다는 생각을 가지고 있었다네. 딴 데에 정혼을 했다는 소식을 전해 듣고 처음에는 내심으로 서운했네, 그렇지만 직장의 사장님 따님과 결혼하게 되었다고 하기에 진심으로 축하를 해주고 싶었네. 그래서 축하도 해주고, 또 내 동서도 좋은 사람이라 서로 알고 지내는 게 좋겠다 싶어 함께 만나게 된 거라네."

"대단히 감사합니다. 재 선생님, 저는 아무것도 모릅니다. 앞으로 많은 지도 편달 부탁드리겠습니다."

"참 반갑습니다. 형님께서 좋은 분을 소개해 주시겠다고 하셔서 이렇게 뵈옵게 되었습니다. 잘 부탁드리겠습니다."

술이 몇 순배巡杯 돌고 나니 거나하게 취한 두 분의 얼굴에는 희색이 만면하셨다. 나도 찾아주신 교장선생님이 고마워서 힘에 부치면서도 대작을 했다.

교장선생님께서는 내가 따라 드린 술잔을 입에 살짝 대어 한 모금 삼키고는 식탁 위에 내려놓으시고, 담배에 불을 붙여 연기를 몇 차례 뿜어내시더니 말씀하셨다.

"문 군, 처녀가 마음에 들지 않는다면 몰라도, 그렇잖다면…… 아무리 생각해 봐도 그대로 결혼을 하는 게 옳을 것 같네."

"교장선생님, 저는 몸과 정신이 다 건강한 사람입니다. 잘 살기 위해 물질적으로 남에게 큰 빚을 지고 싶지는 않습니다. 좀 힘들더라도, 또 좀 가난하게 살지라도 제 힘으로 제 세상을 살아가는 것이 더 행복할 것이라 생각합니다."

"그럼 기어이 딴 데로 결혼을 하겠단 말인가?"

"예. 이미 그렇게 마음을 정했습니다."

"어머님께서도 알고 계신가?"

"아직 모르십니다. 제가 일방적으로 처녀한테 선언을 한 상태이니까요."

잠시 세 사람 사이에는 침묵이 흘렀다. 교장선생님은 몹시 머뭇거리는 듯 가라앉은 목소리로 말을 꺼내셨다.

"……정 그렇다면 우리 처제와 선을 한번 보겠는가?"

"예, 감사합니다. 그러겠습니다."

마음속으로 사모님의 동생이라면 말할 나위 없을 것으로 생각되어 무척 호기심이 일었다. 사모님이 인정 많고 자상하고 진지하심을 여러 차례 느껴 존경하고 있던 터였기 때문이었다.

"그럼 이번 추석에 내려오거든 선을 보도록 하세. 우리 집에 데려다 놓을 테니."

"제가 추석 다음날 교장선생님 댁에 가겠습니다."

"그럴 것 없이 진영에서 만나세."

"예, 그럼 진영 어디에서 만나는 것이 좋겠습니까?"

"다방에서 만날까? 가만 있자…… 자네 '귀로다방' 아는가?"

"예, 압니다."

"그럼 거기서 11시에 만나세."

그렇게 약속을 하고 술자리가 끝나 헤어졌다.

얼마 안 있어 추석이 다가와 귀성을 하였다. 추석 전날 초저녁에 친구 박주석이 찾아와 말했다.

"Y씨의 고모님이 널 좀 만나잔다. 너와 Y씨와의 결혼문제로 상의를 하겠다며."

"이미 끝난 일이라고 전해 줘."

거기에서 있었던 더 이상의 말은 이제 삼가는 것이 좋을 듯싶다.

Y씨의 고모부 되시는 분이 대산중학교에서 교편을 잡고 있어서 주석이가 나와 한 동네에 살고 있음을 알고 주석에게 다리를 놓은 모양이었다. 아직 내게 미련이 남아 있었다면 지금이라도 본인이 나설 일이지, 무슨 가운데 다리를 놓을 처지인가 하는 생각에 한심하기 짝이 없어 마음이 너욱 처연凄然했다.

추석 뒷날 약속대로 귀로다방으로 갔다.

참 신기하다는 느낌이 들었다. Y씨와 처음으로 마주 앉아 달콤한 사랑에 도취했던 장소, 하필이면 같은 장소에서 딴 낭자와 선을 보게 되다니…….

아무튼 귀로다방은 나의 사랑의 운명과 깊은 관계가 있는 장소인 모양이다 싶었다.

잠시 후, 정 교장선생님의 내외분과 처제 된다는 아가씨와 넷이서 마주 앉았다. 차를 마시며 나는 아가씨를 골똘히 살폈다. 이미 교장선생님으로부터 가정 형편으로 여고를 중퇴한 게 흠이지 나무랄 데 없다는 얘기를 듣고 있어, 면모에서 그것을 확인해 보려는 심산이었다. 교장선생님의 말씀대로 착하고 총명해 보였으며, 유달리 똥그란 눈과 검은 눈동자는 맑고 시원한 느낌을 주었다. 그리고 얼굴도 그런 대로 예쁘고 성격도 조용하고 침착해 보였다. 하기야 내 욕심에 차지 않는 면도 없지 않았지만.

차를 마신 뒤 교장선생님 내외분께서는 영화라도 보며 즐거운 시간 보내라는 말씀을 남기고 자리를 뜨셨다.

단 둘이 마주앉았다. 초면에 좀 거친 성싶은 말을 불쑥 꺼냈다.

"나는 결혼을 하게 되면 지금의 직장은 그만두어야 합니다. 그런 사정이 있습니다. 시골로 내려와 초가 지붕 밑에서 논 매고 밭 매며 농사짓고 살아야 할지도 모르는데, 대구에서 사시던 분이 그렇게 하실 수 있겠습니까?"

"서로 마음이 맞아 결혼을 하게 되면 어디서 살고, 무엇을 하든, 무슨 상관이 있습니까?"

나의 거친 물음에 그녀는 조금도 주저 없이 차분한 말씨로 대답했다. 유달리 눈빛이 맑고 선한 인상도 좋았지만 그 훌륭한 심성이 마음에 더 들었다.

식당으로 가서 점심을 먹으려 했으나 추석명절이라 식당 문이 죄다 닫혀 있었다. 우린 진영극장에서 '내 마음은 호수요' 라는 영화를 보았다.

'그대는 과연 내 마음의 호수에 돌을 던져 파도를 일으킬 것인가?' 하는 생각을 하며 극장 문을 나와 다시 귀로다방으로 가서 따뜻한 밀크에 에그 반숙을 들고는 그녀와의 첫 만남을 끝냈다.

대구에 돌아와서도 그녀와 서너 차례 만남을 가졌다. 만날수록 착한 인성을 발견하게 되고, 사모님을 닮은 듯해서 더욱 호감이 갔다.

드디어 파혼의 사실을 어머니께서도 알게 되셨고, 뒤이어 선을 보시고는 이렇게 말씀하셨다.

"처녀 집안에 자손이 흔한지 9남매나 된다니, 자손 귀한 집구석에 아들이라도 많이 낳게 그리로 장가들도록 해라. 내사 그만하면 됐더라. 사장 딸도 마다하면서 네 맘에 달렸지 뭐."

그렇게 어머니께서도 동의하셔서 혼일이 잡히니, 1964년 12월 31일이었으며, 내 나이 당 29세였다.

기분이 어수선한 가운데 날이 가고 달이 가 결혼이 3일 앞으로 다가왔다. 나는 무척 어려운 궁지에 몰렸다. 사장님 댁에선 내년 봄이면 결혼식을 올리기로 예정하고 있는데, 이미 딴 데다 혼일을 정하고 그 날이 코앞에 당도했으니, 도대체 무슨 낯짝으로 그들을 대하며, 무슨 말로 혼사 얘길 전할 수가 있을까 하는 생각에서 그럴 수밖에 없었다. 항상 어려운 일일수록 가능한 한 빨리 맞닥뜨려야 고통을 덜 받는다는 이치를 깨우쳐 왔지만 그 일만은 달랐다. 사실대로 얘기를 해 버린다 한들 세상을 보는 식견識見이 나와 다른 사람들의 귀에는 횡설수설로 들릴 수밖에 없을 뿐 아니라 SJ씨에게 토설하지 않기로 약속한 일이라 입을 다무는 길 밖에 달리 도리가 없었다. 그래서 더 이상은 미루어 갈 수가 없게 되어서야 혼일만을 통고해 주기로 마음먹었다.

방안에는 사장님과 나 두 사람뿐이었다.

"사장님께 드릴 말씀이 있습니다."

무릎을 꿇고 앉았다.

"그래, 무슨 얘긴가?"

평소에 흔치않던 내 언행이 심상찮게 여겨지셨든지 사장님은 정좌를 하시고 두 눈을 내 얼굴에 밀착시키셨다.

"……."

벼르고 벼른 끝인데도 얼른 말이 나오질 않았다.

"할 말이 있다면서 이 사람아, 얼른 말해 보게나."

전에 없던 나의 태도에 사장님은 무슨 걱정거리라도 있나 의아해하시는 눈치였다.

"말씀드리기가 어려워서 미뤄 왔습니다. 사장님, 제가 글피 결혼식을 올리게 되었습니다. 대단히 죄송합니다. 용서해주십시오."

하고는 고개를 푹 떨구었다.

"뭐, 뭐라고……? 결혼식을……, 이럴 수가 있나……?"

사장님은 얼마나 황당하셨던지 더 이상 말씀을 잇지 못하시고 고개를 번쩍 들어 천장을 바라보셨다.

방안은 쥐죽은 듯이 조용해지고, 어둡고 무거운 공기는 숨통을 틀어박았다. 그렇게 잠시 무거운 침묵이 흘렀다.

"이 사람아……."

그 말씀에 고개를 들었다.

사장님의 말씀은 더 이상 이어지지 못하고, 짙은 눈썹 밑의 유난히 검은 눈에서 두 줄기 굵은 눈물이 주르르 흘러 내렸다.

나는 너무나 당황하여 몸 둘 바를 몰랐다.

…….

한참이 지나서야 침묵을 깨고 사장님의 말씀이 잔잔히 이어졌다.

"누구하고 결혼하나?"

사장님의 가라앉은 목소리는 쇳덩이처럼 무거웠다.

"그 전에 한번 찾아오신 적이 있는, 저의 고향 대산중학교 교장선생님의 처제입니다."

"왜? 나한테 사전에 말을 안 했나? 우리 SJ가 싫으면 싫다고 나한테 얘기하지, 그랬으면 내가 우리 SH(당시 경북여고 재학 중)를 대학 졸업시켜 자네한테 줄 텐데……."

그것은 준엄한 원망이었다. 격렬한 부정父情이었다. 가혹한 천형이었다. 내 가슴을 대침으로 찌르는 진통이었다. 나를 몹시도 곤혹스럽게 만들었다. 쥐구멍이라도 있으면 들어가고 싶은 심정이었다.

"사장님 대단히 죄송하게 되었습니다. SJ씨가 싫어서가 아닙니다. 용서해 주십시오."

"싫지 않으면 왜 그랬나? 내년 봄이면 결혼을 시켜 서울로 보내려고 철석같이 믿고 있었는데."

"……."

아무런 대답도 못했다. 얼굴을 들 수가 없었다. 전신만신이 화석처럼 굳어갔다.

한참 동안 방안은 쥐죽은 듯이 조용했다. 마치 굴속처럼 냉랭하고 어두운 분위기가 감돌아 나는 송곳방석에 앉은 느낌이었다. 다행히 사장님께서는 더 이상 꾀죄죄하게 묻지 아니 하시고 말머리를 돌리셨다.

"나는 자네를 내 친자식처럼 생각했네. 어쩌면 내 자식보다 자네를 더 귀케 봤는지도 몰라. 그런 나한테 말 한마디 없이, 철석같은 언약을 헌신짝처럼 내던지고 딴 데다 혼사를 정하다니……."

"대단히 죄송합니다. 용서해 주십시오."

나의 고개는 더 축 늘어졌다.

한마디로 나는 배신자였다. 사장님의 하해 같은 은의恩意를 무례하게 배반한 것이었다. 사위로 삼으시겠다는 극진하신 신뢰, 긴 편지로써 아버지 같이 가르침을 주시던 정분, 아버지가 안 계신 나에게 아버지처럼 든든한 울이 되어 주신 부정父情, 이 모두가 나에게는 과분한 운봉運逢이었는데, 사장님의 고마우신 뜻을 잠자코 받아들이지 못한 나의 행위에 대한 응보는 아무리 엄해도 마땅했다.

"결혼이란 어느 누구도 강요할 수 없는 일인 줄 나도 잘 알고 있네. 그리고 나는 많은 사람한테 배신을 당해 봤지만, 자네만은 이런 식으로 날 배신할 줄은 몰랐네. 사전에 나한테 의논 한마디만 했어도 내 맘이 이처럼 섭섭하지는 않을 걸세."

"대단히 죄송합니다……. 사장님……."

이미 각오한 일이긴 했지만 사장님의 말씀을 들을수록 죄송스런 생각에 온 몸이 자꾸만 쪼그라들고 진땀이 났다.

사장님이 하신 말씀을 여기에 모두 늘어놓기에는 여러 사람에게 도의에 어긋나는 경우가 되겠기에 이쯤해서 끝맺지만, 사장님께서 격정을 다소나마 가라앉히시기까지는 무려 두 시간이 훨씬 더 걸렸다.

"엎지른 물이 되어버린 일, 이젠 우리 SJ하고 남매처럼 지내게. 그리고 전과 다름없이 나와 함께 일하세. 날 부모처럼 여기고."

"사장님, 감사합니다."

그제야 막혔던 숨통이 바늘구멍만큼 트이는 듯했다.

"이제 그만 가보게."

말씀은 다소 유하셨으나 사장님의 표정은 조금도 풀리지 않고 여전히 굳어 있었다. 방안이 비좁도록 담배연기가 자욱했다.

"예, 안녕히 주무십시오."

나는 일어서서 90도로 허리를 굽혀 절을 하고는, 뒷걸음질을 쳐서 나왔으나 이루 다 말할 수 없이 마음이 거북살스러웠다.

밤늦게까지 잠을 이룰 수가 없었다. 나는 인생에 있어 결혼은 제2의 탄생이라고 여겨 왔었는데, 나의 제2 탄생의 운명은 참 요지경이다 싶었다. 결혼은 만인에게 가장 축복 받아야 할 일생일대의 경사이건만 나의 결혼은 '비단옷 입고 밤길 걷기' 라는 속담에나 비유되리만큼 아무런 기쁨을 느끼지 못하고 죄수의 심경으로 뒤뚱거리며 장가들 날을 맞아야만 했다.

더더군다나 내가 사장님께 결혼 사실을 통보하던 그날 밤, 사장님의 댁에서 있었던 뒷이야기를 직장 동료인 그녀의 인척에게서 듣고는 내 마음은 견뎌내기 어려울 만큼 쓰라렸으며, 머리통은 마치 쇳덩이에라도 맞은 것처럼 멍했다. 그 얘기 역시 그들의 프라이버시에 관련되기에 여기에 적지 못한다.

그 뒤에 SJ씨는 H공대를 나온 유능한 사람과 결혼하여 부유한 삶을 누리고 있는 걸로 알고 있으며, 나는 그녀의 행복을 진심으로 빌어마지 않음을 전하고 싶다.

그러고 나니 결혼 후의 뒷갈망이 여간 막연하지 않았다.

결혼문제로 사장님의 가족들에게 분란을 일으켜 놓고, 사장님 휘하에서 밥벌이하겠다고 주저앉아 있는 것은 남아의 자존심을 크게 우그러뜨리는 일일 것이며, 그렇다 해서 그 자리를 박차고 나앉을 자리도 쉽지 않을 뿐 아니라, 나간다면 사장님께 또 한번의 배신행위가 될 것 같았다. 그러나 나는 어쨌든 결혼 후 6개월을 시한으로 하여 그 안에 다른 직장을 구하지 못하면 시골집으로 되돌아가는 방법으로라도 사장님으로부터 떠날 각오를 했다. 그것이 나의 자존심을 지키는 일일뿐 아니라, 사장님께도 내가 비굴하게 살아가는 모습을 보이는 것은 정도가 아니리라고 판단되었다.

그래서 그 이듬해 봄에 대구 태평로에 소재한 전매청에서 사무직원 채용시험이 있다기에 응시하기로 하고, 창수 이모님한테서 20만원을 빌려, 그 돈이면 합격시켜 주겠다는 셋째 처남에게 건넸다. 지금 생각해도 너무나 부끄러운 일이나 '급하면 임금 망건 사러 가는 돈도 쓴다.' 는 속담대로 나의 생리와는 전혀 맞지 않지만 염치와 담을 쌓을 수밖에 없었다. 그리고 그런 궁지에 몰려있는 나에게 그 큰돈을 선뜻 빌려주신 창수 이모님은 나에게 끝까지 아낌없이 정을 베풀어주신 나의 이모님에 다름없었다.

그러나 나는 그에 대한 인사치례를 다하지 못했다. 대구 문화방송(당시) 근방에 아담한 새 집을 지어 이사하여 사실 때 한번 찾아뵈었으며, 사장님이 돌아가신 직후 한번, 그 뒤에 또 한 번 뵌 것이 다였다. 한동안 내 삶에 어려움이 많았던 탓도 탓이려니와 결혼 문제로 어색한 관계를 만들었던 내가 가급적 그 분들과 접촉을 피하는 것이 인사일 것으로 여겼던 것이다.

이 글을 쓰다보니 오래 전에 읽은 일본의 여류작가 하시다 스가꼬가 쓴《생명》이란 소설이 떠오른다.

네 권으로 된 그 소설의 여주인공은 일본 대지주의 딸로, 미국으로 의학을 공부하러 간다. 거기서 자기의 생명의 은인을 만나게 되어 둘은 열애에 빠진다. 남자 학도는 수재로서 의학박사 과정을 거쳐 세계적 명문인 그 의과대학의 교수로 남을 길을 밟는다. 그녀도 같은 의학을 공부하는 준재로서 장래는 얼마든지 트여 있다.

두 의학도는 죽자사자 사랑을 불태운다. 그러나 그녀는 목적한 학업이 끝나자 사랑과 꿈의 갈림길에서 고민에 빠진다. 그녀가 여태껏 키워 온 꿈은 자기 고향 무의촌에 병원을 세우는 일이었다. 애인과의 관계는 사랑과 결혼의 문제이고, 고향 무의촌에 병원을 세워 의술로써 향촌 사회에 헌신하겠다는 것은 그녀가 소녀시절부터 키워 온 인생의 꿈이었다. 그 두 가지 일은 생애에 있어 최고의 가치다. 그 중 한 가지의 선택을 놓고 뼈를 깎는 아픔으로 고민을 한 끝에, 그녀는 냉철히 애인을 등지고 향리로 돌아가 뜻한 바대로 병원을 세운다. 그리하여 꿈을 이룬다. 결혼은 고등학교만 나온 자기 집 소작인의 아들인 농사꾼과 한다.

여기에서 작가 하시다 스가꼬는 '사랑과 결혼' 보다는 '인생의 꿈'을 더 소중히 다뤘다. 그것은 아마 한 사람의 일생동안 따라다니는 그림자는 '꿈' 이기 때문일 것이다.

사랑과 결혼은 대상자로부터의 충동적 발생요인에 기인하는 현상이나, 인생의 꿈은 개체로서의 '자아존재' 이유의 으뜸가는 가치인 것이다. 때문에 사랑과 결혼이 감성적 동기부여에 따른 결과물인 반면, 인생의 꿈은 이성理性의 의지를 강력히 요구하고 있는 것이다.

이 소설의 주인공을 두고 사려해 보면.

지난 날 나의 삶은 꿈과는 무관한 오로지 자신의 '혼'을 값지게 다루려는 달음박질이었던 것 같다. 지나치게 감성적이어서 합리적인 사고를 하지 못하고, 감상적이고 이상적인 가치에 편벽偏僻하여 비현실적 삶을 살아 온, 한마디로 나는 철저한 이상주의자였던 꼴이다.

전혀 뜻하지 않았던 사람이 불쑥 나타나 결혼을 하고 보니, 결국 '결혼의 인연은 따로 있다'는 세언世諺이 헛말이 아니었구나 싶었다.

원래 우리 처갓집은 경북 경산군 화양면 남아동(현재는 경산시)이었는데, 큰 사과 과수원이 두 개나 되고, 벼를 4백여 석이나 할 만큼 부농이었다고 한다.

내가 결혼하여 처가 선조의 산소를 둘러, 전의 처갓집이었다는 대가를 안내 받아 구경 간 적이 있었는데 정말 놀랄 만했다. 이미 남의 집이 되어버리긴 했어도 옛집 그대로 잘 보존돼 있었으며, 대지는 근 500평에 큰 기와집이 네 채나 들어앉아 있었다. 안채가 다섯 칸, 사랑채가 다섯 칸, 아래채가 세 칸에, 방 두 개가 딸린 행랑채가 의젓이 버티고 있었다. 담장은 이중으로 높직하게 쌓여져 기와를 머리쓰개로 하고, 대문, 중문, 동문의 이름으로 대문이 세 개나 되어, 옛날 처갓집이 과연 부자였음을 느끼게 했다.

나의 장인 되신 분은 일정 때는 도협의회 의원, 해방 후엔 면의원, 청과소합상, 금융조합이사 등을 지내신 그 지방의 유지였다고 했다.

그렇게 당당하던 가세가 기울기 시작한 것은, 해방 후 농지개혁법이 입법됨에 따라 소유 농지가 줄어들고, 또 나의 장인이 위암에 걸려 과다한 치료비로 재산이 축나기 시작하여 서서히 몰락해 갔다는 것이었다. 물론 그 외에도 더 큰 복합적인 원인이 따랐다고 한다.

약 50 년 전, 그러니까 1950년대라면 보통사람들은 암癌이라는 병명을 들어 보지도 못하던 그 시절에, 특별히 미국에서 들여온 제암제로써 1여 년 간 입원 가료하다 돌아가셨다니, 어느 정도의 부자였는지 짐작하기 어렵지 않을 것이다.

그러던 집안이 내가 장가를 들 때는 완전히 망가亡家하여 대구에 나와 전세를 들어 있었다. 맏동서 되신 정해필 교장선생님으로부터 처갓집이 큰 부자로 살다가 어이없이 궁하게 되었다는 얘긴 이미 들어 잘 알고 있었으나, 그런 것은 나의 결혼과는 하등의 관계가 없다고 여기고 있었다.

결혼이란 남녀가 영육을 결합하는 게지, 처가가 흥가이든 망가이든 그런 것은 무관하다는 것이 나의 거짓 없는 총각심總角心이었다.

나의 결혼관은 아주 단순했다. 외모가 마음에 들고, 본성이 선하고 현명해야 하고, 어느 정도의 학벌을 갖춰 대화의 상대가 될만해야 한다는, 이 세 가지로 함축될 수 있는 극히 소박한 조건이었다.

혼일이 정해지자 최소한의 혼비로써 결혼을 치르기로 마음먹었다. 양가의 사정도 사정이거니와 평소의 결혼에 대한 나의 정리된 생각이기도 했다. 그래서 맏동서가 될 정 교장선생님께 결혼식을 예식장에서 하지 말고 좀 큰 식당을 빌려 주례는 교장선생님이 서시고 가족끼리 잔치를 치르자고 제의하였으나, 신부 댁이 동의하지 않아 실천에 옮기지 못했다.

또 몇 차례 만난 적이 있는 신부 될 사람의 셋째 오빠가 신랑 예물을 갖추자며 만나자고 했다. 먼저 양복점으로 안내하더니 겨울 양복, 춘추복 한 벌씩과 오버코트를 골라 맞추라고 했으나, 나는 현재 입고 있는 오버가 새 옷이며 양복도 한 벌 있으니, 섭섭잖게 동복 한 벌만 맞추겠다고 했다. 그러자 그는 세상 관례가 있는데 무슨 소리냐며 형제간에 의논된 일이라며 꼭 맞추라고 했다. 그러나 강경하게 나의 의사를 관철시켜 겨울양복 한 벌만 맞췄다. 그러고는 시계방으로 시계를 사러 가자고 하기에 끼고 있는 시계를 내보이며 지금도 시계가 있는데 두 개나 가져서 뭘 하느냐며 시계방에는 발도 들여놓지 않고 거듭된 권유를 뿌리치고 헤어졌다.

신랑 예물로 단 한 벌의 양복만을 얻어 입음으로써 언제부터인가 신부 예단의 짐이 과중해 가고 있는 모순에 대한 나의 거부감을 실현하는 행위라는 생각에 흡족했으며, 어려운 처지에 놓인 처갓집에 조금이나마 짐을 덜어 주었다싶어 흐뭇한 기분이 들었다. 물론 세간으로 그릇 하나 따로 받은 것도 없었다. 딸 낳아 고이 길러서 교육시켜 호적까지 파 넘겨 시집보내면서 혼수를 바리바리 실어 보낸다는 것은 나의 사고로는 어처구니없는 일로 여겨졌다.

양복 한 벌 외에 부조로 들어온 와이셔츠와 구두 한 켤레를 덧붙이면 그것이 받은 것의 전부였다.

이 이야기를 무슨 자랑삼아 하는 것은 결코 아니다. 다만 어떤 이익을 추구하는 데 내 '혼'을 내맡기기를 거부했으며, 내 삶을 꼭 세상 사람들의 기준에 맞춰 살고 싶지 않았고, 나의 사유논리에 따라 올바르다 싶은 대로 사회의 규범 내에서 천진하고 자유로이 살아보겠다는 것이 내 심성의 본바탕이었기에 적어 본 것이다.

1960년대는 옛풍속의 잔재殘在와 게다가 가난했던 탓이었던지 그래도 덜했으며, 알거지나 다름없던 처지에서도 미련하기 짝이 없는 나 같은 천치라도 있었지만, 오늘날의 예단풍조는 질풍노도의 시대를 맞고 있는 듯해서 안타깝기 짝이 없어 군소리를 해 본다.

중매쟁이를 통해 예물 요청 목록을 보내 밍크코트 몇 벌, 양복 몇 벌, 한복 몇 벌…… 등등, 그것도 밍크코트는 어느 백화점 무슨 브랜드로, 양복은 어느 양복점에서, 한복은 종로 어디에서 하는 사족까지 달아서 예물을 청구하던 것은 70년대에 간혹 있었던 몰지각한 일부 사람들의 짓거리였다. 그런데 80년대로 들어서는 심한 예로 ㅇㅇ신랑감을 택하려면 열쇠 세 개가 있어야 한다는 말이 세상 사람들의 귀에 두루 익어 있었다. 열쇠는 아파트, 금고(지참금), 자동차를 뜻한다.

근래에 와서는 심지어 예단을 적게 해왔다며 모자가 합세하여 신부를 구타하는가 하면, 이혼까지 서슴지 않는다는 뉴스도 그리 화제거리가 되지 못하고 있다. 이 얼마나 사람답지 못한 짓인가!

고갈된 정신문화로 '혼'이 날아가고 없는, 얼빠진 대한민국 사회의 단 면을 보여주는 것 같아 찝찔한 기분을 삼킬 때가 많다.

요즘은 신랑이 살림집을 구해 놓으면 신부가 세간 일체를 완벽하게 구비해 주는 것이 당연지사로써, 빚을 지는 한이 있더라도 신부 댁의 의무가 되어버렸다. 뿐만 아니라 신랑신부가 주고받는 예물이 지나치게 많다. 이처럼 자식 낳은 부모의 죄를 심히 추궁하는 작태는 하루바삐 퇴치되어야 마땅하리라.

이와 같은 천편일률적인 방식은 곤란하다. 문명의 시대는 혼전婚前의 긴 성숙기간이 소요되는 풍조를 이루고 있다. 따라서 자연스레 만혼이 대중을 이루는 현상을 빚고 있다. 때문에 총각과 처녀가 꼭 필요해서 쓰던 세간이나 의복이 많기 마련이다. 특히 의상은 거의 갖출 만큼 갖추고 있는 경우가 대다수며, 그것들을 간추리고 부족한 것은 신부측이든 신랑측이이든 형편이 나은 쪽에서 사 보태고, 당장 급하지 않은 것은 살아가며 하나하나 보충하면 될 것이다. 신접살림이란 부족한 게 있어야 새로운 맛을 느낄 수가 있다. 알뜰살뜰 살아가며 요긴한 것 하나씩 사서 메우는 데서 신접살이의 쏠쏠한 재미와 행복을 만끽할 수가 있기 때문이다.

물론 형편만 되면 핵가족 사회에서 딸자식 잘살라고 집도 사줄 수 있고, 유산 상속도 할 수가 있는 남녀평등주의와 자본주의 사회의 자연발생적인 분배현상에 부정적인 견해를 펴는 것은 결코 아니다. 그러나 새 사람을 데려오는 입장에서는 상대의 형편을 살필 줄 알아야 하고, 될 수 있는 한 덜 받겠다는, 사양할 줄 아는 마음을 가지는 것이 미덕이 되어야 한다는 게 나의 주의 주장이다.

또한 경조사에 사람을 많이 끌어 모아야 체면이 서고, 지체 높은 인사人士로 인정받는다고 생각하는 잘못된 인식은 당장 거세되어야 한다. 그런 문화는 사회기초질서 확립과 함께 선진국으로 진입하기 위해서는 1인당 GNP 3만,4만 달러를 달성하는 것보다 우선해서 바로잡아야 할 우리 사회의 병폐다. 따라서 경조사의 의식儀式이 특히 시간의 제약이 심한 현대문명생활에 걸맞게 크게 개선되어야 할 시급한 과제가 아닌가 싶다. 여기에 일일이 거론은 않겠지만 우리 사회의 기초질서는 얼마나 엉망이며, 삐뚤어진 경조사문화는 얼마나 별의별 일을 다 만들어 내고 있는가.

이 모두 요새 사람들이 '혼' 이 빠지고 없기 때문이 아닌가 싶어 마음이 아프다.

나라를 이끌어 갈 젊은이들이 앞장서 신선한 새바람을 불러 일으켜 주었으면 하는 바람 간절하다.

전매청에 지원원서를 접수하고 시험날짜를 기다리고 있던 오월 초순이었다.

빨강 벽돌담을 살짝 넘어다보는 담자색의 라일락꽃이 향긋한 향기를 물씬 풍겨 왔다. 맑은 햇살이 눈부시게 아스팔트 위를 비추는 이른 아침, 훈훈한 바람이 넥타이를 목덜미에 걸쳐 얹었다. 출근길의 바쁜 걸음을 옮겨 놓으며 어여쁜 아가씨가 철 이른 새하얀 안개꽃 한 묶음을 안겨 주던 지난밤의 꿈을 떠올렸다. 라일락꽃에서 요염한 여인의 향기를 느낀다면, 안개꽃에서는 애처로운 사랑을 먹음은 소녀의 미숙한 초련初戀의 내음을 맡을 수가 있다. 그처럼 안개꽃은 순미純美한 향기를 풍긴다.

꿈속에서 꽃다발을 받으면서 아내에게 송구스런 생각이 들었다. 그러나 꿈을 깨고 나니, 안개꽃이 고결한 기품이라 그리 언짢은 꿈은 아니구나 싶었다. 잠이 깊이 든 아내의 손목을 살그머니 잡아 줌으로써 미안한 뜻을 표했다.

출근하여 한 시간이 채 못 되어 뜻밖의 전화를 받았다. 재일 교포로 친척이신 유용갑柳龍甲 아저씨로부터 걸려온 전화였다.

"나 용갑인데. 여상인가?"

"예, 접니다. 그간 안녕하셨습니까? 근데 지금 어디십니까?"

"내가 한국에서 사업을 하나 하려고 지금 서울에 와 있는데, 나와 같이 일하게 1주일 내로 서울로 올라오게."

마침 사무실에는 나 혼자밖에 없었다.

"아저씨, 그렇게는 안 됩니다. 이쪽 사정도 생각해야지요."

"그럼 내일 내가 대구로 갈 테니 만나서 얘기하세."

아저씨의 성질은 되게도 급하셨다.

"예, 알겠습니다. 그 때 뵙겠습니다."

수화기를 놓고 나니 참으로 신기한 기분이 들었다. 꿈에서 받은 안개꽃 다발이 전홧줄을 타고 와 내 가슴에 꼭 안긴 기분이었다. 이제 전매청에 시험을 치를 걱정도 덜고, 20만 원의 빚 걱정도 안 해도 되고, 어딘지 모르게 한 모퉁이 떳떳하지 못해 하던 잡친 기분도 청산할 수가 있겠다 싶어 통쾌하기 짝이 없었다. 물론 사장님과는 또 한번의 난처한 입장에 놓이게 되겠지만, 이미 나는 사장님 곁을 떠나는 것이 사나이의 기개라고 생각했기 때문에 그것은 별로 문제 될 게 없었다.

이튿날 아저씨는 친구 한 분과 함께 부리나케 대구로 내려 오셨다. 일제 양복 한 벌과 집사람의 한복감 한 벌의 선물도 주셨다.

아저씨는 성미도 급하셨다.

"1주일 내로 서울로 올라오도록 하게."

"아저씨 그렇게는 곤란합니다. 제가 하는 일을 다른 사람에게 인계를 하고 가야지요."

"그럼 얼마나 걸리겠는가?"

"최소 20일은 시간을 주셔야 되겠습니다. 제가 하는 일이 아무에게나 후닥닥 넘겨주고 갈 수 있는 일이 아닙니다. 회계를 중심으로 일부 중요 원자재의 구매와 잡다한 일까지 맞고 있으니까요."

창수의 형님이 서울 공장에서 내려와 인수를 받도록 하는 수밖에 없겠다는 계산에서 그렇게 대답했다.

"서울 일이 바빠, 열흘만 말미를 줄 테니 서둘러 보게."

"20일도 걱정스러운데 열흘은 도저히 어렵습니다."

"거참! 가급적 빨리 상경하도록 하게."

"예, 서둘러 보겠습니다."

그로부터 17,8일 뒤, 서울 공장의 창수 형님에게 사무를 인계하고 서울을 향해 훌훌 떠났다.

그러고 보니 인생이란 한 조각 구름쪽과 무엇이 다르랴 싶었다. 대구바람이 불어 대구에서 한 평생을 살 듯 기껍게 대구에 왔었으며, 느닷없이 서울바람이 불어 미련 없이 서울로 떠나게 되니 지금까지 나는 운명론을 배척해 왔으나, 그날따라 어쩌면 인생이란 산골짜기 물이 정해진 물길을 따라 바다로 흐르듯, 정해진 길로 그렁저렁 흘러가는 게 아닌가 하는 생각이 강하게 들었다. 그리고 사람이란 어떤 사람을 만나느냐, 다시 말해 누구와 깊은 인연이 맺어지느냐에 따라 세상을 살아가는 길이 정해지누나 하는 생각이 들었다.

한편으로.

나에게 무한한 희망을 주었던 대구, 첫 직장을 얻어 사회에 첫발을 내딛은 대구, 고스란히 밤을 지새우며 결혼을 번민하던 대구, 창수네 가족들의 정겨움에 무척 따사롭던 대구, '결혼의 인연은 따로 있다.'는 전래의 속설대로 기이한 인연에 엮여 결혼을 한 대구 땅을 떠나는 내 마음은 잔설처럼 군데군데 깊은 감회를 흘려 놓아야만 했다.

어쨌든 한때 내 몸뚱어리를 불태워 재로 만들었던 Y씨, 그리고 부잣집 고운 따님으로서 천애의 고아나 다름없던 나를 결혼의 대상으로 살포시 안아 주었던 SJ씨, 두 분의 행복을 진정으로 비는 마음을 전하고 싶다.

액운厄運이 몰아치다

만 열네 살의 동자童子이며,
4대 독자인 나에게 복거상複居喪을
입힌 것은 천지신명의 가혹한 형벌이었다.

음력설을 쇠고 이레가 되던 날.

그날 밤은 몹시 추웠다. 엄동이 남기고 간 추위가 낙동강 물이 일으키는 세찬 바람에 묻어와 창호지가 누렇게 뜬 큰방 뒷문을 마구 두들겨 댔다.

나는 몸져 누워 계신 할머니의 발치에 앉아 있었으나, 작은 방에서 앓고 계신 아버지의 병세가 걱정스러웠다. 그래서 작은 방에 드나들 때마다 누구에겐가 '우리 아버지의 병환이 낫도록 해 주시옵소서' 하고 마음속으로 빌었다. 여러 가족의 죽음을 경험하는 동안 죽음에 대한 두려움에 싸이면서, 사람의 나고 죽음을 관장하는 신령님이 계시리라고 생각되었기 때문이었다.

할아버지를 여의었을 때는 호상이라 집안에 모인 많은 사람들이 예사로운 얼굴로 술을 마시며 이야기를 주고받아 분위기가 별로 슬퍼하는 것 같지가 않았다. 나이 어린 탓이기도 했겠지만, 나도 그다지 슬픈 기색 없이 어영부영 넘긴 것 같다. 할아버지의 지극하신 사랑을 잃은 안타까움이야 이루 말할 수 없었지만.

만장을 들고 상여 뒤를 따라가던 기억이 아직까지 어렴칙이 남아 있다.

반면에 어린 동생들을 잃었을 때는 너무나 슬프고 두렵기까지 했다. 천지신명이 우리 가족을 저주하는 것 같아 할머니를 꼭 껴안고 뜬눈으로 밤을 새웠다. 그 후로 나는 죽음에 대한 공포가 항상 머리 속에 남아 있었다.

어머니는 정한수를 떠놓고 천지신명께 우리 집안의 태안을 비는 일이 잦았다. 어린 나도 우리 가정에 다시는 죽음이 없었으면 하는 마음을 어머니의 기도에 보탰다.

그 즈음은 무속이 무척 성행했다.

우리 집은 남달리 무속에 매달렸다. 정월과 가을의 안택굿은 말할 것 없고, 가족이 아플 때면 밤낮 없이 굿을 하고, 심지어 아버지는 장명長命을 발원發願해야 한다며 만신을 의모義母로 삼기까지 했다. 또 어머니는 종종 절간에도 다니시며 신불에 치성이 지극하셨다. 그런데도 가족들이 줄줄이 목숨을 잃어갔고, 아버지가 또 위독하시니 나는 인질부질 못했다. 가끔 작은 방에 드나들며 아버지 옆에 앉아 있는 어머니, 누나, 그리고 집안 어른들의 얼굴을 살폈다. 그들의 얼굴에서 아버지의 병세를 짐작할 셈이었다. 모두들 말없이 무겁고 어두운 표정을 하고 있었다. 방안의 분위기와 역시 창호지를 바른 방 옆문에 쌩쌩 부딪는 차가운 바람소리는 마치 아버지의 운명殞命을 죄어치는 듯해, 내 어린 마음에도 자꾸만 사위스런 생각이 들어 한자리에 앉아 있을 수가 없었다.

마당 가운데로 나와 하늘을 바라보았다. 상현달이 저만치 자리 잡고, 싸늘한 겨울 하늘에는 무수한 별들이 총총했다.

허공을 바라보고 이렇게 빌었다.

'진정 부처님이 계시다면 저의 아버지를 구해주시옵소서. 저의 어머니는 부처님이 계시다고 굳게 믿으십니다. 그리고 치성이 지극하십니다. 저는 부처님의 가피加被로 저의 아버지가 쾌복快服케 되리라 굳게 믿사옵니다.'

빌고 빌면서도 아무리 밀어내도 자꾸만 엉겨붙는 불길한 생각이 가슴을 죄어왔다.

결국 그날 밤을 못 넘기고 아버지께서 운명하시니, 단기 4283년(1950) 음력 정월 초이렛날이었다.

연로하신 할머니와 당37세의 어머니, 18세의 누나, 만 열네 살을 며칠 앞둔 나, 그리고 11년 아래인 여동생과 그 아래 세 살 터울의 갓난 여동생, 그렇게 여섯 식구를 남겨놓고 아버지는 눈을 감지 못한 채 유명을 달리하셨다.

집안 할머니께서 아버지 눈을 쓰다듬으며,

"이 세상일일랑 말끔 잊고, 제발 극락 가소……."

하고는 울음을 터뜨리셨다. 그 할머니의 손길에 신기하게도 아버지는 눈을 감으셨다. 어머니와 누나의 애통한 울부짖음과 집안 어른들의 통곡소리에 집 뚜껑이 들썩거리는 듯했고, 애잔한 어린 내 마음은 그지없는 고독과 공포와 슬픔의 심연으로 내동댕이쳐졌다.

누워 계신 아버지의 얼굴은 다소 수척했어도 멀쩡했다. 나는 슬프게 울면서도 한편으론 아버지가 이내 깨어나시리라 기대하고 있었다. 아버지는 평소 인정 많고, 예절 바르고, 경우 바르고, 점잖다고 만인에게 칭찬 받는 좋은 사람으로 평판이 나 있을 뿐 아니라, 아버지가 안 계시면 우리 가족이 살아 갈 길이 너무나 막막하기에, 그런 사정을 훤히 아시는 천지신명이 아버지를 꼭 살려 돌려보내 주시리라 믿었다. 뿐만 아니라 아버지의 본 함자銜字는 흥興자 용龍자였으나, 옛날에는 홍역으로 아기 때 생명을 잃는 일이 많았으므로, 강아지처럼 뒹굴며 병 없이 잘 자라라고 호적상에는 인仁자 개介자로 출생신고를 했으니 그 효험이라도 있지 않을까 기대했다. 그러나 아버지는 요수夭壽를 면치 못하시고 천추의 한을 안고 세상을 떠나셨다. 결국 아버지의 몸체는 병풍에 가려졌고, 그 의식이 사체로 인정하는 절차다 싶어 까무러칠 듯 슬프고 무서웠다.

더더욱 가슴을 에는 애달픈 일은, 만 세 살배기 여동생이 아버지께서 돌아가신 걸 눈치 챘는지 하도 울어서, 집안 할머니께서 여동생을 안아 병풍 뒤에 안치한 아버지의 시신을 보여주어도 "아빠, 아빠……" 하며 줄기차게 울어대어 보는 이들의 애간장을 녹였다.

이튿날 새벽에 고모 댁에 기별을 하러 간 사람이 혼자 돌아왔다. 황망히 쫓아오실 줄 알았던 고모님도, 고모부님도 못 오신다는 전갈이었다. 나는 아버지의 형제로 남매뿐인 고모님을 무척이나 기다렸는데, 못 오신다는 말에 아연실색했다. 어머니는 손바닥이 터져라 방바닥을 치시며 대성통곡을 하셨다.

"형님, 누굴 믿고 안 오신단 말이요. 하나뿐인 동생이 죽은 마당에 못 오신다면……."

눈물은 방바닥을 흥건히 적셨고, 애절한 통곡소리는 하늘을 찔렀다. 어린 내 얼굴도 눈물로 뒤범벅이 되었고, 북받치는 설움에 목이 메었다. 4대 독자인 어린 나는 고모님도, 고모부님도 이루 말할 수 없이 원망스러웠다.

못 오시는 이유인즉 딸 셋 낳은 끝에 아들 하나 간신히 붙들었는데 초상집에 가면 신의 기휘忌諱로 그 아들이 죽는다는 무당의 점괘 때문이라고 했다.

나는 특히 고모님이 거듭거듭 원망스러웠다. '동생의 죽음은 남의 일이 아니라 바로 내 일이 아닌가. 내 일에 부정은 무슨 얼빠진 부정이란 말인가?' 하고 생각하니 도저히 납득이 가질 않았다. 끝내 고모님 내외는 한 분도 오시지 않았고, 나는 고모님이 오시지 못한 일이 아버지를 여읜 일 못지 않게 슬프고 서러웠다. 평소 고모님을 이 세상에서 제일 좋아했기에, 하늘이 무너지고 땅이 꺼지는 듯한 그 큰 슬픔과 고독과 무서움을 고모님으로부터 보호받고 싶었던 것이다. 그러기에 고모님이 내 곁에 상복을 입고 계시지 않은 것은 나를 더욱 그지없이 슬프고 고독하게 만들었다.

상복에 수질首絰을 두른 어린애가 주상主喪인 안쓰러움에 보는 이마다 눈물을 훔쳤다.

하늘도 무심하게 우리 가족을 천길 만길 절망의 나락으로 떨어뜨려 놓고 아버지의 장례는 끝이 났다.

날이 갈수록 아버지에 대한 한탄은 가없었지만, 그보다 더 다급한 현실이 난감하게 버티고 있었다.

우리 마을은 제법 높은 낙동강 잔디둑을 그리 멀지 않게 등지고 있는 판판한 벌마을이었다. 야산은 얼마 멀지 않은 곳에 하나 있었지만,

산 같은 산은 강을 건너서도 한 마장은 가야 만날 수가 있었다. 그래서 전부가 논이고, 밭은 귀했다.

우리 집에도 논은 스물네 마지기였으나, 해마다 큰비로 홍수가 나 반타작이 일쑤였다. 또 대국밀과 양대(광저기의 일종)나 심는 강변 사전沙田이 스무 마지기 가량 되는 중농가였으나, 강둑 밖의 밭이 없어 밭곡식이 아쉬운 형편이라, 아버지께선 물의 피해를 받지 않는 둑 밖의 좋은 밭 몇 마지기 경작하는 것이 평소의 큰 소원이었다. 그래서 돌아가시기 직전 해 추수가 끝나자 일등 밭 열 마지기가 나오자마자 벼 곱장리(연리 100% : 甲利)를 얻어서 힘겹게 그 밭을 샀다. 2,3년 전에 궂논 너 마지기를 산 탓에 빚이 조금 있는 데다 무리하게 또 빚으로 사고 보니, 빚은 우리 집 살림에 벅찼다. 그 빚을 고스란히 두고 아버지는 떠나셨다. 설상가상으로 아버지가 타계하신 지 겨우 한 달이 지난 음력 2월 초아흐렛날, 참척慘慽의 통한을 품고 누워 계시던 할머니마저 또 운명하셨다.

이처럼 우리 집 가세는 일시에 액운이 들이닥쳐 마치 폭풍에 한 기둥이 부러져 간신히 버텨선 오두막처럼 기울어 갔다.

만 열네 살의 4대 독자인 나에게 중상重喪이나 마찬가지인 복거상複居喪을 입힌 것이었다. 하늘도 너무나 가혹했다. 영궤(靈几: 우리 고장에선 출상 이후에도 탈상 때까지 빈소로 칭함)를 일년간 지키기엔 어린 소년인 나에겐 한없이 슬프고 외롭고 벅찼다.

할머님이 돌아 가셨을 때도 고모님은 같은 이유로 안 오시고, 고모부님만 출상 날 오셨다. 고모부님은 부정을 조금이라도 피하겠다는 생각에선지 사랑채 마루에서 상복을 입으시고, 가실 때도 사랑채 마루에서 상복을 벗고 당일로 돌아가셨다.

당신의 어머니 초상에도 못 오신 고모님에 대한 야속함을 도저히 주체할 수가 없었다. 수질을 두른 승중상주承重喪主인 어린 내 심경은 천추의 한이 맺히는 듯했다. 누나는 두고라도 어머니는 또 오죽하셨으리.

고모님은 여느 고모와는 유달리 고모님은 나를 끔찍이 사랑해 주셨기에 어린 나로서는 감당하기 버거운 두려움과 슬픔을 고모님과 철저히 나누고 싶었다. 그래서 고모님을 더욱 간절히 기다렸으며, 그 기다림이 물거품이 되자 고모님에 대한 원망과 섭섭함을 이겨내기가 너무나 벅찼다.

그러나 그 후 그리 머잖아 고모님에 대한 유감을 말끔히 떨쳐낼 수 있었다. 아니 그래야만 했다.

내가 자라오는 동안 이 세상에서 제일 좋아하는 사람이 고모님이었고, 가장 가고 싶은 곳이 고모집이었다. 국민학교(지금의 초등학교) 때는 하기방학이건, 동기방학이건 일주일치 공부할 책을 싸가지고 고모집을 찾았다. 고모집은 우리집보다 훨씬 가난했지만, 친정 조카에 대한 대접이 여간 후하지 않았다. 십리 길 수산장엘 가서 갈치를 사와 구워주고, 때로는 닭도 잡아주고, 종종 인절미도 해주고, 온갖 전煎을 붙여주기도 하셨다. 그처럼 잔정 많은 고모님은 항상 따사로운 마음으로 나를 붙안아 주셨다.

그런 고모님을 나는 끝내 미워할 수가 없었다. 또 한편으론 고모집 가족들이 아들에 대한 애착이 얼마나 대단했는지도 이해해야만 했다. 딸 셋 낳은 끝에 아들을 낳자 둘째 누나가 아기 똥을 입에 넣어 맛을 봤다고 했다. 그 맛이 단맛이면 명이 짧고, 쓴맛이면 명이 길다는 속설을 믿었기 때문이었다. 당시는 그만큼 아들 선호사상이 세찼다.

고모님 얘기는 지나간 부질없는 세설이지만 당시의 내 감정의 굴절 없는 표명을 위해 곁가지를 쳤다.

친정조카가 하나뿐인 것을 못내 아쉬워하시며, 나에게 극진한 사랑을 베풀어주시던 고모님의 정을 나는 여태까지 내 심간 깊이 담고 있다. 그래서 지금도 30년이 넘게 고모님 내외분의 기제사에 우리 부부는 빠짐없이 참배하고 있다.

이처럼 연상連喪을 치른 뒤 곧바로 양력 4월 1일, 나는 중학교에 진학을 하게 되었다. 입학금은 밭을 살 때처럼 연리 100%를 주기로 하고 외삼촌이 구해주셨다.

그 당시 시골생활은 모두가 어렵기에 부의금은 조족지혈鳥足之血에 비유될 뿐이었고, 주로 묵이나 떡 한 함지, 아니면 탁주 한두 병 등을 품앗이 부조하는 관행이 전부였다. 형제간에도 금전으로 어려움을 덜어 주는 일이 없었다. 나 역시 고스란히 빚으로 진학할 수밖에 없었으며, 빚을 구해주는 것만도 감지덕지해야 할 판이었다. 지극히 가난에 찌든 시골생활의 피치 못할 관습이었다.

나는 아버지 계실 때 부산으로 가려했던 중학교를 포기하고, 걸어서 다닐 수 있는 학교 중에서 가장 나은 김해군(현 김해시) 진영읍의 진영공립중학교에 진학했다. 말로는 2십리라 했지만 3십리는 족히 되는 먼 길이었다. 그 길을 1년 간은 걸어 다니고, 1년은 낡은 자전거로, 1년은 자취를 하며 다녔다.

걸어 다닐 때는 사철 아침밥을 해가 뜨기 전에 전깃불을 밝히고 먹어야만 했다. 그러고도 집을 나서자마자 책보자기를 옆구리에 끼고 시종 뛰듯이 바쁜 걸음으로 가야만 시간에 겨우 맞출 수가 있었다. 비가 올 때는 물론이고, 별로 바람이 없는 날에도 책보자기를 스님의 가

사처럼 잡아매고, 작은 우의 하나로 책보자기 안 적시려고 맘 쓰다보면 아랫도리는 모두 물에 담근 듯 푹 젖었다. 그러면 사람들의 눈에 띄지 않는 곳에 숨어 바지를 벗어 겉물을 짜고는 젖은 그대로 입곤 했다.

사철 중 겨울이 제일 힘들었다. 해가 돋을 녘에 나서면 귀가 얼어 빠지는 것 같다가도 한 참 뛰다보면 오히려 온 몸이 후끈거렸다. 그러자 학교에 도착해서 땀을 거두고 나면 다시 춥기 시작했다.

겨울 하굣길은 어둡고 찬 공기가 무척이나 매서웠다. 으슥하고 어두운 난들길의 북풍을 안고 혼자서 뜀박질하면 무섭기도 하고, 귀와 얼굴이 남의 살처럼 감각을 잃을 때가 많았다. 멀리 가로지른 낙동강이 일으키는 칼바람은 몹시 드셌다.

배도 무척이나 고팠다. 쌀톨이 뉘처럼 섞인 보리밥 도시락에 김치 아니면 무나 참외장아찌, 가끔은 멸치볶음의 근기 없는 도시락은 생쥐 볼가심에 불과했다.

버스를 탄다 해도 내려서 오리 길은 더 걸어야 하는 탓도 있긴 했지만, 그렇게 1년 간을 도보로 다니면서도 몇 푼 안 하는 버스 한번 타본 적이 없었다. 그처럼 피나도록 가난에 찌든 것이었다. 바람이 몰아치면 바람에 부대끼고, 비가 오면 비에 젖고, 눈이 내리면 눈을 맞으며 그렇게 뛰어 다녔다.

우리 마을에서 두 사람이 다녔는데, 1학년 한 해 동안에는 한 사람은 자전거를 타고 다녔고, 나는 자전거 살 돈이 없어 걸어 다녔다.

그 무엇보다 피가 마르게 애통하고 안쓰러운 일은 손에 별로 흙을 안 만지고 살던 어머니께서 백척간두에서 큰 머슴처럼 막일을 하시지 않으면 안 되게 된 것이었다. 논밭을 직접 매고, 낫으로 벼 보리를 베고, 머리에 이어 나르고, 타작도 일꾼과 똑같이 하셨다. 또 선새벽에 일어나서 소죽 끓이고, 밥 지어 일꾼들 뒷바라지하고, 함께 논밭 매고, 좀 일찍 집에 와서 저녁밥 짓고, 설거지 끝나면 새벽까지 베틀의 앉을깨에 앉아 바디를 두들겨서 3일 밤에 삼베 한 필을 짜기도 하셨다. 그처럼 우리 어머니는 온몸을 내던져 벅찬 세상에 굴하지 않고 허리띠 졸라매고, 오직 자식들을 위해 앞만 보고 사셨다.

그런 와중에 또 액운이 밀어닥쳤다.

할머님이 돌아가신 이듬해 겨울에 접어들어 사나운 추위가 몰아칠 때, 막내 여동생이 홍역으로 또 생명을 잃었다. 그야말로 화불단행禍不單行이었다. 귀신도 눈이 멀었지, 2년 새에 저승사자가 우리 가족을 세 사람이나 데리고 가다니, 우리 식구들은 제정신이 아니었다. 어머니는 지쳐서 딸자식이 죽었는데도 슬픈 기색보다는 신세타령에 넋을 잃으셨다.

"전생에 내가 무슨 죄를 지었기에 내 피를 이렇게도 말리느냐. 귀신아, 나까지 잡아가거라……."

하시며 멍하니 앉아 연방 담뱃대에 불을 댕기셨다.

나는 그날 밤 뜬눈으로 밤을 샜다. 세상이 무서웠다. 산다는 것이 두려웠다. 내 운명은 어찌 될 것인가? 우리 가족의 앞날은 무사할 것인가? 이런 생각들로 밤새껏 멀뚱멀뚱 침울한 심정에 빠져 있었다.

이제 남은 식구는 네 사람이었다. 어린것이 있어 가끔 울어주면 집안의 운기가 살아 있는 것 같았으나 그 소리 마저 그친 가세는 더욱 쇠락하여 절간 같고, 흉가 같아 쓸쓸하고 뒤숭숭해 갔다.

밭을 산 뭉치 빚에다 이태에 초상 세 번, 중학교 입학, 이렇게 네 번의 홍역을 치른 후, 또 누나가 결혼을 하니, 우리집 살림은 이미 진 빚과 함께 버텨내기가 어렵게 되었다. 안타깝게도 가운이 마치 서산을 넘는 해처럼 기울어가고 있었다.

내가 중학교 3년을 다니는 동안 무서운 곱장리는 우리 살림을 말려 갔다. 한 해는 내 눈으로 목격한 적이 있었는데, 그 해 추수한 곡식을 거지반 다 퍼주고는, 그 자리에서 그 곡식을 다시 곱장리로 도로 빌리는 장면을 본 나는 자리를 박차고 방안으로 들어가 책을 방바닥에다 떡치듯 내려쳤다. 어린 마음에도 세상은 암울하고, 내일의 시간이 절망의 웅덩이로 빠져 들어가고 있음을 절감했다.

그리하여 우리 집은 세월이 갈수록 이자가 새끼를 쳐 재산과 빚을 저울질하면 어느 쪽도 기울지 않을 정도가 되어버렸다.

한 해는 공출을 못다 내어 집안의 가재도구를 일체 차압을 당키도 했다. 탈곡기, 따비, 쟁기, 장롱, 화장대, 벽시계, 밥상, 가마솥 하나, 놋그릇, 내 책상까지 반듯한 건 다 차압해 갔다.

집달관이 내 책상을 끄집어 낼 때, 나는 책상 위에 올라앉아 '책상은 안 됩니다. 공부를 해야 합니다. 우리집을 뜯어가도 책상만은 안 됩니다.' 하고 울부짖었으나, 장정들의 거친 손길에 나는 여지없이 들려져 방바닥에 내팽개쳐졌고, 그들은 서랍 속에 든 것을 죄다 방바닥에 쏟아놓고 책상만 가져 가버렸다.

내게 그 책상은 아버지의 지극하신 사랑이 배어 있는 유일한 물건이었다. 진영읍까지 먼 길을 가서 사다주신 귀목나무 책상인데 갈색으로 참 예뻤다. 돈으로 쳐서 몇 푼어치 되었을까만, 수난의 상징적 사건으로 기억되고 있다. 아마 소농가가 차압을 당하는 일은 전국적으로도 우리집이 전무후무했을 것이다. 3년 후, 자형이 면장을 찾아가 모두 되찾아오긴 했어도.

이처럼 내 사춘기는 하늘의 증오로 너무너무 애처롭고 고독하게 지나갔으며, 고등학교 입학도 어머니께서 승낙하시지 않은 가운데, 자형의 조언과 도움으로 마산고등학교에 진학을 했다.

그러면서도 나는 세상살이가 어려운 것은 아버지가 안 계신 탓이고, 또 일제하 내가 국민학교 1학년 때 벼 공출을 덜 내었다며 일본 순경이 우리 아버지의 빰을 때리는 것을 본 적이 있어, 우리나라 살림을 왜놈들에게 모두 수탈당했기 때문이라고 여겨왔다. 그래서 내가 겪고 있는 어려움은 당연한 내 생生의 분수로 여겼다.

그런데 중학교 3학년 때 어느 날, 영어 선생이신 지응업池應業 선생님께서 날더러 선생님 댁에 점심을 먹으러 같이 가자고 하셨다. 나는 뜻밖의 일이라 당혹스러웠으나 선생님의 말씀이라 군말 없이 따라나섰다. 선생님의 자택은 진영읍내 철하鐵下에 있어 학교에서 제법 걸어야 했다. 철길을 따라 걸으며 선생님께서 말씀하셨다.

"앞으로 학생들은 영어 공부를 열심히 해야 해. 영어를 잘 못하면 좋은 고등학교, 좋은 대학에 진학할 수 없을 뿐 아니라 사회에 진출한 뒤에도 크게 될 수 없을 것이야. 학생들이 꿈을 이루기 위해서는 모든 공부를 열심히 해야 되겠지만, 그 중에도 영어는 특히 열심히 해야 돼. 장차 우리 사회는 정신문화나 물질문명이나 모두 서양화 될 것이야. 서양 선진국들의 문명을 배우지 않고는 잘 살 수 없게 될 테니 세계어인 영어를 열심히 해야 해. 내가 영어시간에 매질을 해가며 가르치는 것도 다 학생들의 장래를 생각해서지. 너는 영어를 잘해 참 다행이야. 그래서 너를 격려하는 뜻에서 오늘 우리 집에 점심초대를 하는 거다. 계속 열심히 해서 좋은 학교에 진학하여 장차 사회의 훌륭한 일꾼이 되도록 해라."

선생님의 따뜻한 격려의 말씀이 너무나 감격스러웠다. 개인적으로는 난생 처음 들어보는 교시敎示라 너무도 고맙게 생각되었다.

"선생님, 감사합니다."

나는 꾸뻑 절을 하고는 선생님의 뒤를 조용히 따랐다.

평소 교습에 진지하셔서 웃음을 보이지 않으시며, 공부하지 않는 학생을 매로 다스리시는 선생님을 학생들이 호랑이보다 더 무서워했는데, 나에게 따로 자상한 인정을 베푸는 배려는 분에 넘치는 영광이 아닐 수 없었다.

잠시 후, 선생님 댁에 도착하자 대청마루에는 큰 밥상이 떡 벌어지게 차려졌고, 선생님과 나는 겸상을 했다.

웬일인가 싶었다. 팥 섞인 찰밥에 미역국, 갈비찜, 화덕 위의 석쇠로 구워다 나르는 불고기, 생선구이, 잡채, 떡, 감주, 수정과, 과일……. 당시의 나로서는 이름도 모르고, 보지도 못한 음식이 대부분이었다. 이루 헤아릴 수 없는, 그야말로 진수성찬이었다.

"많이 먹어. 오늘이 내 생일이야."

선생님이 말씀하셨다.

"예. 선생님 축하합니다."

대답은 했으나, 난생 처음인 어마어마한 진찬珍饌 앞에 어안이 벙벙했다. 좀체 긴장을 풀지 못해 수저질이 부자연스럽기만 했다.

식사가 끝나자 선생님은 사과 상자에서 사과 두 개를 꺼내 내게도 하나를 주셨다.

"식사 후 사과를 한 개씩 먹으면 소화도 잘되고 참 좋단다. 나는 꼭 그렇게 하지."

선생님은 지극히 예사롭게 말씀하셨으나 나는 큰 충격을 받지 않을 수 없었다. 사과 온 개를 먹어보는 것이 생후 처음이었기 때문이었다. 물론 나뿐만이 아니라 내 고향의 많은 사람들도 마찬가지 형편이었겠지만.

그런데 선생님은 끼니마다 한 개씩 잡수신다니 놀라지 않을 수 없었다. 그 때까지 나는 가난에 잘 길들여져 있었으며, 그것을 숙명적인 몫으로 받아들이고 있었다. 그런데 선생님 댁의 엄청 넉넉해 보이는 가세를 보고, 또 그런 말씀을 듣고 보니 이런 세상도 있구나 싶었다.

무뚝뚝해 보이면서도 듬쑥하신 선생님으로부터 남다른 사랑을 받는다는 것은 큰 영광이었으며, 선생님이 너무나 고맙게 생각되었다.

선생님은 영어시간이면 급장더러 뒷산에 가서 푸줏간 칼자루보다 약간 굵은 생나무막대 두 개를 다듬어 교단 위에 꼭 준비해두게 하셨다. 그리고 수업에 들자마자 개별적으로 읽기나 해석을 시켜 제대로 못하면 엎드려뻗쳐를 시켜 볼기를 두 대씩 사정없이 내리쳤다. 1시간에 대개 서너 명씩 영어를 잘 못하는 사람을 골라 시키고 매질을 하면 막대기 두 개가 여지없이 동강났다. 그 정도로 엄하셨다. 그리고나서 좀 잘하는 학생 두어 명을 지명하여 시키곤 수업을 진행했다.

선생님은 서울대학교 공과대학 화학공학과를 졸업하고, 미국 유학을 갈 참이었는데, 잠시 머무는 동안 부친과 우리 학교와의 특수한 관계로 해서 봉사하셨던 것으로 알고 있다. 당시는 6년제 중졸자가 중학교 교사로 있는 일은 허다했으며, 심지어는 일제 때 국민학교를 졸업한 사람이 시골 중학교에서 교편을 잡는 경우도 볼 수 있는 것이 당시 시골의 중학교육 실정이었다. 그러한 시절에 그런 훌륭하신 선생님으로부터 기초영어를 배운다는 것은 우리들에게는 엄청난 행운이었던 것이다.

우리들이 졸업한 이후 선생님은 미주美洲 Rutgers대학교 요업학과에서 석사, 박사 학위를 받으셨고, 한양대학교 교수, 요업전문센타 전무이사, 인하대학교 공과대학 학장, 아주대학교 총장대리, 대학원장을 역임하셨다. 사회봉사활동에도 열정적이어서 한국요업학회 회장, 공학교육개발위원회 위원장, 공과대학 평가위원회 위원장, 사립공과대학 평가위원회 위원장, 대학평가위원회 위원장, IBRD평가위원회 위원장, 그밖에 많은 업적을 남겨 국민훈장 동백장冬柏章을 포상褒賞하셨는데, 이는 탁월하신 재능과 풍부하신 학식과 일에 대한 열정의 당연한 결과일 것이다.

선생님은 아주대학교에서 정년퇴직을 하신 이후에도 동양공업전문대학 학장으로 계시기도 했다. 나는 선생님 자택과 아주대학교로, 그리고 동양공전에 두어 번 뵈러 간 적이 있었는데, 선생님께서는 여전히 건강하시고, 형형한 안광은 아직도 일에 대한 열정을 못다 태우고 계신 듯했다.

여전히 우리 집 가세는 숯불 사위듯 꺼져 가는 와중에, 나는 창원(지금의 창원시 도계동) 누나 댁에서 기차 통학을 시작했다. 누나 댁은 극빈하여 자형과 누나는 우리 집에서 어머니 일을 거들며 입을 덜고 있는 처지였으나, 나는 내가 먹을 양식만 넉넉히 가져가서 누나 댁에서 묵으며 학교에 다닐 수 있어 여간 다행한 일이 아니었다. 자형이 아니었다면 내가 마산까지 가서 공부하는 일은 상상도 못했을 것이다. 2년은 누나 댁에서 기차통학을, 1년은 마산에서 자취를 했다.

아버지가 돌아가시기 전까지만 해도 나는 영롱한 꿈을 품고 살았다. 중학교 6년을 부산에서 마치고, 서울에서 대학을 졸업하는 청운의 꿈이 있었다. 그리고 시골 태생의 여대생과 멋있고 아름다운 연애를 하고, 밤을 지새우며 편지로서 달콤한 사랑을 속삭이고 싶었다. 유려한 문장으로 톨스토이보다 훨씬 많은 편지를 쓰는 환상에 빠지기도 했었다.

그러나 아버지의 급서는 나의 모든 꿈을 초라한 관 속에 송두리째 묻어버렸다. 꿈을 남김없이 빼앗긴 소년은 넓은 하늘에 떠도는 한 조각 구름 마냥 방황했다.

진영중학교 뒷산에는 수십 년 난 소나무들이 많았는데, 종종 나는 그 청송 그늘에 홀로 앉아 있기를 좋아했다. 솔바람에 묻어오는 솔내음을 마시며 대자연을 바라보는 외로움이 싫지가 않았던 것이다.

철모르게 뛰놀며 새파란 꿈을 안고 내일을 향해 나부대야 할 소년은 나이를 잊었다. 봄이 장양長養한 여름을 건너뛰어 가을을 맞는 그런 형국에나 비유되리만큼 나는 고적하고 우울한 세상에서 서글프게 애늙은이가 되어가고 있었던 것이다.

3. 세상에서 가장 아름다운 그 이름 「의누나」

고적했던 나를 이 세상에서 제일 행복한 소년으로 인도했던 나의 '의누나', 누나의 사랑은 가을 한낮 햇살처럼 따사로웠고, 나의 작은 가슴속엔 행복이 빨간 능금알처럼 익어갔다.

무애극진無涯極盡했던 누나의 은애恩愛에 고개 숙여 감사 드리며, 내 가슴속에 흥건히 고여 있는 하해 같은 유은遺恩은 이 세상 다할 때까지 끊임없이 내 혼신에 피가 되어 흐를 것이다.

봄비 내리는 오후

봄비가 내리기 시작했다.

가느다란 이슬비가 초록 풀잎을 촉촉이 적시고 있었다. 양옆에 잡풀이 제법 머리를 내민 좁은 들길 한가운데가 눅눅히 젖어왔다.

토요일 오후였다.

봄기운이 한창 무르익은 참 좋은 계절이었다.

마산에서 집에 도착하자마자 뺑 뚫린 하늘이 개기 시작해서 엽총을 는 친구들 쫓아 꿩 사냥을 나섰다. 그런데 야산 밑 옥정玉井 마을에 저녁 연기가 피어오를 무렵까지 사냥은커녕 한 마리 구경도 못 하고, 좀 전에 내린 비로 축축해진 풀덤불에 아랫도리만 적셨다.

옥정마을에는 저녁 연기가 점점 피어올라 초가 오두막집들을 가물가물 파묻고는 산 아랫도리를 자욱이 동이었다. 마치 한 폭의 동양화처럼.

변덕스런 날씨는 어느새 또 구름을 불러들이고 있었다. 먹장구름이 서쪽 하늘부터 가리기 시작하더니 이내 온 하늘로 퍼지고 있었다.

곧 큰비가 내릴 기세라 우린 서둘러 하산을 하기 시작했다. 친구와는 헤어져서 동네 어귀에 이르자 빗방울이 굵어져 집을 향해 마구 뛰었다. 골목길에 들어서 얼마 못 가 부산댁(부산에서 이사 왔다 해서 붙여진 택호) 대문 앞에 이르자 소나기가 후두둑 쏟아지기 시작했다.

부산댁 대문은 활짝 열려 있었고, 나는 대문채에 들어서서 비를 피하고 있었다. 사람이라곤 어디에도 보이지 않아 나는 내려 꽂히는 빗줄기를 바라보며 그저 비가 수그러들기만을 기다렸다.

부산댁은 당 7세의 덕이와 네 살짜리 자야, 그렇게 두 딸을 데리고 연로하지만 정정하신 시어머니를 모시고 살았다.

대문간에 서서 제법 오래 기다려도 비는 누그러들기미는커녕 더욱 세차게 퍼부었다. 그러는 새 인기척이 나서 뒤돌아보니 부산댁이 우산을 받쳐들고 나오고 있었다. 두 아이도 우산 하나를 함께 쓰고 뒤를 따랐다. 순식간에 마당에 고인 물로 신발은 물에 파묻혔다.

"안녕하십니까?"

나의 인사는 퍽 수줍은 말투였다.

우리 집에서 불과 두어 집 건너 있는 부산댁은 우리 어머니와는 담배 농무로, 또 우리 누나와는 말벗으로 가끔 우리 집에 들른 적이 있어 나도 좀은 알고 있었다.

"아이구, 학생이군요. 언제 왔어요?"

그녀는 무척 반가워했다.

"오늘 왔습니다."

나의 대답은 여전히 서먹했다.

"우리 집에 잠깐 들러 비를 피해 가요. 저녁식사도 좀 하고요."

진정어린 말투였다.

"괜찮아요. 옷도 젖었고 하니 뒤에 놀러오겠습니다."

내가 자리를 뜨려하자, 덕이와 자야가 더 극성스레 옷소매에 매달려 들어가자고 졸랐다. 덕이는 내 여동생과 동갑내기로 서로 친한 사이라 하루에도 몇 번씩 동생을 데리고 우리 집에 놀러 왔었기 때문에 허물없이 지내던 터수였다. 특히 자야는 나를 오빠라고 부르며 잘 따랐다. 덕이는 입이 무겁고 무뚝뚝한 편이어서 오빠라고 부르진 않았으나 자야 못잖게 나를 좋아했다. 나도 두 아이를 무척 귀여워했다.

나는 원체 숫기가 없어 세 사람의 지극한 권유에도 불구하고, 솔직히 놀다 갔으면 하는 마음도 없지 않았으나, 짐짓 뿌리쳤다.

"안녕히 계십시오."

나는 겸연쩍은 태도로 공손히 인사를 하고는 달음박질로 그 자리를 빠져 나왔다. 장대같은 비를 맞으면서.

"학생, 학생……."

부산댁이 부르는 소리가 빗속에서도 정다이 귓전을 울렸다.

집에 도착하여 옷을 갈아입고 나자 빗방울이 가늘어지기 시작하더니 이내 그쳤다. 한바탕 소나기였던 모양이었다. 놀에 구름은 타질 않고 먼 산에 붉은 물도 들지는 않았으니 사방은 잠시나마 놀을 알리는 밝음이 비쳤다.

나는 사랑채 앞 작은 화단 가에 내려 섰다.

어느새 화초잎이 제법 자라서 보드라운 이파리가 빗물에 함초로이 젖어 있었다.

한참 동안 서서 조금은 높아진 듯한 허공과 빗물에 얼굴이 씻겨 생기 찬 꽃나무 잎들을 번갈아 바라보니, 그지없는 행복감 같은 것이 가슴속에 스르르 녹아들었다.

작년 초봄 내가 중학교 3학년이었던 어느 일요일 오후의 일이 떠올랐다. 그날은 비온 뒷날이라 따스한 햇살이 초목들의 눈을 틔우려는 듯 눈부시게 맑았다. 나는 호미로 쪼그마한 화단을 손질하고 있었는데 덕이가 살금살금 곁에 다가와서 "앙!" 하며 나를 깜짝 놀래켰다.

"우리 엄마가 꽃나무 한 포기 얻어 오라더라."

덕이가 유난히 큰 눈을 부릅뜨고 내 얼굴을 빤히 치떠보았다. 나는 실하게 생긴 창포와 국화 한 포기씩을 비료포대 종이에 정성껏 싸서 두 손에 쥐어 주면서 슬그머니 떠보았다.

"엄마는 집에서 무얼 하시니?"

"응, 머리가 아프다며 만날 누워 뒹군다. 일도 하기 싫다 하고, 책도 조금 보다가 집어던지고, 우리 엄마는 참 이상해."

아이답지 않은 대답이었다.

왜? 나한테 꽃나무를 얻어 오라 했을까? 정성어린 친절로 비를 피해가라, 저녁을 먹고 가라, 모두가 나에 대한 관심이며, 두터운 호의가 아닌가?

또 그에 못지 않게 내 마음에 와 닿는 느낌이 별다름은 웬 일일까? 사람의 마음이란 기는 대로 오는 것이고, 마음이 마음을 낳는 것이 이치 아닌가. 그렇다면 내가 자야 어머니에 대해 강한 호감을 갖고 있단 말인가? 사람은 누구나 선한 마음씨를 가진 사람에겐 좋은 감정을 느끼게 되는 단순한 그런 이유일까? 풀 길 없는 내 고독처럼 자야 어머니도 외로운 처지라고 짐작해서일까?

생각하는 동안 나는 알 수 없는 행복감 같은 뿌듯함이 느껴져 왔다.

밤이 몰려오면서 비는 그쳤지만 먹장구름이 온 하늘을 뒤덮어서 어디 동전 하나만큼도 바닥을 내뵈지 않았다. 껌껌한 골목길을 더듬으며 자야네 집 대문 앞을 헤아릴 수 없이 서성대다 밤이 이슥해서야 집으로 돌아와 잠자리에 들었다. 그저 그러고 싶은 마음이 나도 모르게 불길처럼 일었다.

자야네는 2년쯤 전에 우리 마을로 이사를 왔다.

자야 어머니는 우리 집에 놀러 오면, 나에 대한 칭찬을 많이 한다는 말을 어머니와 누나를 통해 여러 차례 들은 적이 있었다. 누나에겐 좋은 동생을 두어, 어머니에겐 예절 바르고 착한 아들을 두어 부럽다고 했다는 것이었다. 그래서 실은 나도 자야 어머니께 무량한 동경심과 진득한 호감을 이미 마음 깊숙이 지니고 있던 터수였다.

자야네는 줄곧 부산에서 살다가 남편이 다방 레지와 눈이 맞아 딴 살림을 차리고, 본댁인 자야 어머니에게는 아들을 못 낳는다는 빙자로 논마지기나 사줘서 큰댁이 살고 있는 우리 마을로 떠밀어 보내, 백 리 길이 훨씬 넘는 시골에 묻어 놓은 처지였다.

나는 어느 날 그 사정을 들었을 때, 그런 궁지에 빠져 있는 자야 어머니가 가련하게 여겨졌다. 생경生梗의 경우는 상상도 할 수 없고, 남존여비의 사상이 지배적인 시류에서 간통죄의 법률조차 입법되지 않았던 그 시대의 우리나라 여성은 오직 남성의 소유물에 불과했기 때문이었으리라.

자야 어머니는 외모가 정갈하고 심성이 선하고 고와서 온 마을 사람들로부터 좋은 인상을 받고 있었다. 오랜 도시생활에서도 세상 때가 묻지 않아 질박하고, 부처같이 어진 인상에 호감 가는 순진무구한 사람이었다.

쑥스런 얘기지만 당시 나는 마산고등학교에 갓 입학을 한 착하고 인사성 바르고 효성이 지극한 학생으로 평을 받고 있었다.

고등학교 1학년 나이면 모름지기 동경심도 많고, 환상적인 사랑에 애틋이 마음도 태우고, 희망의 피도 끓어야 한다. 그러나 낭패당한 우리 집 일들이 나를 고독이 응어리진 한낱 애늙은이로 만들어 놓았었다.

청운의 꿈같은 것은 산 너머, 산 너머 가버리고, 내 마음은 언제부턴가 한데 같은 세상에서 싸늘한 공기만을 마시고 있었다.

나에게는 무엇보다 따뜻한 인정이 제일 아쉽고 그리웠다. 양지 바른 가을 밭둑에 외롭게 주저앉아 있는 풀포기에 쬐어 주는 따스한 가을햇살 같은 그런.

즐거웠던 그 여름 방학

그 해 봄이 가고 여름이 성큼 다가왔다. 그리고 여름방학이 되었다. 부산으로 마산으로 뿔뿔이 흩어져 고등학교에 진학한 친구들이 한자리에 모였다. 친구들은 오랜만의 회우라, '앞등'(마을 앞 작은 구릉의 고유명사)에서 이슬을 맞으며 노래와 얘기로 밤을 새우기도 하고, 낙동강에서 멱을 감고, 나룻배를 타고 뱃놀이 삼아 건너 다니기도 하고, 원두막에 드러누워 더위를 피하고, 참외 수박을 먹으며 여름방학을 즐기며 우정을 나눴다.

삼복의 햇볕이 유난히 따가운 어느 날 오후, 같은 또래 친구 대여섯 명이 부산댁 집 앞에서 자야 어머니와 마주치게 되었다. 자야 어머니는 한사코 자기 집에 들러 놀다 가라고 했다. 친구들은 머릿수가 많다 보니 서슴없이 들어갔다. 나도 처음으로 그 집에 들르게 되었다.

자야 어머니는 무척 반가워했다. 먹을 것을 있는 대로 다 내어놓고 권했다. 우리는 흥겹게 노래도 부르고 재미있게 얘기도 하며 놀았다. 해가 기울 녘에야 저녁을 먹고 가라는 간절한 만류를 고맙게 여기며 나왔다. 그저 입에 발린 친절과는 분명 달랐다. 마음속에서 우러나는 진실 어린 친절임을 느끼게 했다. 나는 자야 어머니가 참 좋은 사람이구나 하는 느낌을 받았다.

그 후로 자야 어머니는 됫박을 빌리려, 우리 어머니에겐 담배를 피우러, 우리 누나에겐 마실로 더 자주 우리 집엘 드나들었다. 어느새 나도 아무 거리낌없이 하루 몇 번씩 자야네 집을 드나들었고, 자야네 식구들은 할머니까지 모두 반갑게 맞이해 주었다.

동네 사람들이 의형제를 맺었다고 쑥덕인다는 소리가 들려도 개의치 않을 만큼 허물없이 가까워졌다. 의형제를 삼자는 말을 입에 담아 본 적 없이 남들이 모두 그렇게 인정해버렸고, 둘은 어언 무언의 의義를 굳게 맺고 있었다. 자야 어머니는 '상祥아' 라고 내 이름 끝자만 부르며 친동생같이 만만히 대했으나, 나는 빙충맞기만 하여 마음같이 '누나' 란 말이 얼른 나오질 않았다. 오랫동안 누나란 말을 입밖에 내어보지 못한 채 마음속으로만「의누나」란 말을 이 세상에서 제일 아름답고 가장 소중한 이름으로 가슴속에 깊이 새겨 갔다.

누나가 무척 좋았다. 누나는 걱실걱실한 성격이 아니고, 또 섬세하지도 못하고, 그저 덤덤하나 몹시 곱고 온화한 품성이었다. 나는 그 고운 정을 듬뿍 받으며 그지없이 행복해했다. 외로워 마음 둘 곳 없는 나에게는 무엇보다도 '참정' 이 그리웠던 게다.

누나 역시 겉보기와는 달리 내심은 무척 고독한 처지였다. 두 딸애를 제외한 피붙이, 시가 댁의 사람들, 어쩌면 이 세상에 알고 있는 모든 사람들로부터 멸시당하고 있다고 자괴하고 있는 것 같았다. 그렇게 곧 깊은 아픔과 슬픔을 안고도 아무렇지 않은 듯이 하루하루를 살아가고 있음을 엿볼 수 있었다. 남편을 빼앗긴, 남편에게 배반당한, 한 여자의 울분과 아픔은 헤아릴 수 없이 클 것으로 여겨졌고, 누나의 모든 것, 그것은 바로 나의 모든 것으로 내 심간 깊이 울려왔다.

상처받고 시든 마음과 마음, 그 사이에 오가는 진실무위한 정과정은 기쁨과 행복을 창조해내고 있었다. 누나도, 나도, 즐겁고 기쁜 나날을 보낼 수 있어 참으로 행복했다. 모름지기 인간에게 진정으로 정을 주고받는 것, 그보다 더 순연純然한 행복이 어디 있으랴.

화려한 장미꽃이나 백합꽃보다 이름 모르는 작은 야생화를 더 좋아하는 내 천성이 의누나를 좋아하게 된 연의 끈이 되었을 것이다.

나는 그 동안 한꺼번에 아버지, 할머니, 동생을 여윈 뒤로 된서리 맞은 묵정밭의 이름 없는 한 포기 풀처럼 풀이 죽어 고독과 슬픔이 가슴속에 가득히 똬리를 틀고 있었다. 또 누나는 남편에게 버림받고 몇 번이나 죽으려 했으나 모진 목숨 버리지 못하고 토끼새끼 같은 두 자식을 끌어안고, 이제 이골이 나서 세상 사는 재미를 모르고도 생명을 부지해 가는 가엾고 안쓰러운 사람이었다. 누나는 꽃 같은 나이에 살고 있는 것이 아니라 그저 목숨만 부지하여 하루하루 세월을 접고 있는 처지였다. 이처럼 누나와 나는 같은 세상, 같은 길에서 헤매고 있었던 것이다. 누나와 나의 만남은 바로 유유상종이었다.

나는 누나가 행복하길 진심으로 기원했다. 남의 행복을 진심으로 기원할 수 있다는 것, 그 또한 얼마나 아름다운 일인가. 사람과 사람 사이에 호의와 정의를 베풀 수 있는 행위야말로 세상사는 즐거움이 아니겠는가. 만나면 웃음이 나오고, 기쁨이 솟아나는 대상이 있다면 그보다 더한 행복 또 있으랴.

나는 누나를 만난 후부터「사람의 정」,「인간의 행복」을 알게 되었다. 내 마음 다 주고, 누나의 마음 다 받고 싶었다. 누나의 사랑은 내 고독을 말끔히 씻어 주고, 내 정신 성장에 풋풋한 자양이 되어주었다.

누나가 기뻐함은 바로 나의 기쁨이었다. 나는 어떻게 하면 누나를 기쁘게 해 줄 수 있을까?, 늘 생각했다. 누나에게 기쁨은 순간 순간일 뿐, 남 모르는 아픈 가슴을 안고 집안 살림을 억지로 꾸려 나가며 세월이 얼른 흘러가길 바라는 것만 같아 나를 무척 안타깝게 했다.

나는 틈나는 대로 근동 친구들 집을 찾아다니며 소설책을 빌려 읽곤 해피 엔드로 끝나는 소설 얘기를 주로 많이 들려줬다. 그럴 때마다 누나는 천진난만한 웃음으로 무척 기뻐했다. 그래서 나는 정성을 다하여 얘깃거리를 찾아 누나에게 전했고, 그럴 때마다 누나와 나는 즐겁고 행복했다.

그리고 나는 촌저寸楮를 일기처럼 써 나갔다. 오직 누나가 읽고, 삶에 대한 용기를 얻고 또 기뻐하길 바라는 마음으로.

그중 몇 구절을 여기 옮겨 보겠다.

누님께 드립니다

1.

누님!

제 잡기장 서두에 이런 말이 적혀 있습니다. 이 문구는 제가 성장해 오면서 집안 사정이 어려워 버텨나가기가 너무나 벅찰 때 제가 만든 말입니다.

「내가 불행하다고 여기거든 양다리 없는 사람을 생각하고, 그래도 불행하다고 느끼거든 앞 못 보는 장님을 생각하라.」

좀은 둔세자遁世者의 언설 같기도 하지만 저는 심한 난관에 봉착할 때면 으레 이 구절을 되뇝니다. 제가 처한 환경이 그래도 행복하구나 하는 생각을 갖게 하며, 어려움을 극복하기에 크게 도움이 되고 있는 것 같습니다.

누님, 양다리 없는 사람에게 그의 바람이 무엇인지 물어본다면 어떻게 대답할까요? 분명 그는 오직 양다리만 있으면 이 세상에서 더 이상 아무 것도 바랄 것이 없다 할 것입니다. 앞 못 보는 장님은 두 눈만 뜨면 아무 것도 더 바라지 않겠다고 할 것입니다. 사람의 삶에서 더 이상 바랄 것 없이 만족한다면 그보다 더 행복함이 있겠습니까?

그리고 그들은 아무리 심한 고통이라도 기꺼이 견뎌내고 즐거운 마음으로 이 세상을 살아갈 수 있을 것이라고 대답할 것입니다.

그에 비하면 누님이나 저는 얼마나 행복합니까? 다리가 성해 맘대로 걸어 다닐 수 있으며, 두 눈이 멀쩡해 아름다운 온 세상을 마음껏 볼 수 있으니, 이 세상 만물이 모두 우리 것 아니겠습니까?

해가 뜨고, 달이 뜨고, 하늘이 푸르고, 새가 날고, 꽃이 피고, 바람이 나뭇잎을 흔들고, 냇물이 흐르고, 넓은 바닷물이 파도를 일으키고, 비가 오고, 눈이 내리는 이 세상이 얼마나 아름답습니까? 두 다리를 성큼 성큼 옮겨 놓으면서 두 눈을 크게 뜨고 이 세상을 아름답게 바라보며 즐겁게 살아갑시다.

×년 ×월 ×일

2.

누님!

우리 학교에는 목련이 참 많습니다. 정숙한 여인을 연상케 하는 고결한 기풍의 목련화가 필 때는 온 세상이 밝아집니다. 겨우내 웅크리고 있던 봉오리가 따사로운 봄햇살에 얼굴을 내미는 그 모습이 너무도 신비스럽습니다. 밤알처럼 벌어지는 청아하고 향긋한 목련화는 하나의 창조요, 탄생입니다. 엄동설한을 묵묵히 견디어 내고 자랑스럽게 피어나는 목련화에서 저는 많은 것을 느끼게 됩니다.

목련화가 흐드러지게 핀 목련나무 아래서 이 글을 씁니다.

누님의 삶이 목련꽃이 필 때처럼 맑고 밝은 삶으로 되돌아가길 기원합니다. 지난 봄, 곱디곱고 아름답던 목련 꽃송이가 데친 나물처럼 이울 때는 추연惆然해 보였습니다. 하지만 또 다시 피면서 새롭게 아름다움을 창출해 냅니다. 이와 마찬가지로 해가 져서 밤을 건너 아침이 오고, 한해가 기울어 새해가 오듯, 기쁨 뒤엔 슬픔이, 슬픔 뒤엔 기쁨이 오기 마련이고, 행복도 걸핏하면 불행을 가져오고, 불행은 또다시 행복으로 되돌아오는 것이 인생의 삶이 아닐까요. 이처럼 역경逆境에 일고一苦하고, 순경順境에 일락一樂하는 것이 우리 인생 아니겠습니까. 누님, 참고 견디시면 필시 봄이 오고 목련이 피고 행복이 되찾아 올 것입니다.

×년 ×월 ×일

3.

누님!

오늘도 태양은 찬연燦然한 광휘로 천지를 밝히고 있습니다. 가을을 몇 발자국 앞두고 작열하는 여름을 보내기가 못내 아쉬운가 봐요. 그래서 태양은 저처럼 이글거리나 봅니다.

무학산舞鶴山 학봉鶴峰 중턱에서 바라보는 합포만(지금의 공식 명칭은 마산만)은 참 아름답습니다. 조각조각 깨어진 은빛 작은 파도 위에 수많은 돛단배들이 부지런히 움직이고 있습니다. 아마 갈치 잡는 배들일 것입니다.

저들은 살아남기 위해, 가족을 먹여 살리기 위해, 저처럼 날마다 짠 바닷바람을 쐬며 팔뚝과 얼굴을 구릿빛으로 익히고 있습니다. 산다는 것은 어려운 가운데서도 기쁨이 있고, 보람이 있지요. 자식들이 건강하고 예쁘게 커 가는 보람, 농사가 잘 되고, 고기가 잘 잡히는 기쁨, 이런 것들이 우리들에게 곧 삶의 긍지와 자부심을 느끼게 하는 게 아니겠습니까?

누님. 강철같이 굳건히 살아가세요.

우리 인간은 살기 위해 이 세상에 태어났습니다. 살고 있다는 그 자체만으로도 우린 행복한 것입니다. 더욱이 모진 병 모르고 건강하게 존재한다는 것이 얼마나 다행스런 일입니까?

누님! 더욱 건강하셔야 합니다. 많이 잡수시고 즐거운 마음으로 살아가세요.

평소 잦은 누님의 긴 한숨은 듣기에 참 거북했습니다. 이제 한숨 거두세요. 덕이와 자야 자라는 모습, 화초처럼 예쁘지 않습니까. 섧고 한스런 마음일랑 가는 세월에 남김없이 띄워 보내세요. 좋은 일만 생각하세요. 저는 누님의 가냘픈 처지를 모르는 바 아닙니다만, 고통 없는 삶이 어디 있겠습니까? 자식이 없어 인생을 외로워하는 어머니도 허다합니다.

누님, 두 아이가 없었다고 상상해 보세요. 그 때는 아이 하나만 있으면 남편 없이도 더 바람 없이 살아갈 수 있으리라고 생각하실 것입니다. 만약 아이가 하나뿐이었다면 딸이라도 둘이었다면 외롭잖게 살 살아갈 거라고 여길 것입니다. 누님의 분신이 둘이나 있지 않습니까. 셋이서 오순도순 살아가세요. 그러고 참 여기 동생이 또 한사람 있지 않습니까.

누님! 저 보고 싶지 않습니까? "또 널 만나려면 적어도 보름은 기다려야겠구나." 하셨지요? 기다림 있는 삶이 얼마나 행복합니까? 저도 누님이 보고 싶습니다. 오는 토요일엔 누님 뵈러 가겠습니다. 그때 우리 함께 크게 웃읍시다. "우리는 행복하구나!" 하고요.

×년 ×월 ×일

4.

누님!

오늘도 우리는 살아갑니다. 내일이 있기에 살아갑니다. 우리에게는 무엇인가를 기다리게 하는 내일이 있습니다. 내일은 예단할 수 없기에 기다리면서 살아갑니다.

뿐만 아니라 인간으로 태어나서 죽는 날까지 마땅히 해야 할 일을 다하기 위해, 우리는 내일까지 기어이 살아가야 합니다. 자식을 기르고, 교육하고, 행복하게 자랄 수 있게끔 돌보는 것이 부모 된 자의 책무이고, 도리이며, 생명을 부여받은 사람으로서의 최소한의 할 일이 아니겠습니까?

또 이 세상에 발을 디딘 이상, 생명을 존엄하게 존중하며 살아가야 할 신성한 의무가 있기에 우리는 다가오는 세사에 한편으론 순응하며, 또 한편으론 항거하며 살아갑니다. 산다는 것은 고귀한 권리인 동시에 신성한 의무인 것입니다.

사람은 이 세상을 살아가는 동안 두 치 나아지는 것은 크게 못 느껴도 한 치 어려워짐은 뼈저리게 느낍니다. 그것은 인간이 욕심덩어리이기에 피치 못할 당연지사이긴 하지만, 그러기에 인간은 날이 갈수록 보다 나은 삶을 향유할 수 있는 게 아닐까요. 따라서 사람사람이 겪고 있는 오늘의 고통은 보다 나은 '내일'을 얻기 위한 자임이며, 삶이 걸머져야 할 의당한 짐일 것입니다. 그러기에 고통을 이겨 나가는 사람에겐 반드시 밝은 내일이 기다리고 있다고 생각합니다. 누님의 세상이 언제 그때의 그 시절로 되돌아갈지 아무도 모르는 일입니다. 세상은 요래조래 바뀌기 마련입니다. 희망을 가지고 살아가세요. 하늘은 참된 사람을 함부로 버리지 않습니다.

지금 우리 사회에는 단 한 가지 배곯지만 않으려는 지극히 소박한 바람마저 이루지 못하는 사람들이 수없이 많습니다. 세 끼 밥 먹고, 두 다리 뻗고 잠자고, 입성 걸쳐 입고 평범하게 살아가려는 것은 지극히 당연한 생존의 조건이며, 권리이며, 생명을 유지하기 위한 최소한의 소망이거늘.

6.25전쟁이 휴전하여 포성이 그친 지 겨우 한 돌이 지났습니다. 우리 국민의 대부분이 단 한 가지 의식주 해결에 혼신의 힘을 다 바치고 있습니다. 누님께선 생활에 걱정 없으시니 덕이와 자야 기르는 재미가 행복 아니겠습니까. 부디 기쁜 마음으로 웃으며 살아가십시오. 반드시 누님의 내일에 하늘은 늘 푸르고 태양은 찬란할 것입니다.

×년 ×월 ×일

5.

누님!

오늘은 마산 J교회에 들렀습니다. 그 교회는 부흥회의 일환으로 영험한 치병 안수목사님을 초빙하여 불치의 환자들을 치료하고 있었습니다. 물경 수백 명이 운집하여 교회 마당을 발 디딜 틈 없이 꽉 메우고, 교회 밖까지 인산인해를 이루고 있었습니다. 교당 정문 앞에, 그러니까 사람들이 모여 있는 정면에 임시로 설치돼 있는 널따란 강대상에서 환자들에게 치료안수를 하고 있었습니다. 교회 문안에 들어서지도 못한 저는 볼 수도 없었습니다.

'들것에 들려 온 환자가 안수를 받고 벌떡 일어나 거뜬히 걷고 있습니다.' 라는 소리가 여기저기 나뭇가지에 걸린 대형 스피커를 통해 우렁차게 흘러 나왔습니다. 이에 직접 눈으로 보고서 확인을 했거나 말았거나 상관 않고, 모든 사람들이 힘차게 박수를 쳤습니다.

제가 오늘 부흥회 현수막을 보고 교회를 찾아간 동기는 누님께 신앙을 권유해 보려는 심산이었습니다. 저는 아직 신앙을 모릅니다. 그래서 신앙현장을 확인해 보기 위함이었습니다. 오늘은 그 현장에 접근조차 하지 못했습니다. 앞으로 틈틈이 확인해 보겠습니다.

비록 사회주의자이긴 했어도 마르크스는 '종교는 마약이다.' 고 했습니다. 그는 종교를 악의적으로 마약에 비유했겠지만, 어쨌거나 '마약이다.' 라는 말은 한번 종교에 빠지게 되면 헤어나기가 매우 어렵다는 뜻이겠지요. 그리고 헤어나기 어렵다는 뜻은 만족하고 심취할 수 있다는 의미 아니겠습니까? 즉 초자연적 절대자에 매달리게 되고, 환상적 삶으로 유도된다는 의미일 것입니다.

'우리가 진정으로 행복한 삶을 살 수 있는 것은 무엇에 미쳐 있을 때다. 그것이 악이 아니고 선인 경우에.' 라고 한 톨스토이가 생각납니다. 그렇습니다. 신앙에 광란하거나, 사랑에 열광하거나, 학문이나 예술에 심취하거나, 어딘가에 미쳐 있을 때 더없이 행복하고, 이 세상의 삶이 즐겁고 만족하게 느껴질 것입니다. 어디든 그러한 빠짐의 절대적 대상이 필요하단 말 아니겠습니까?

누님께서는 기독교와는 거리가 멀고, 불교를 선호하고 계신 줄 알고 있습니다. 그런데도 누님께 교회에 나가 보시도록 권유하려는 까닭이 따로 있습니다. 우리나라의 경우 기독교 신자들은 적어도 주일날에는 교회에 꼭 나가고, 왕왕 새벽기도와 철야기도도 행하며, 주마다 구역예배도 한차례 치르고, 11조의 헌금을 하면서 신앙에 깊이 몰입합니다. 반면에 불교도들은 거개가 1년에 절을 찾는 횟수가 기십번에 불과할 것입니다. 그러니 절대자에 몰입할 수가 없겠지요.

근대 기독교의 주류는 대개 자본주의와 행보를 같이해 발전해 왔고, 논리적이고 합리적인 서양인들의 교회 경영기법이 조직적이어서 신도들을 잘 관리하고 통제하고 있기 때문에 신심이 지극하고, 따라서 광신자가 많지 않나 생각됩니다. 반면에 불교는 조직이 미약하고 신도 관리가 전무하다시피 합니다. 한마디로 오거나 말거나 입니다. 그러니 광신자가 나올 리 만무하지요.

누님은 제가 보기에 안타깝게도 인생에 대해 회의와 실의와 절망에 빠져 계신 듯합니다. 차라리 신앙에 푹 빠져 현실을 이겨내심이 좋을 듯싶습니다. 부디 종교에 귀의하셔서 몰아의 경지에 몰입해보소서. 교회에 열심히 나가셔서 의지의 언덕을 얻고, 구원을 받으소서.

×년 ×월 ×일

6.

누님!

사람은 결코 혼자 살아가는 것입니다. 부모에게 가장 소중한 자식도 어릴 때는 엄마의 젖가슴이 제일이고, 자라는 동안은 부모 없이는 못살 것 같이 여기지만, 성장하여 독립적인 존재가 되고 나면 부모 곁을 떠납니다. 뿐만 아니라 처음 만날 때 그렇게도 뜨겁던 부부간의 애정도 식어가서 예사롭게 돼 버리기 마련이며, 귀중한 재산이건, 우람한 명예이건 예외 없이, 인간의 마음을 빈 데 없이 꼭꼭 채워 주진 못하는 것입니다. 때문에 누구나 마음 한 구석에 공허와 고독을 안고 살아가는 것입니다. 결코 인간은 혼자 살아가는 것입니다. 따라서 사람은 예사롭게 살아갈 줄 아는 지혜가 필요하다고 생각합니다.

인생을 대자연의 섭리로 받아들여 내 생명이 자연의 한 조각임을 깊이 인식하고, 자기 자신의 삶을 열렬히 향유해야 합니다. 내가 산다는 것은 나를 위한 삶이기 때문입니다.누님, 부디 올찬 마음으로 이 세상을 건강하고 즐겁게 살아가시옵소서.

×년 ×월 ×일

누나에게 읽게 하겠다며 노트 한 권을 다 채웠다. 그러고도 쑥스러워 누나에게 전하지 못하고 있었다. 그만큼 나는 부끄럼을 잘 타는 촌뜨기였던 것이다.

그러던 어느 날, 누나가 자야를 데리고 우리 집에 놀러왔다. 초저녁에는 이런저런 이야기로 시간을 보내다가 밤이 제법 깊어 어머님은 얘기 도중 잠이 드셨고, 자야도 엄마 무릎을 베고 깊은 잠에 빠졌다. 나는 책상서랍 깊숙이 들어 있는 노트를 꺼내어 누나께 건넸다.

"누님 저의 글입니다. 하찮은 글이나마 한번 읽어봐 주세요."

나는 말끝을 흐렸다.

큰 글자로 표지에 적힌 「누님께 드립니다」란 자구를 보고서 누나는 자못 상기된 표정을 짓고는, 첫 쪽을 찬찬히 읽은 뒤 마지막 장까지 쭉 넘겨보더니 말했다.

"이렇게 많이 썼어, 고맙다. 시간도 없을 텐데."

누나는 빙그레 웃으며 크게 기뻐했다. 그리고 자야를 업고 나섰다.

이튿날 점심 후, 누나는 시루떡 한 양재기를 보자기에 싸서 가져왔다. 내가 특히 떡을 좋아하는 줄 잘 알고 일부러 해 온 것이었다.

"누님 고맙습니다. 잘 먹겠습니다."

"고맙긴, 많이 먹어. 글 너무 잘 썼어. 어젯밤 네 글을 새벽까지 읽었다. 절절이 내 맘에 와 닿더라. 이 세상에 너 같은 동생이 있다는 것만으로도 나는 너무나 행복하다. 상아, 고맙다. 네가 내 곁에 있는 한 이 누나는 이 세상을 굳세게 살아갈 수 있을 것 같다. 두고두고 읽을게. 그럼 내 삶이 전과는 퍽 달라질 거야. 좌우간 너무 고마워."

"누님, 부끄럽습니다."

"아니다. 입에 발린 말이 아니다. 나 이젠 안 죽을 거야. 널 만난 이후부터 죽고 싶은 생각 든 적 없어, 난 네가 정말 고마워."

언젠가 누나는 내게 얘기한 적이 있었다. 요약하면 이랬다.

남편이 몰래 딴살림을 차려놓고, 양복 한 벌 한 벌 옮겨가 없어져 이상하게 여겼더니, 나중에는 쓰다 달다 말 한마디 없이 하룻밤씩 건너뛰어 귀가하다 얼마 안 가 아주 집을 나가버렸다.

어처구니없는 충격으로 며칠 밤을 한숨으로 지새우고, 식음을 전폐하여 몸을 가누지 못하다가, 그 울분을 억제할 길 없어 땅거미가 질 무렵 택시를 잡아타고 영도다리로 가서 난간에 목숨을 매달았다. 아무렇지도 않은 듯 푸르기만 한 하늘을 원망하듯 바라보며 하염없이 눈물을 쏟아냈다. 거센 파도 위에 떨어지는 눈물 방울은 너무나 작았다. 망망대해가 한 인간의 생명을 삼키기란 고래가 새우 잡아먹기보다 더 하찮을 것 같아 더욱 서글펐다. 지난 세상 일들이 한낱 꿈결처럼 뇌리를 스쳤다. 남편에게 버림받은 여자가 무슨 면목으로 살겠는가. 내가 택할 길은 죽음밖에 없다, 하고 앞몸을 굽혀 떨어지려는 순간 아이들의 울음소리가 귀가 찢어지는 듯 크게 들려 왔다. 몸을 일으키니 정신이 어찔하였다. 아이들의 울부짖는 얼굴이 다가왔다.

맑은 정신이 돌아왔다. '내 아이들은 어떻게…….' 하고 집으로 돌아오니, 정말 아이들의 울음소리가 집이 터져라 쨍쨍 울렸다. 어린것들을 달래고 나서 냉수 한 그릇을 들이키곤 심화를 가라앉히느라 꼬빡 뜬눈으로 밤을 새웠다. 그래서 나온 말이었다.

"내가 이 동네에 이사 와서 얼마 안 되어 너에 대한 얘길 들었다. 내가 자주 접촉하게 된 사람은 이장 부인이었다. 그 분은 속심이 깊은 사람인데, 어쩌다 네 얘기가 나오자 입에 침이 마르도록 네 칭찬을 하는 거야. 인사성이 밝고, 착실하고, 효성이 지극하고, 품행이 방정한 나무랄 데 없는 모범 학생이라고. 그 뒤부터 나는 나도 모르게 너에 대해 관심을 갖게 되었어. 보면 볼수록, 시간이 가면 갈수록 정말로 참한 학생이다 싶었어.

그런데 말이야, 내 주제에 엉뚱하게 내게도 너 같은 동생이 있었으면 얼마나 좋을까 하는 생각이 들었단다. 사실 나는 사는 척하고 살아왔지만 사는 게 아니었어. 두 아이 철 들고나면 죽으려고 작정을 하고 있었단다. 그런데 너를 만난 이후로 나는 다시 태어났다 덕이 자야 자식 둘에 너같이 훌륭한 동생 하나면 나는 행복한 사람이지 뭐."

본래 말을 아끼는 편인 누나는 그날 따라 할 말을 술술 다 털어놓았다. 내 마음은 참으로 기뻤다. 너무나도 행복했다.

"누님, 별 말씀을 다 하십니다. 부끄럽습니다."

"들은 그대로고, 사실 그대로야."

"저도 그랬습니다. 누님 얘기만 들어도 가슴이 부풀었습니다. 누님을 흠모했습니다. 누님이 한없이 안쓰러웠어요. 그리고 누님의 세계가 무척 궁금했습니다. 이제 누님을 다 알았습니다. '슬픔은 나누면 반으로 준다.' 고 했지만 절절히 나누면 행복이 되나 봐요. 저는 누님을 만난 이후로 이 세상에서 제일 행복한 소년이 되었습니다. 누님께 감사 드립니다."

나도 그날따라 놀랍게 발랄했다.

"이제 네가 걱정 안 해도 웃으며 즐겁게 살아갈 수 있을 것 같아. 모두가 네 덕택이다. 상아, 우리 웃으며 즐겁게 살아가자."

"누님, 저도 그럴 수 있을 것 같아요. 누님이 계시는 한 이 세상에서 어느 누구보다 제일 행복한 소년이 될게요."

그 해 여름방학도 집안 일로 무척 힘들었지만 내 생애에 가장 행복한 나날로 채워졌다.

나는 여름방학 때는 아침 일찍 일어나 소에게 풀 뜯기고, 오전에는 두엄풀 한 바지게 하고, 오후에는 다시 소에게 풀 뜯기며 꼴 한 망태 베는 일이 가장 가벼운 일이었다.

논 맬 때는 소는 강둑에, 밭 맬 때는 가까운 강가의 풀밭에 긴 고삐줄로 말뚝에 매어 놓고, 어머니와 영길(朴永吉: 작은 일꾼)이와 함께 하루 종일 엎드려 흙을 주무르고, 땅을 후볐다. 두 벌 논을 맬 때부터는 억센 나락잎이 얼굴을 빨갛게 되도록 쑤셨다. 얼굴엔 상처가 나고 온몸은 땀에 흠씬 젖었다. 겉옷까지 물에 담근 듯 흠뻑 젖어 늘어졌다.

영길이가 당차고 부지런해서 집안 일을 잘 추스러 나갔지만, 아버지 생전에 사랑 받고 그런 대로 호강하시던 어머니께서 막일을 하시지 않을 수 없었다. 그것이 안쓰럽고 서러웠을 뿐, 나는 충분히 참고 견뎌 낼 수가 있었다.

낙동강변의 대국밀밭 이랑에서 김을 맬 때는 빈 주전자 하나 들고 와서 강물을 떠다 놓고 마셔가며 팥죽 같은 땀을 쏟아 내렸다. 칠팔월의 불같은 뙤약볕에 삼베 윗도리가 푹 젖고, 밀짚모자 덮은 머리에서 땀방울이 타내려 눈이 따갑고, 코끝에서는 물방울이 쉴새없이 뚝뚝 흘러 내렸다. 그런 때일수록 밭이랑은 길기만 했다.

그런데도 밤늦도록 누나와 나누는 얘기에 피로는 씻은 듯 가셨고, 즐겁고 행복한 마음은 방안을 가득 메우고도 남았다.

휴학

2학년 과정을 간신히 마치고 대학 진학자금을 벌 목적으로 휴학을 했다. 그저 막연한 생각에서가 아니라 나름대로 계획을 짜고 휴학을 했던 것이다.

나는 마산고등학교의 선배이시고, 당시 마산고등학교 영어 선생이신 김진정金鎭理 선생님과 무척 가깝게 지냈다. 그 연고를 말하자면 내가 고등학교에 입학하여 얼마 안 되었을 때였다.

6.25 사변으로 본교사는 제36 육군병원으로 수용되고, 우리 학생들은 학교 뒤편의 평평한 산자락에 판잣집을 지어 콜타르를 까맣게 칠해서 임시교사로 쓰고 있었다.

초여름 어느 토요일 기차 시간을 기다리며 통학생들끼리 배구공으로 토스를 한껏 하고는 몸을 식히기 위해 그늘을 찾아 가까운 교실로 뛰어 들었다.

마침 연장수업으로 G.C(Grammar & Composition) 시험이 끝나고 시험지를 모으고 있는 2학년 교실이었다. 나는 빈 교실인 줄로 알고 쑥 들어섰다가 민망하기도 했으나 수업이 끝나 더러는 자리에서 나서고 있어 그냥 서 있었다. 그때 선생님은 문 앞 책상 위에 시험지를 받아 모으고 계셨다. 선생님과 마주 선 나는 얼른 경례를 하고는 시험지를 몇 줄 읽어보았다. 언뜻 보기에 그리 어렵잖은 것 같았다.

"선생님, 시험문제가 너무 쉽네요."

나는 불쑥 말했다. 아직 수업이 덜 끝난 2학년 상급반에 뛰어든 겸연慊然스러움을 닥뜨려서 넘기려는 심산에서 나온 방언放言이었다.

학년마다 배지Badge의 색깔이 달랐는데 빨간 배지만으로 내가 1학년임을 드러내고 있었다.

"그래? 그럼 네 한번 해봐라."

선생님은 시험지 한 장을 주셨다.

선생님이 시험지를 거두어 정리하시는 동안 나는 제법 답안지를 메웠다. 선다형選多型과 O, X문제라 그럴 수가 있었다. 기실 문제도 그리 어려운 편은 아니었다. 그랬더니 선생님은 자못 기꺼워하시는 안색을 띄고 말씀하셨다.

"너 영어 잘하네."

그리고는 내 명찰을 자세히 들여다보시었다.

그 뒤 김 선생님에게 G, C를 배우게 되어 가까워졌다.

토요일에도 통학 기차시간이 평일과 같기 때문에 토요일 오후에는 주로 배구나 평행봉, 철봉 등 운동을 하며 기다렸다. 그런 어느 날, 김 선생님께서 내게 평행봉을 가르쳐 달라고 하셨다. 며칠을 두고 배우시더니 제법 하실 수 있게 되었고, 그 바람에 선생님과 나는 더욱 가까워졌다.

이런 일도 있었다. 어느 날 수업시간에 창가에 앉은 나는 창밖을 내다보았다. 마침 김 선생님이 혼자서 평행봉을 하고 계셨다. 몇 차례 후리振り를 하더니 뚝 떨어지셨다. 깜짝 놀란 나는 자리를 살짝 빠져나와 달려갔다. 인중 가까운 입술에서 피가 흐르고 있었다. 선생님 몇 분이 나오시고 소사가 불려왔다. 이내 택시가 달려왔다.

"동병원으로 얼른 모셔가."

어느 선생님이 큰 소리로 소사더러 지시하셨다. 나도 같이 가고 싶었으나 수업 중이라 그럴 수가 없었다.

그날, 수업이 끝나자 나는 병원으로 쏜살같이 달려갔다.

선생님은 병상에 누워 계셨다.

"선생님 어떠세요?"

"괜찮아, 그런데 많이 놀란 것 같아."

한 손엔 링거액 주사가 꽂혀 있고, 다른 한 손으로 내 손을 잡고는 고맙다며 눈시울을 붉히셨다. 훗날 안 일이지만 선생님도 참 외로우신 분이었다.

이래저래 선생님과 나는 가까운 사이가 되었고, 휴학을 하게 된 동기도 선생님의 영향이 컸다.

선생님은 어머님을 부양해 가며 중학(당시 6년제)은 물론 대학까지 고학으로 마치셨다. 그런 선생님은 내게 선망의 대상이었다.

2학년 말이 다가 올 무렵, 파랗던 내 꿈을 송두리째 그냥 저버리기엔 너무 억울하다는 생각이 마음속 깊이 요동치기 시작했다. 우리 집 형편으론 대학정문 구경하기도 어렵겠고, 어떻게 하던 자력으로 진학해야 하겠기에 온갖 궁리를 다 해봤으나 좀체 길이 보이지 않았다. 그러던 중 김 선생님이 미군 부대에서 시간 통역을 하신다는 사실을 알게 되었다. 그래서 미군 부대에 체커checker로 취직할 수 있도록 도움을 청하기로 작정했다.

미군 부대는 월급이 많아 체커로 들어가 1년만 벌면 대학에 진학할 충분한 자금이 될 것으로 생각되었다.

어느 날 퇴근 무렵, 선생님의 집을 알아놓기 위해서 뒤를 밟았다.

선생님은 책 한 권을 겨드랑이에 끼고 큰길까지 걸어 내려와 무학서점 옆의 찻집에 들리시더니 20여 분만에 나와 시내방향으로 걷기 시작하셨다. 나는 알맞은 거리를 두고 뒤를 따랐다.

선생님의 자택은 오동동에 있었고, 아주 작은 고옥이었다. 좁은 마당 한 쪽에는 자그마한 계사가 있고, 닭 몇 십 마리가 와글거렸다. 선생님이 방에 드신 후 그 닭장을 한참 바라보며 생각했다.

'고등학교 선생님에, 미군 부대 통역관, 그리고 양계사. 어쩌면 그리 열심히 살아가실 수 있을까? 어쩌면 그처럼 유능하실까? 어쩌면 그리도 강한 생활력을 가지셨을까?' 모두가 부러웠다.

선생님 댁을 알아놓은 그 다음 날, 선생님 집 앞에 미리 가서 퇴근길을 지키고 있었다.

한참 후 선생님은 역시 겨드랑이에 책 한 권을 끼고 나타나셨다. 그리고 나를 보자 깜짝 놀라셨다.

"네가 여기 어쩐 일이야?"

"선생님께 부탁이 있어 왔습니다."

"그런데 우리 집을 어떻게 알고 왔어?"

"어제 선생님 퇴근길을 뒤따라 알아두었습니다."

"그래? 우선 집에 들어가자."

"예"

나는 선생님의 뒤를 따랐다.

어제 본 계사에서는 백색의 레그혼들이 꼬꼬댁거리고 있었다. 방안에는 선생님의 어머님이 재봉틀 앞에 앉아 뭔가를 꿰매고 계셨는데, 이쁘장한 얼굴이 매우 해맑고, 자그마한 체구에 무척 정갈해 보이셨다. 나는 큰절을 올렸다.

잠시 후 선생님은 웃옷만 벗고 나와 단둘이 마주 앉으셨다.

"그래, 무슨 부탁인데?"

"선생님 어려운 부탁을 드리게 되어 죄송합니다. 선생님께서 신마산 미군부대 인사과에서 시간 통역을 하신다는 얘길 들었습니다."

"응, 그래. 그런데?"

"몇 년 전 저희 집안이 큰 가화로 많은 빚을 져 제가 대학에 진학할 형편이 못 됩니다. 그래서 그러는데 저를 미군부대 체커로 좀 넣어 주세요. 제가 휴학을 하여 체커로 취직할 수만 있다면 진학할 준비가 될 것 같습니다.?

"그래, 알았어. 모르긴 하지만 그리 어렵잖을 거야."

선생님은 시원스레 대답하셨다.

잠시 후 나는 기차 시간이 다 되어 가 봐야겠다고 말씀드리고 문밖으로 나섰다.

선생님의 집을 나서자 날고 싶은 기분이었다. '체커로 취직하면 월급도 많고, 영어회화도 배울 기회가 되고 일거양득이 아닌가!' 하는 생각에.

아무래도 통학 기차 시간에 늦을 것 같아 선생님 집에서 가까운 오동동 다릿목으로 나갔다. 주머니 사정이 어렵기도 했지만 그 당시 학생들 중에는 오르막길에서 기다리다가 지나가는 트럭에 쏜살같이 뛰어올라 타 버스비를 아끼는 사람들이 많았다. 나도 언제나 그랬던 적이 있었다. 트럭을 기다리며 그리 멀지 않은 합포 바다를 바라보니 수많은 돛단배가 마치 생명의 활기처럼 와글거리고, 저녁노을은 아름다운 정경을 유감 없이 바다에 뿌리고 있었다.

며칠 후, 약속대로 휴학증을 쥐고 교무실로 김 선생님을 찾아갔다. 미군 부대 인사과로 같이 가시겠다던 선생님은 그 해 3월 서울대학교 문리대 정치학과를 졸업(재학 중 교편을 잡은 재사였다.)했기 때문에 바로 입대 영장이 나와 그 일을 수습하느라 직접 가시진 못하고 편지를 써 주시면서 신마산 우체국 건물 2층 미군 부대 인사과장에게 가보라고 하셨다. 그리 어렵잖을 거라고 하시면서.

다소 서운한 마음을 추스르며 편지를 받아 쥐고 곧바로 갔다. 노크를 하고 들어서서 인사과장님을 뵈러 왔다고 했더니, 맨 안쪽에 자리한 인사과장이 소파에 앉으라고 했다. 공손히 인사를 드리고 가져간 편지를 내밀었다.

"김진정 선생님 소개로 왔습니다."

그분은 편지를 쭉 훑어 내려갔다.

"학생, 참 안됐구먼, 김 선생님의 부탁이라면 별 어려움 없는 일인데 안타깝게 됐네 그려."

"무슨 말씀이십니까?"

나는 상기된 얼굴로 바싹 다가앉았다.

"학생, 이건 군사 기밀인데, 한 달쯤 지나면 부대가 인천으로 이동을 하네."

"그럼 제가 인천으로 가면 되지 않겠습니까?"

나는 인사과장의 말이 끝나기 무섭게 애원조로 매달렸다.

"그건 규정상 안돼. 미군부대가 이동을 할 때는 현재 마산에서 고용한 민간인은 일절 그만두게 하고 인천에서 6개월 이상 거주한 현지 주민을 신규로 채용하게 된다네. 휴학을 해놓고 참 걱정이겠네만 어쩔 도리가 없네. 김 선생님한테도 자세한 얘길 하겠지만, 우선 안타깝게 생각하네. 딴 직장을 구해 보게나."

인사과장은 참 인정 있게 걱정까지 해 주었다.

"알겠습니다. 감사합니다."

발길을 돌리는 나는 조금 전의 내가 아니었다. 찢어지게 쇳소리를 내는 목멘 기적소리가 어려운 세상살이를 한탄하는 소리만 같았다. 우체국 건물을 나와 나무벤치에 앉았다. 하늘빛이 노랬다.

'나는 어디로 가야하나? 나는 어떻게 해야 하나?'

일순간에 내 운명은 엇갈리었다.

차선의 길을 찾기로 하고, 우선 김 선생님께 그 결과를 알려드리기 위해 학교로 발길을 옮겼으나 올 때와는 너무나 달리 발걸음이 무거웠다. 선생님은 입대 영장문제로 아직껏 출타 중이셨다.

학교 뒤쪽 무학산 학봉 계곡으로 올라가 옹당이 물속에 밑둥치를 박고 있는 꽤 큼직한 바위 위에 걸터앉았다.

계곡에는 맑은 물이 콸콸 흘러내리고 있었다. 무겁고 어두운 잡념을 하염없이 물 위에 띄워 보냈다.

'저 물은 흘러 흘러 바다로 유입될 것이다. 그리고는 광활한 바닷물에 동화될 것이다. 동화란 둘 이상의 서로 다른 것이 닮아 하나로 된다는 뜻이 아닌가. 그래서 바닷물은 깊고 광활하지만 하나인 것이다. 하나라는 사회학적 의의는 상통이요, 무차별이요, 통일이요, 평화이다. 바닷물이 서로 부딪고, 깨어지고, 우렁찬 소리를 내는 것은 다툼이 아니라 자연의 움직임이요, 자연의 소리요, 화평의 대화다.'

한참 후에 산등성이를 오르내리며 시내 쪽을 내려다보았다.

'작은 건물들이 키재기라도 하듯 옹기종기 모여 있다. 거리에는 사람들이 분주히 오가고 있다. 나도 저 사람들 틈에 끼여 바삐 나다니고 싶다. 저 사람들은 분명 일이 있어 바삐 나다닐 것이다. 나도 바쁜 일로 쫓아다니고 싶다. 이 개울물이 바닷물에 동화되듯 나도 저기 저 사람들과 동화되고 싶다. 한 사회인으로서 당당히 저 거리를 활보하고 싶다…….'

하염없는 상념에 빠져 얼마나 있었는지 기인 산그늘이 가슴에 와 닿았다.

그 이튿날, 학교로 김 선생님을 뵈러 갔다. 자세한 말씀을 드렸더니 선생님은 큰 걱정을 하시면서 당신 얘길 하셨다.

선생님은 마산중학교 5학년을 마치고 휴학을 하여 완월국민학교에서 1년 가까이 교편생활을 하면서 시간을 쪼개어 책장사를 했다고 하셨다. 학교, 동 · 면사무소, 수리조합 등 여러 기관을 찾아다니며 잡지 상사를 하여 꽤 많은 돈을 벌었다면서 돈을 대줄 테니 책장사를 해보라고 하셨다.

"말씀은 고맙습니다만 요즈음은 하루가 다르게 세상 인심이 야박해진 데다 가짜 고학생도 많아 세상 인심이 전 같잖아 어려울 것 같습니다. 다른 길을 한번 찾아보겠습니다. 선생님, 애써 주시고 걱정해

주셔서 대단히 감사합니다."

나는 무거운 마음으로 물러섰다.

내 재주로 김 선생님의 행적을 뒤따르기엔 족탈미급足脫未及임을 잘 알고 있기 때문이었다.

선생님은 창원국민학교를 수석으로 졸업하고 도지사상을 수상했으며, 중학 1학년 성적이 탁월하게 우수하여 구중회 교장선생님의 주선으로 3학년으로 월반을 하고도 5학년을 마칠 때까지 줄곧 전교 수석을 하셨다고 들었다. 5학년을 마치고 휴학을 했다가 이듬해 복학하여 2,3개월 다니다가 자퇴하고 검정고시로 서울대학교 문리대 정치학과에 진학한 걸립傑立한 준재다. 그리고 대학 1학년 때에 마산서중학교에 영어선생이 되었으며, 4학년이 되자 곧 바로 마산고등학교에 영어교사로 교단에 섰다. 그는 아마 서울대학이 생긴 이래 등록금 내고 시험만 치른 전무후무의 유일한 학생이 아니었을까? 급우들에게 부탁하여 출석카드를 메우기도 하고, 수단과 방법을 가리지 않으면서 겨우 2,3개월 간의 출석으로 시험만 치르고 대학 4년을 무사히 졸업했다니, 상상을 초월하는 경탄할 만한 일이라 아니할 수 없다. 물론 시대적 상황도 한 몫 거들었겠지만 어디까지나 김 선생님의 천재성의 소이일 것이다.

"용기 잃지 말고 열심히 노력해 봐라."

선생님은 하시며 문밖까지 배웅해 주셨다.

되돌아서는 내 발길은 천야만야한 절벽으로 떨어지는 듯 암울하기만 했다.

흐트러진 심체를 가다듬어 내친김에 다른 일자리를 구하기로 했다.

바로 중앙동에 있는 마산일보사(경남신문의 전신)로 갔다. 휴학중을 제시하며 대학 진학금을 마련하기 위해 취직을 부탁하려고 왔다고 청을 드렸더니, 월급이 7,000환이었던가?, 한데도 지금은 자리가 없다고 했다. 된다해도 신문사 일은 기차 통근이 불가능하기 때문에 마산에서 하숙을 해야 하는데, 방 하나에 너덧 명 묵는 최하급 하숙비가 월 7,000환 정도였기 때문에 더 생각할 필요가 없었다.

그 이튿날 바로 부산으로 향했다. 대도시인 부산이 직장 구하기도 쉬울 것이고, 임금도 나을 것으로 생각됐기 때문이었다.

부산에 도착했어도 얼른 발걸음을 옮겨 놓을 만한 곳이 없었다. 역시 학생들에게 취업이 쉬울 것으로 여겨지는 신문사를 찾기로 했다.

먼저 남포동에 있는 국제신문사를 찾았다. 같은 부탁을 했더니 월급이 8,000환인데 지금은 자리가 없고 자리가 나면 연락을 해줄 테니 연락처를 적어 달라고 했다.

당시 부산의 최저 단체 하숙비가 8,000환 정도였던 것 같다. 몸 부칠 곳도 없는 부산에서 된다 해도 그 돈 받아서는 공염불이 될 수밖에 없었다. 그래서 건축공사장을 찾아 막노동을 하려 했으나 나이가 어리다며 받아 주질 않았다. 하는 수 없이 발길을 돌려 공장을 찾았다. 공장 임금 역시 마찬가지였으며 일자리 얻기도 하늘의 별 따기였다. 그래서 기숙사가 있는 공장을 찾아 때로는 먼 친척집을 찾고, 때로는 역 대합실 의자에 앉아 자기도 하며 단배를 곯리면서 보름이 넘게 돌아다녔으나 끝내 구하지 못하고 절망과 허탈 상태에 빠지고 말았다.

오가는 열차는 화장실에 숨어서 승무원의 눈을 피해 무임승차를 했으며, 길거리에서 파는 국화빵, 우동 등 싸구려 먹거리로 하루 한두 끼로 때우고도 돈이 떨어져 더 이상 버틸 수가 없었다.

꽃 같은 그 나이, 화려한 장밋빛 꿈일랑 부산 앞 바다에 띄워 보내고 계궁역진計窮力盡하여 지칠대로 지친 몸뚱어리를 끌고 집으로 돌아왔다.

그간에 어머니의 심정은 어떠했을까? 행방불명이 된 자식에 대한 어머니의 애간장은 얼마나 탔을까? 전혀 헤아리지 못한 건 아니지만 어머니를 대하게 되자 할말을 잃고, 한량없는 죄스러움에 고개를 푹 늘어뜨렸다.

고향마을에 돌아와서

탁발한 재간이 없는 나로서는 도시의 일터를 포기하고, 고향 촌락으로 돌아올 수밖에 없었다.

대학 진학을 한갓 꿈으로 돌리고 초연히 살아가고 싶었다. 그러나 현실은 그것조차 용납하지 않았다. 논매기 밭매기 하고, 두엄 풀 베고, 꼴 베며 소 풀 뜯기는 일이 거부할 수 없는 내 일과가 되었다. 내 신분은 순식간에 학생에서 농군으로 바뀌고 말았던 것이다.

'곧 봄이 다가온다. 농사일이 시작될 것이다. 밭 갈고 씨앗을 뿌려야 한다. 소는 털을 갈고, 새 풀을 먹여야 한다. 씨암탉은 병아리를 까서 양지 바른 울타리 밑에서 모이를 쪼아 먹일 것이다.'

이것이 시골에 살며 새봄을 맞는 소년인 나의 계절감이었다.

농촌 생활은 소설에 담으면 참 아름다워 내 삶을 파묻고 싶은 이상향이 될 수 있다. 그래서 도회 생활의 염증을 전원생활로 풀어내는 테마 소설이 그림처럼 아름답다. 그러나 그 실상은 그와는 너무나 거리가 멀다. 때문에 내 인생을 농촌에 묻어 두고 내 삶을 널어 펼치기엔 이미 나는 한계를 느끼고 있었다. 막상 농촌 생활에 부닥치면 어렵고 힘들기 이를 데 없다. 당시의 빈한한 농촌생활의 환경은 미개한 삶에서 몇 발자국 못 벗어난 처지였다.

더운 햇살에 만물이 소생하게 되면서 나는 농군살이에 익숙해져 갔다. 낮에는 농군이 되고, 밤이면 글방 선생 노릇을 했다. 나는 고등학교에 진학하고부터 우리 사랑방과 조붓한 마루를 활용해서 글방을 만들었다.

우리 부락은 백 세대가 채 못 되었는데, 전답이 모두 척박해서 소출이 적어 다른 부락에 비해 더 어렵게 사는 처지였다. 그래서 국민학교도 못 가는 아이들이 상당히 많았다. 나는 그를 안타깝게 여겨 그들에게 글을 가르칠 궁리를 했던 것이다.

칠판은 판자를 사다 내 손으로 짜 만들고, 백묵은 마산고등학교 서무과에 사정을 얘기하여 얼마든지 공짜로 얻어 쓸 수가 있어 학생들에게는 한 푼도 부담을 지우지 않을 수가 있었다. 내가 학교에 가 있는 동안에는 우리 지방 대산大山 중, 고등학생들의 도움을 받아 가르치고, 내가 집에 오는 날이나 방학 때는 직접 가르쳤다. 휴학을 하고부터는 학생수가 많아져서 1, 2부로 나눠, 1부는 나이 어린 사람, 2부는 나이 든 사람으로 구분해서 가르쳤다.

또 한편으로는 '송죽향우회松竹鄕友會'란 독서모임을 만들어서 회원은 불과 일여덟 명밖에 안되었지만 월 회비 약간씩을 거두어 잡지, 소설 등을 사서 회독回讀 하기도 했다.

저녁마다 누나는 자야를 데리고 놀러 왔으며, 야학이 끝나면 대개 어머니와 자야는 잠이 들고, 누나는 나를 기다렸다. 낮에는 틈이 나는 대로 서로 오가며 도란도란 담소를 나누고, 또 밤마다는 오붓한 정담에 아쉽게 밤이 깊어 가곤 했다.

나는 어릴 적부터 유별스레 꽃을 좋아하여 목이 가느다란 유리병에다 과목이나 들에 핀 작은 꽃을 꽂아 놓곤 했었다. 누나의 집 꽃병에도 꽃을 꽂아 주고 싶었으나 그럴 만한 꽃이 귀했다. 머잖은 곳에 야산이 하나 있었으나 민둥산으로 꽃꽂이에 쓸만한 꽃은 없었다. 우리 마을 주변에는 봄의 전령인 진달래, 개나리꽃 한 송이 볼 수 없었으며, 철쭉, 조팝나무, 산수유, 목련 한 그루 없는 삭막한 야촌野村이었다. 그때 나의 고향 마을은 그처럼 정서가 메말라 있었다.

야산이고 어디고 퇴비감으로 쓰기 위해 풀이 돋아나기 바쁘게 낫으로 베고, 심지어 밀낫으로 풀뿌리마저 미는 통에 여름이 되어도 풀이 제대로 자랄 겨를이 없어 야생화를 구경하기조차 힘들었다. 그래서 틈틈이 '장대미고개' 너머 야산에까지 가서 야생 꽃을 꺾어다가 누나 집 꽃병에다 꽂아 주곤 했고, 그럴 때마다 누나는 무척 기뻐해서 참 좋았다.

늘 깊은 생각에 잠긴 듯 표정 없고 웃음기 잃은 얼굴을 하고 있던 누나도, 실기失氣한 마음으로 한량없이 방황하던 나도, 언제부터인가 투명한 고독과 고독이 합쳐지면서 꽃병에 꽂힌 꽃처럼 새록새록 행복이 꽃 피고 있었다.

그 해 가을이 시작되면서부터는 옥정玉井 마을 뒷산 나지막한 산모롱이에 들국화를 꺾으러 다녔다.

거기에 서서 고개만 돌리면 푸른빛으로 느릿느릿 흐르는 낙동강이 보였다.

'저 강물을 흘러 보내면서 나는 자라왔다. 여름날 물장구치며 즐기던 강물이다. 오늘 예서 바라보니 더더욱 아름다워 보인다.'

뜬구름 같은 세월이 강물을 따라 흐르고 있었다. 주위에는 여기저기 키 작은 들국화가 가을볕에 함초롬히 젖어 있고.

들국화를 한 줌씩 꺾어다가 누나 집 안방 책상 위의 꽃병에 꽂아 주면 누나는 무척 좋아했다. 누나는 꽃 중에 들국화를 가장 좋아한다고 했다. 어지간한 된서리에도 꿋꿋이 서 있는 들국화가 마치 사람의 생명처럼 질긴 것 같기도 하고, 꿋꿋한 인간상을 보는 것 같아 좋다고 했다.

"나는 이제 아들이 없어도 조금도 부러울 게 없다. 네가 내 동생이고 아들인데 뭐."

하며 기뻐하는 누나의 얼굴에서 나는 무한한 행복감을 느낄 수가 있었다. 봄부터 가을까지 누나와 나는 그처럼 행복한 나날을 보냈다. '의누나' 란 낱말이 말할 수 없이 고귀하고 아름답게 느껴졌다.

타인으로부터 사랑을 받는다는 것은 행복한 일이다. 더구나 참되고 고운 마음씨를 가진 사람으로부터 사랑을 받는다는 것은 더없이 행복한 일이다.

타인을 진실로 손경하거나 사랑한다는 것은 큰 행복과 아름다움을 창조하는 일이다. 누나는 동생을, 동생은 누나를 지성껏 사랑함으로써 그지없이 아름답고 행복한 나날이 누나와 나를 지켜주었다.

그 해 가을이 저물어 가니 나는 유난히 아쉬웠다. 며칠 간 계속된 된서리에 들국화가 고개를 떨구고, 어떤 것은 채 피기도 전에 추저분한 빛깔을 띠고 시들어 가는 것을 보고 나는 여간 안타까운 게 아니었다.

나는 그전부터 유별스레 가을을 좋아했다. 해마다 조락의 가을을 슬퍼하기까지 했지만, 그 해는 더더욱 그러했다. 누나에게 꽃을 안겨줄 수 없기 때문이었다.

강변과 들에는 곡식이 다 거둬져 황량한 흙빛 들판에는 강 건너 북쪽에서 불어오는 세찬 바람으로 점점 겨울이 채워져 가고 있었다.

그래도 그 해 가을은 참으로 아름다웠다. 가을은 정든 사람 떠나보내는 나루터처럼 쓸쓸히 물러갔음에도.

내 인생에 가장 소중한 선물

복학을 두어 달 남짓 남겨놓은 그 무렵, 추위가 한창 기승을 부리고 있었다.

밤이 깊어가고 있었다. 어머니는 긴 담뱃대를 손에 쥔 채 곤히 잠이 드시고, 자야는 역시 엄마의 무릎 위에서 깊은 잠에 빠졌다. 벽시계는 자정 가까이에서 부지런히 추를 흔들고 있었고, 누나는 피우던 권연을 재떨이에 비볐다.

"상아, 지난 한 해는 너 덕택에 정말 즐겁게 보냈다. 나는 이제 우울증도 다 가셨고, 아프던 머리도 멀쩡히 다 나았다. 너한테 진심으로 고맙게 생각한다. 내가 하는 이 말은 아마 너도 이해 못할 거야. 하늘이나 알는지……."

"누님, 무슨 과한 말씀을 하세요. 제가 해드린 게 뭐가 있다구……."

나는 무척 쑥스러웠다.

"네게 긴히 할말이 있다."

누나는 전에 없던 엄숙한 표정으로 말을 이어갔다.

"너 대학 공부하는데 힘이 되어 줄 테니 열심히 공부해라. 너 대학 입학에 쓰려고 10만 환짜리 계契 하나 들었는데 곧 탈 거다. 그리고 네게 학비 보태어 주겠다고 생각한 것에 대해 조금도 부담스럽게 생각지 마라. 네가 매사에 지나치게 결백해서 하는 소리다. 그저 누나가 동생에게 도움 조금 준다고 생각하면 그만이다. 단지 지금의 이 정이 변함 없길 바랄 뿐이다."

누나의 낮고 중후한 목소리에 깊은 밤은 더욱 엄숙하고 고요했다.

나는 상기된 채 한참동안 말문이 막혔다. 휴학의 뜻이 무의미해져 고립무의孤立無依 해야 할 한 해가 누나의 포근한 인정으로 서럽기는 커녕 즐겁고, 행복스레 넘길 수가 있어 한없이 고마웠는데……, 대학 진학 자금까지 준비해 놨다니 너무나 놀라운 일이었다.

"누님 감사합니다만 너무 무리한 일이 아닐까요. 그리고 한편으로 순수한 정의에 티가 될까봐 두렵습니다."

나는 긴장을 다독거리느라 애를 썼다.

"조금도 부담스레 여기지 마라. 내 정이니까. 그리고 재봉질을 해서라도 네가 공부할 수 있도록 해주마."

"누님, 저는 저희 집안 형편이 워낙 어려워져서 대학을 포기 한 지 오랩니다. 누님께 누를 끼치고 싶지 않습니다. 말씀만 들어도 대학 간 거나 진배 없습니다. 누님께 그런 신세를 지는 것은 저의 도리가 아닙니다. 누님의 어깨에 버거운 짐을 지울 수는 없습니다. 지금까지 누님께 받아온 사랑과 순수한 정보다 더 값진 것은 저에게는 없습니다. 누님, 말씀만 들어도 분복에 넘치는 은혜를 입은 것입니다. 더는 거론하지 않는 것이 좋겠습니다."

"이제 내 소원은 너를 대학 공부시키는 거다. 너같이 좋은 사람을 대학에 진학시켜 공부할 수 있게 해준다면 그 이상 보람 있는 일이 또 있겠니. 그리 알고 더 이상 얘기하지 말자."

누나의 얘기는 아주 단정적이었으며, 목화송이처럼 부드럽고 잔잔한 웃음에 희색이 만면했다.

나는 무슨 말을 해야 좋을지 어리둥절했다. 천만 뜻밖의 일이라 너무나 당황했으며, 황홀한 감격에 얼굴이 화끈 화끈 달아올랐다.

아무래도 그렇게 되는 일은 내 성격에도 맞지 않고, 또 바람직한 일이 못 되겠기에 진심 어린 말로 사정을 했다.

"누님, 아무래도 사양하는 것이 옳겠습니다. 누님께도 너무 벅찬 일일 뿐 아니라 사람 간의 정의에 돈 문제가 개재되는 것은 좋지 않다는 게 제 생각입니다. 누님의 고마우신 뜻만으로도 저는 대학을 졸업한 것 못지 않게 만족스럽고 행복합니다."

이에 누나의 태도는 단호했다.

"아니다. 이것은 나의 염원이며, 나의 꿈이며, 내 삶의 으뜸가는 보람이 될 것이다. 이 일만은 나에게 양보하고 맡겨다오."

누나의 의지가 하도 단정적이어서, 나는 더 이상 주워댈 뒷말을 찾지 못하고, 놀랍고 고마운 생삭에 북묵부답으로 고개를 떨궜다. 그 것이 무언의 화답이 된 셈이었을까?

수십 년 세월이 흘렀어도 내 인생에 있어 가장 귀중한 선물로 기억되고 있다. 아직도 누나에 대한 사모의 정으로 남아 누나의 온정을 더욱 간절히 기리게 한다.

누나와의 첫 나들이

복학할 4월이 코앞에 다가오고 있었다.

밤늦도록 누나가 와서 놀다 자리에서 일어서며 말했다.

"상아, 내일 오전에 무슨 바쁜 일 있니? 없으면 나하고 어디 좀 같이 가자."

누나는 정색을 했다.

"없습니다. 가지요."

나는 예사롭게 대답했지만 처음 있는 일이라 좀은 얼떨떨했다.

"열 시까지 우리 집으로 오너라. 집안일 다 치워놓고 기다릴게."

누나도 특별한 감정 표현 없이 예사롭게 말했다.

"예, 그리하겠습니다."

나는 한마디 묻지 않고 대답했지만 속으론 여간 궁금하지 않았다.

누나가 나와 함께 버젓이 나들이를 해본 적이 없었는데 태연하게 나들이를 하자니, 어딜 가자는 걸까? 무슨 일일까? 이래저래 궁금하기도 하고 기쁘기도 했다.

아침을 먹고는 외출복으로 따로 입을 만한 옷이 없어 학생복을 입고 누나 댁에 갔다. 누나는 설거지와 청소를 끝내고 머리까지 감고 옅은 화장을 하고 있었다.

누나는 얼굴이 해맑아서 별로 화장을 하지 않았는데도 시골에서 사는 사람 같지 않고 매우 고왔다. 군청색 바탕에 드문드문 흰 꽃무늬진 한복이 너무나 잘 어울린다 싶었다. 연분홍 바탕에 가느다란 진보라 무늬 파라솔을 들고 한 손에는 핸드백을 들고 대문을 나서는 누나의 소담스런 모습이 참 자랑스러웠다.

마침 따사한 봄 날씨는 구름조각을 머언 산 너머로 밀쳐버렸는지 하늘은 씻은 듯 맑고, 온 세상 만물은 화사하고 명징한 빛을 띠고 있었다. 동구 밖을 나오자 누나는 내 옆에 다가서며 파라솔을 내 머리 위에 걸쳐 씌웠다.

"상아, 오늘 날씨 참 좋지? 너와 함께 나들이 해보는 게 오늘이 처음이지인데 너무 즐겁구나! 이 세상에서 어느 누구 한 사람, 내 마음을 진심으로 다독거려 주는 사람이 없었는데, 네가 나를 구해 냈다. 겉보기엔 멀쩡한 척해도 내심 날마다 한숨만 쉬고 삶에 대한 의욕을 잃고 아무런 사는 재미라곤 모르고 지냈는데, 네가 내 동생이다 하고 생각하고부터는 난 새 생명을 얻었어. 너한테 정말 고맙게 생각한다. 앞으로는 동네 사람이건 우리 시가댁 사람이건 눈치 볼 것 없다. 동생과 누나가 함께 다니는 게 무슨 죄야. 시골 사람들 참 별꼴이야. 의형제를 정했다는 둥 남의 일에 별 새 날아가는 소리 다하고 앉았으니 말이다. 앞으론 그런 소리에 조금도 개의치 말자."

누나는 평소와는 전혀 다른 다부진 모습을 보였다.

"누님, 그래도 저는 누님의 큰집 사람들 보기에 민망해요. 큰집 작은집 간의 정의를 뺏은 기분이에요."

"그런 소리 말아라. 여자는 남편의 눈에서 벗어나면 시가 댁 강아지도 미워하는 법이다. 그런 생각일랑 눈곱만큼도 할 필요 없다."

그전까지 유약하기만 하던 누나의 새로운 면모에 깜짝 놀랐다.

이런 저런 얘기로 어느덧 산남山南 뒷산의 절 앞에 거의 다다랐다.

누나는 제법 큰 바위 앞에 이르자 좀 쉬어 가자고 했다.

"손수건이라도 내어 깔고 앉거라."

"괜찮아요. 비 온 지 며칠 안 되어 그런지 바윗돌이 깨끗하네요." 나는 누나와 마주 앉았다.

"우리 얘기 실컷 좀 하고 가자. 오늘은 내가 살아온 얘기 좀 들려주고 싶다. 내 속이 좀 후련하게."

"……."

"우리 부부는 일본에서 만났다. 그 뒤 한국에 건너와 부산에 정착해 살면서 온갖 고생 말할 수 없이 했단다. 천치 같은 내가 길가에 앉아 담배까치, 삶은 고구마 장사를 해가며 끼니를 이어온 적도 있었다.

자야 아빠는 태생이 험한 일은 굶어 죽어도 하기 싫어하고, 만날 쉽게 논 벌 궁리나 하러 다녔지. 그러다가 오랜 고생 끝에 미군 부대에서 흘러나오는 공구를 사서 가게에 대주는 브로커상을 하게 되었어. 차츰 돈을 모아 가게를 갖게 되어 큰 부자는 못돼도 상당한 돈을 모으게 됐단다. 그새 덕이와 자야가 태어나게 되었고."

나는 귀를 쫑긋 세워 듣고만 있었다.

"그런데 주머니에 돈깨나 붙으니 단골 다방 레지와 눈이 맞아 딴살림을 차려 살더구나. 내가 아들을 못 낳은 것을 구실로 나를 큰댁이 있는 이곳으로 농사거리나 사줘서 쫓은 거야. 그래, 아들을 못 낳았으니 내 탓으로 돌리고 살아왔지. 그러나 나는 죽지 못해 사는 목숨이었다. 여식아 둘만 아니었다면 나는 벌써 이 세상 사람이 아니었을 것이다. 한번은 이런 적도 있었다. 내가 부산에 살 땐데 모처럼 자야 아빠한테서 나더러 시골에 같이 좀 가자는 연락이 왔었다. 나는 동정적인 배려 같아 그다지 마음이 내키지 않았으나, 연약한 것이 여자의 마음인지라 달갑잖은 생각은 잠시뿐 그나마 생각해주는 것이 느꺼웠던지 그 무겁던 마음이 한결 가벼워지는 것 같았다. 그래서 마음에 드는 옷을 골라 입고 찾아갔는데, 그 집 앞 도로에서 작은댁을 만나게 됐다. 나를 보자 서슬이 시퍼레 가지고 괜히 트집을 잡고 시비를 거는 거야. 그래도 나는 기력도 없고, 지보다 나이도 훨씬 많고 해서 심장이 찢어지는 듯 분하고 아팠으나 참고 있었다. 그런데 내가 자야 아빠에게 자기를 두고 나를 데리고 시골에 가도록 종용했다며 무작정 이년 저년 하며 내 머리를 잡아채어 나는 별 반항도 못해 보고 머리채를 잡힌 채 길가에 쓰러져 버렸어. 그 때 마침 자야 아빠가 집에서 나오다 그 꼴을 목격하고는, 내 머리채를 휘어잡고 있는 작은마누라는 그냥 두고 나를 하수로에 구둣발로 사정없이 차 밀어 넣어버린 거야.

나는 정신이 아뜩하여 한참 누워있다 동네 사람들의 부축으로 정신을 차려 신발을 주워 끼고 택시에 얹혀 집으로 돌아와 몇 날을 앓아 누워 있는데 도저히 분이 삭질 않았다. 후유!"

누나는 각골통한의 긴 한숨을 내쉬면서 순간적이나마 가슴 가득 품었던 분함을 지우고는 웃음을 띠었다. 그리고는 잠시 말이 멎었다.

"……상아, 담배 한 대 피워야겠다."

누나는 핸드백에서 담배를 꺼내어 물고 불을 댕겼다. 내뿜는 담배 연기가 청회색 빛깔을 띠고 꼬불꼬불 봄 하늘 높이 솟아 올라갔다.

잠시 후 다시 얘기가 계속되었다.

"배신감과 모욕감, 그리고 분노……, 어느 누구에게도 내 아픈 울분을 하소연하고 삭일 데가 없었다. 하늘을 보고, 달을 보고, 별을 보고 끝없는 울음을 터뜨려도 서러움이 가시질 않더라. 며칠 간을 가슴에 대못을 박는 듯한 아픔으로 헤매다가 이슥한 밤에 또 영도다리로 갔다. 죽음만이 통한을 풀 수 있으리라 판단한 것이었다. 영도다리 난간을 끌어안고 간신히 몸을 부축한 채 잠시 멈춰 있었다. 바로 그 때였다. 바다 물이 육중한 몸뚱이를 뒤흔들며 일으키는 파도 속으로 나를 부르며 까무러치게 우는 두 아이의 얼굴이 나타났다. 한 발을 들고 난간을 잡은 손에 온 힘을 다해 윗몸을 구부려 몸을 내 아이들이 있는 물속으로 던지려는 순간, 내 아이들은 집에 있다는 생각이 퍼뜩 떠올랐다. 순간 몸을 돌이켜 미친 듯이 집을 향해 뛰었다. 집까진 아득했다. 할 수없이 택시를 잡아탔다. 아이들이 엄마를 찾아 길거리로 뛰쳐나오지 않았나 싶어 걱정되었다. 잠시 후 집안에 들어서니 온몸이 땀에 푹 젖어 있었다. 전깃불이 밝혀져 있고 아이들은 목이 찢어져라 울고 있었다. 아이들을 꼭 껴안고 소리 없는 눈물을 빗물처럼 쏟아냈다. 아이들은 느낌이 이상했는지 울음을 뚝 그치고 잠시 내 얼굴을 멀뚱멀뚱 쳐다보다가 내가 서러워하는 기색을 알아채고는 다시 울음을 터뜨렸다. 타월로 눈물을 닦아내고, 아이들을 달랬다. 내가 만약 바다에 몸을 던졌더라면 아이들은 어찌 됐을까 하고 상상하니, 가슴이 섬뜩했다. 쓰라린 마음을 다독거리느라 아이들이 잠이 들 때까지 넋없이 퍼대고 앉아 있다가 몸을 대충 씻고 드러누웠으나 잠이 오질 않더라. 그래서 그날 밤도 꼬빡 뜬눈으로 새워야 했다. 상아 미안하다. 이 얘기 너한테 처음으로 한다. 속이 좀 후련해지는 것 같구나."

어이없는 얘기에 나는 정신이 아찔했다.

휴우! 하고 된 한숨이 터져 나왔을 뿐 말문이 닫혀 한참 마음을 다독거린 후에야 누나에게 위로의 말을 할 수가 있었다.

"누님, 용기 내세요. 아이들이 있잖아요. 크면 엄마의 한을 다 풀어 줄 거예요. 저도 누님의 훌륭한 동생이 될게요."

"상아, 고맙다. 그러니 내가 무슨 살맛이 났겠냐? 나는 사는 게 아니라 그저 존재해 왔던 거야. 그러나 널 만난 후부터 달라졌어."

"누님, 천만의 말씀입니다. 저는 누님께 해 드린 게 아무 것도 없습니다. 저도 대학 진학을 못한다고 생각하니 꿈 없는 소년이 되고 말았는데, 누님을 만나게 되어 세상 모든 것을 새롭게 바라보게 되었습니다. 이제 저는 이 세상에서 제일 행복한 소년입니다. 누님, 정말 고맙게 생각합니다."

그 시절 지극히 가난한 사람들이 사는 우리 땅, 돈냥이나 있다고 우쭐하는 남자들이 휘두르는 횡포에 연약한 한 여인의 인생쯤은 한 마리 버러지처럼 으깨져도 아무 탈 없었다. 여자는 자기 인생을 송두리째 앗기고도 가슴속에 못을 박고 살아 갈 수밖에 없는 것이 당시 우리 사회의 윤리 기준에 그리 어긋남이 없는 보편적 사회현상이었다.

누나가 너무 가련하게 여겨졌다.

"모처럼의 나들인데 네게 바윗돌이라도 지운 것 같구나, 미안해. 지금부터 재미있는 시간 갖자."

누나는 핸드백에서 손목시계를 꺼내어 내 손목에 채워 줬다.

“너 왼 손목에 예쁜 시계가 끼워져 있어야 할 텐데 하고 늘 마음먹고 있었는데, 누가 부산 가는 길에 팔아달라고 해서 네게 주려고 내가 샀다. 중고시계라 미안하긴 하지만 누나고 동생이란 징표로 삼자.”

누나는 만면에 웃음을 함빡 머금었다.

스위스제 그랜디아Grandia인데 모양새가 참 예뻤다. 나는 난생 처음으로 차보는 시계인지라 좋으면서도 얼떨떨했다. 주는 것 없이 받기만 하는 격이 되어 기쁜 마음보다 부담스런 기분이 앞섰다.

“누님, 지금 제가 시계 찰 처지가 됩니까? 그냥 넣어 두십시오.”

“별것 아닌 것 갖고……. 그리고 네 처지가 어떻다고 그런 말을 하니? 그러지 말고 차고 다녀. 괜찮아.”

“누님, 정말 감사합니다.”

정중히 인사하고 받을 수밖에 없었다.

“상아, 이제 일어나 절에 들러 참배를 하고 가자!”

“예, 그러시지요.”

나는 누나를 따라 일어섰다.

얼마 안 가 절에 닿았다. 요사채가 없는 흔한 인법당因法堂과는 달리 집채가 반듯하게 크고 기와로 잘 덮여있어 제법 사찰다워 보였다.

산벚나무에는 활짝 핀 꽃이 많이 달려 있고, 아직 더러 꽃부리가 혀를 뾰주룩이 내밀고 있는 경내는 시골집 마당같이 좁아도 수목들이 빽빽이 뻥 둘러싸고 있고, 물기가 팽팽한 가지에서는 연두색 아기 잎이 훈훈한 바람을 쐬며 봄기운을 한껏 북돋우고 있었다.

비 온 뒷날처럼 맑은 날씨는 드높은 하늘을 코발트색으로 칠했고, 연초록 풀잎이 훈훈한 바람을 일으키고 있는 산기슭은 이미 봄이 제자리를 잡고 있었다. 눈부시게 맑은 햇살이 누나와 나의 이마에 와 닿았다. 무척 따사롭게 느껴졌다.

불상 앞에 들어선 누나는 불전함에 불전을 넣었다. 누나와 나는 배례하고 한참동안 합장 기도했다. 누나는 무슨 기도를 했는지 모르겠으나 나는 이렇게 기도했다.

"부처님이시여. 저의 누나를 구원해 주시옵소서. 인생을 아름답고 행복하게 만드는 것은 사랑이라고 믿습니다. 빼앗긴 사랑과 가정을 누나에게 되돌려 주시옵소서. 이 세상을 견뎌내기 벅찬 가련한 저의 누나를 부디부디 권고眷顧해 주시옵소서."

잠시 후 누나와 나는 절을 나와 왔던 길로 해서 집으로 돌아 왔다.

나는 시계를 거듭 거듭 들여다보며 누나에게 감사했다. 그 때 가 1956년 초봄이니까 6.25사변 직후여서 시골에서 손목시계를 찬 사람을 보기도 드물던 때라 아무리 중고시계(말이 중고시계지 새 시계와 다름없었다.)라지만 나에게는 지나치게 큰 선물이었다. 이 시계는 단지 하나의 물체가 아니라, 누나의 사랑이 밴 의義의 결정체라고 생각하니 더더욱 고맙고 소중하게 여겨졌다. 그러나 누나의 안쓰러운 얘기는 선善을 삼키는 악惡을 볼 때처럼 전율과 분노를 불러 일으켰다.

동서 혼란문화가 지배하고 있는 세태, 아직 남존여비의 강경한 유교적 가치관의 사회 풍토 위에 자본주의 풍랑에 밀려온 황금만능주의 풍조가 원망스럽기만 했다.

복학을 하다

복학을 며칠 앞둔 늦은 밤이었다. 누나는 주홍색에 흰 꽃무늬가 듬성듬성 그려진 포플린 이불 한 채를 이고 왔다. 감을 사다가 손수 지었다며 복학하면 자취생활에 사용하라고 했다. 그리고 이불 보자기 속에서 참고서《대학입시정해大學入試正解》를 끄집어내어 주면서 열심히 공부하라고 격려해 주었다. 너무나 고마웠다. 거기에는 누나의 지극한 정성이 담겼고, 따뜻한 사랑이 배었기에 뜨거운 눈물이 왈칵 쏟아질 것만 같았다.

그 후부터 태양은 나날이 희망차게 솟았고, 저무는 날이 아쉽기만 했다. 하늘은 드높았으며 세상 만물이 한없이 아름답고 생기에 넘쳤다. 꿈은 결코 고독한 소년을 내버리지 않았던 것이다.

삼월을 갓 넘긴 사월은 봄빛이 짙어 온 세상이 따사로웠고, 녹은 땅을 비집고 새 생명들이 솟아 나오는가 하면, 나무 가지에는 연두색 이파리가 녹색으로 진해지고 있었다. 바야흐로 내 가슴 깊은 곳에서도 파아란 희망의 새싹이 돋아나 조금씩 자라가고 있었다. 그 해 봄은 그처럼 참 아름다웠다.

한편 나는 하나뿐인 여동생이 가정형편이 어려워 국민학교에도 다니지 못하는 것을 늘 가엾게 여겨 왔는데, 나의 복학을 앞두고 입학을 시켜야겠다고 마음먹었다. 그래서 어머니께 사정했다.

"어머님, 정시正是를 학교에 보내도록 하시지요. 어려우시지만 학교에 보내야 합니다. 올해를 놓치면 정시는 영원히 학교에 갈 수가 없습니다."

어머니께서는 한마디로 자르셨다.

"밥을 굶어서라도 가시나 공부시키자는 말이가?"

"어머님, 국민학교는 큰돈 안 듭니다."

하고 대답은 했으나 한편 송구스런 생각이 들었다.

1952년 4월 1일부터 국민학교가 의무교육이 되어 학비야 별것 아니겠지만, 작은 일손이나마 일손 하나가 줄어드는 것이 어머니에게는 예사로운 일이 아니기 때문이었다. 여동생은 나이에 비해 앉은일이건 선일이건 당차게 잘했기에 더욱 그랬다.

"큰돈이고 작은돈이고 밀 같잖은 소리 듣기도 싫다. 나이가 몇 살인데 학교라니. 뚱딴지같은 소리 작작해라."

어머니는 언짢아하시며 자리를 뜨셨다. 어머니 말씀은 무리가 아니었다. 그 당시 우리 집 형편은 빚이 재산을 넘칠 지경이었다. 나는 어머니와의 타협은 불가능하다고 생각했으나 그렇다고 아버지 없이 자란 불쌍한 것이 국민학교도 못 간다면 안되겠다 싶어 내 나름대로 꼭 학교에 보내야겠다고 단단히 마음을 굳혔다.

그 길로 철상文澈祥 형을 찾아가서 그가 입던 쓰메에리つめえり 학생복을 얻어왔다. 내 옷이 입학 때 산 옷이라 해어진 것은 뒷문제고 너무 작아서 못 입게 되어, 새 옷 살 돈을 어머니에게서 받아 놨던 터라 그 돈으로 여동생을 입학시킬 요량으로 어머니 몰래 동생을 데리고 일동국민학교로 갔다. 어머니껜 크게 불효한 행위이지만 동생의 일생이 좌우되는 중요한 일이기에 부득이 했다. 교장선생님을 찾아가 내가 1회 졸업생이라고 인사드리곤 동생이 형편이 어려워 입학을 못했으며, 내가 운영하는 야학에서 3년 간 배워서 나이에 맞춰 4학년에 입학시킬 실력이 되니 그렇게 해 달라고 사정해서 별무리 없이 입학하게 되었다. 그렇게 해서 덕이와 한 반에 들게 되어 동생은 더욱 기뻐했고, 덕이도 맞장구를 쳤다.

그뒤, 어머니에게 호되게 야단을 맞았으나 동생을 학교에 보내게 되어 한없이 흐뭇했다.

철상 형의 옷을 입으니 품은 맞았으나 길이가 좀 짧고, 특히 소매가 너무 짧아 얻어 입은 티가 났다. 그러나 그렇게라도 해서 동생을 학교에 보내게 되어 여간 보람차지 않았다.

1956년 4월, 복학하여 판잣집 작은 방 하나를 얻어 두 사람이 함께 자취를 했다.

아침 네 시 반에 일어나야만 독일어 강습소에 나가 아침 공부를 하고, 아침밥은 번개같이 먹고도 학교시간에 간신히 맞출 수가 있었다.

학교 수업이 끝나면 밤 12시 반까지 입시공부를 해야 했다. 쌀이 쪼금 섞인 보리밥에 반찬이라곤 멸치젓갈과 된장, 김치가 고작이었다.

거의 1년 동안 포기했던 공부는 아무리 다부지고 야멸친 마음을 먹어도 무척 힘겨웠다. 한 달이 못 가서 누나가 사준 책에 코에서 피가 주르르 흘러내리더니 사흘이 멀다 하고 쏟아졌다.

결국 3개 월만에 몸이 너무나 지치고 머리가 터질 듯 아파 생후 처음으로 병원을 찾았다. 영양실조와 위하수, 그리고 과로가 진찰 결과였다. 절대 휴식을 요한다고 의사는 경고했다.

그러나 위하수는 죽을 병이 아니고, 영양실조니 과로니 하는 것은 모면할 길이 없거니와 결연한 내 의지로 이겨내야만 했다. 단지 당분간 저녁에 30분 일찍 자는 것으로 대처했다.

학과목도 내가 목표한 대학 진학에 필요한 과목만 공부하기로 하고 그 외의 과목은 일절 무시하기로 작정했다. 모질고 독한 마음으로 단시일에 우선 독일어부터 시험 준비를 끝내고, 한 과목씩 집중적으로 공부를 해 나갔다. 나중에 다시 한번씩 되풀이할 요량을 하고.

토요일 마지막 시간이었다.

체육시간에 축구를 하고 있었다.

학교 정문 앞에 여자 두 분이 서 있었다. 얼른 보기에도 그중 한 분이 누나임에 틀림없어 보였다. 얼마나 반가웠던지 공을 차다 말고 그대로 달려갔다. 역시 누나와 누나의 집안 질부 되는 분으로 이미 알고 있는 분이었다.

"누님, 오셨어요. 안녕하세요?"

깍듯이 인사를 했다.

"질부하고 같이 부산 갔다가 네가 이번 주에 집에 갈 것 같아 함께 가려고 찾아왔다."

"반갑습니다. 찾아주셔서 감사합니다."

하고 옆의 부인을 바라보며 다시 한번 인사했다.

"누님, 선생님께 말씀드리고 옷 갈아입고 바로 올게요."

나는 쏜살같이 달려가 선생님께 승낙을 받고 셋은 내 자취방에서 짐을 챙겨 버스터미널로 갔다. 버스 시간은 아직 좀 남아 있었다.

축구하다 넘어져 손가락 두어 군데 다친 데서 피가 조금씩 배어 나왔다. 종이로 닦고 닦아도 지혈이 되질 않았다. 그런데 누나의 질부되는 분이 뒤돌아 서서 이빨로 자기 속옷을 찢어 내 손가락을 매어주는 것이었다.

어찌할 바를 몰랐다. 고맙고 송구스럽고 크게 감동했다.

"옷을 찢으시면 어떡합니까. 죄송합니다. 곧 지혈이 될 텐데, 그렇게까지 하시다니요."

나는 심히 멋쩍어 했다.

"손가락을 그렇게 많이 다쳤는데 옷이 문제예요. 옷이야 기우면 되지요."

그녀는 넉넉한 웃음을 띠었다.

"내가 약국에라도 데리고 가서 치료를 받게 할 걸 깜박했구나."

누나는 질부의 하는 양이 기특했는지 함박웃음을 웃었다.

누나의 질부라는 아주머니는 한참 젊은 세월에 구태여 맵시낸 티 없이, 한복차림에 비녀를 꽂고 있어 정통 시골 아줌마 같았으나 어딘가 색다른 사람임에 틀림없으리라 여겨졌다.

잠시 후 부산행 버스에 올랐다. 우리 집엘 가자면 진영에서 밀양행을 바꿔 타고 수산교(낙동강다리) 건너기 전에 내려서 마장 길을 걸어가야 했다.

그날 밤 아주머니는 우리 집에서 어머니와 같이 잤다. 누나 댁엔 할머님이 만만찮아 그러는 것 같았다.

예견대로 보통 사람이 넘었다. 겉으로는 세련되지 못한 촌뜨기로 보였으나, 보기와는 달랐다. 신문(당시는 한자를 많이 혼용했음)을 술술 내려 훑고, 주판도 잘 놓았다. 또 방을 드나들 때는 반드시 뒷걸음으로 나가는 예의범절로 보아 양갓집 부인이구나 싶었다. 그처럼 규범閨範을 지킬 줄 아는 아주머니께 진심 어린 존경심이 갔다.

그 전 날, 마산에서 집에 가는 버스를 기다리는 사이, 나는 화장실에 가는 척하고는 모퉁이의 악세사리 파는 손수레 가게로 가서 그 중 값나가고 예쁘다 싶은 브로치 한 개를 샀다. 누나가 학교까지 나를 찾아준 고마움에 조그마한 표시라도 해야겠다 싶어서 였다.

집에 도착한 익일, 나는 아무도 모르게 누나에게 주었다.

"누님, 이 브로치는 누님이 저의 학교를 찾아주신 고마움의 표시입니다. 보잘것없지만 기념으로 받으세요."

누나는 큰 황소라도 받는 양 기쁨을 감추지 못했다.

그 후로 누나는 그 브로치를 사철 옷섶에 꽂고 다녔다.

또 월요일에 학교에 가자마자 내 고교시절의 아름다운 추억을 오래오래 소중히 간직코자 '마산고등학교' 라고 내려 써 붙인 간판 옆에 흰 헝겊이 매인 손가락을 대고 사진을 찍어 두었다. 아름답고 행복한 시절의 많은 얘기들을 담아두고 싶었던 것이다.

나중에 들은 바에 의하면 그 아주머니는 조혼을 하여 보따리장수로써 남편이 중학(6년제)공부하는 데 내조를 했다고 했다. 그런데 그녀의 남편 되는 이가 보통고시를 거쳐 법무부로 임명을 받아 서울에 거주하게 되면서 서울의 현대 여성과 짝을 지어 딴 살림을 하고 있고, 아주머니는 시부모 모시고 자식 남매를 기르고 있다는 것이었다. 어쩌면 그처럼 누나와 엇비슷한 운명을 타고났을까 싶었다.

여기에서 한 가지 견해를 꼭 피력해 두고 싶다. 주로 여성에게 그 정도가 심한 것 같다. 물론 경제력이 남자에게 집중돼 있는 탓일 것이다. 남자가 개명을 하면 할수록 성욕이 노골화되는 것은 동물적 속성을 신장하려는 데 기인한다 할 것이다. 상대적으로 여성은 부귀영화를 위해서는 몸을 천하게 취급하는 일은 예사이고, 인생마저 팔아 넘기는 일도 주저하지 않는 사람이 많다. 이런 현상은 문명인일수록 인간성이 피폐해져 순수성에 취약하며, 현대 문명 생활이 과다한 물질적 풍요를 요구하는 까닭으로 해서, 욕구 충족의 목적 때문에 정동情動적 긴장감이 높아지기 때문이 아닐까 하는 생각이 든다. 그러나 욕구 충족을 위해 '영혼'마저 팔아먹는 여자들이 많은 것은 참으로 슬프고 안타까운 일이라 아니할 수 없다.

그 해 봄이었다. 토요일에 양식을 가지러 왔더니 누나와 그 아주머니가 우리 집에 와 있었다.

이튿날 오전 일찍 누나가 오더니 내게 상의할 일이 있다고 해서 작은방으로 들어갔다.

"상아, 오늘 너 대학 진학에 쓰려고 든 곗돈 10만 환을 타는데 질부한테 이자 놓자. 돈을 그냥 놀리느니 이자 놓으면 보탬이 안 되겠나?"

"누님 생각대로 하세요."

대답은 했으나 입학금 얘기가 나오면 몸이 움츠러들어 몸에 맞지 않는 큰 옷을 입은 것처럼 어색했다. 그 전에도 누나는 몇 번인가 용돈을 주려했으나 나는 돈만은 절대 받질 않았다. 누나와 나 사이의 정에 돈의 때가 묻는 것이 싫어서였다. 그렇던 내가 대학 진학자금이란 거액에는 딱부러지게 내치지 못하고 누나에게 끌리어 묵연默然하는 꼴이 되었으니 더욱 그랬다. 아무리 훗날 그 대가를 수십 배 치르겠노라고 마음 다짐을 굳게 했어도 당장의 심정은 그럴 수밖에 없었다.

셋은 곧 상리上里 마을 계주契主한테 갔다.

누나는 곗돈 10만 환을 타서는 질부인 그 아주머니께 대여해 주면서 나더러 차용증서를 대필하라고 했다. 나는 시키는 대로 차용증을 썼다.

한편, 나는 내 나름대로 한 가지 결심을 했다. '내가 대학을 가든 못 가든, 내가 결혼하고, 덕이와 자야가 출가하면 어머님과 함께 누나를 내가 부모처럼 잘 모시겠노라.' 고.

정은 오는 것만큼은 가야 하고, 은혜는 반드시 받은 것보다 더 많이 갚아야 한다는 게 내 인성의 진실한 바탕이었다.

곗돈을 떼이다

가을이 되어 추수하느라 부산할 때면 낙동강 둔치에는 땅콩이 떡잎부터 누런 빛깔로 말라들기 시작한다. 땅콩은 여름에 홍수가 나도 뽑혀 떠내려가지도 않고, 물이 빠지고 빗물에 흙옷이 씻겨 깨끗해지면 수일 간의 자맥질한 고생은 거뜬히 벗어난다.

가을날에 쉼 없이 흐르는 강물을 바라보며, 친구들과 고운 모래사장에 퍼대고 앉아 날땅콩을 까먹으며 즐기던 일은 잊을 수 없는 추억의 하나다. 맑고 푸른 내 소년시절의 꿈이 영그는 데는 낙동강과 잔디둑과 원두막과 참외 수박과 은모래 밭과 땅콩이 항상 더불어 있었다.

그 땅콩이 거두워져 가마니에 담기고, 강바람이 몹시도 거세고 차가워지던 그 무렵, 땅콩으로 인해 누나와 나에게 커다란 비운의 싹이 트고 있었으나 당시 우리 두 사람은 그것을 전혀 예견하지 못하고 있었다.

겨울이 성큼 다가서는 토요일이었다.

집에 오니 어머니께서 걱정스런 얼굴로 말씀하셨다.

"얘야, 부산댁이 큰일났다. 길곡에 산다는 그 질부 되는 이한테 10만 환을 이자 놓았는데, 그이가 장사한답시고 땅콩 한 트럭을 싣고 부산으로 팔러 샛강의 다리를 건너다가 다리가 내려앉아 땅콩은 모두 물에 떠내려가고, 짊어진 빚을 갚을 길이 없어 자살하려고 독약을 먹었는데 지체 않고 병원에 옮겨져서 생명은 건졌다더라. 그런데 자야 애비 되는 사람이 부산댁에게 그 돈으로 널 대학공부 시키려고 빼돌렸다고 뒤집어씌우고는, 자기는 발을 끊고 생활 보조금도 전혀 대주지 않기로 했단다. 또 도장(곳간)열쇠도 불목하니로 있던 시누이한테 맡기고, 농사도 청년이 다된 생질 형제를 데려다 짓게 한단다. 살림도 시누이 식구 세 사람에게 통째 맡겨 부산댁은 쌀 한 됫박 내어 쓰지 못하게 됐다는구나. 얼굴도 죽게 되어 요즈음은 우리 집에도 자주 오질 못한다. 나쁜 연놈들, 죄받을 거다. 부처보다도 더 어질고 착한 사람을 등신으로 만들 작정인가, 원 불쌍해서 못 보겠어. 휴우……!"

어머니는 연방 담뱃대에 불을 댕기셨다.

그런데 좀 이상했다. 등록금 얘기를 누나가 하진 않았을 거고, 누나와 나하고 단 둘밖에 모르는 일인데, 그런 말이 떠돌아다닌다면 어떻게 된 일일까? 의문은 꼬리에 꼬리를 물고 이어졌다. 원래 말이란 옮겨가며 새끼를 치는 법이니까 누나의 얘길 직접 들어 봐야겠다고 생각했다.

"네가 받을지 안 받을지 그건 나야 모르지만, 부산댁이 너 주려고 작심한 돈이라 해도, 그 말을 부산댁이 할 리가 만무하잖니. 여우같은 연놈들의 자작극이겠지.

부산댁이 당하는 것은 부산댁이 너무 어질고 착한 탓이야."

어머니는 계속 말씀을 이어 가며 몹시 분개하셨다.

'돈을 떼인 것은 어떻게 알려졌으며, 내게 줄 돈이라는 말은 누구 입에서 흘러 나왔을까?

저녁을 먹고 난 후, 나는 누나가 오겠지 하는 마음에 좀이 쑤셨다. 그러나 누나는 끝내 오질 않았고, 오랜 시간 누나 집 앞을 서성거렸지만 만날 수도 없었다. 그렇다고 시누이 식구들이 다 와 있다는데 찾아가볼 수도 없어 애만 태웠다.

그 이튿날 아침식사 후 누나가 잠시 들렀다.

후줄그레한 옷차림에 머리는 손질한 지 몇 날이나 되었는지 초상집 딸네 머리같이 헝클어지고, 드러날 만큼 몸피가 줄어들어서 몹시 핼쑥하고, 수색愁色이 만면한 누나의 얼굴을 마주하는 내 마음은 한량없이 안쓰럽고 애달팠다. 곱디곱고 착하고 어진 누나는 그새 그 문제로 경을 팥다발같이 쳤음을 짐작할 수 있었다.

어머님은 밥상을 차려오셨다.

"밥 좀 먹어라. 얼굴 봐라, 기운 차려야지 어쩌려고 그러나?"
하고 안타까워하시며 뭔가를 가지러 부엌으로 가셨다.

"누님, 좀 드세요. 그리고 어머니에게서 대충 들었습니다만 도대체 어찌된 영문인지 소상히 말씀 좀 해 주세요. 제 입학금 문제로 누님이 갖은 고초를 당코 계신다니 제가 꼭 알아야겠습니다."

전후 사연을 샅샅이 알고 싶어 간절히 말했다.

"아니다. 너하곤 전혀 상관없는 일이다. 어머니가 잘못 아신 게다."

누나는 천연덕스레 잘라 말했다.

"누님, 정말 제가 꼭 알고 싶습니다. 제발 이것만은 꼭 대답해 주세요. 떼인 돈이 저에게 줄 대학 입학금이라는 말은 누구 입에서 나왔으며, 자야 아빠가 그 돈 문제 하나만으로 누님을 사경으로 모는 겁니까? 또 다른 무슨 문제가 있습니까? 사실대로 말씀해 주세요. 왜 누님이 이 지경에 처하셨는지 제가 꼭 알아야 할 것 아닙니까?"

나는 다시 간절히 물었다.

"아니라니까. 너하곤 전혀 상관없는 일이라 하지 않았나. 누나 말을 그렇게도 못 믿겠니?"

누나는 쉰 목소리로 딱 잡아떼었다.

너무나 답답했지만 누나의 풀죽은 얼굴이 너무 안쓰러워 더 이상 캐물을 수가 없었다.

"……누님, 살다보면 별일 다 있잖아요. 사람 사는 상황은 수시로 뒤바뀌기 마련입니다. 너무 상심 마십시오. 덕이와 자야 생각도 하셔야지요. 아이들 기죽이면 되겠어요? 아이들이 크면 모두 옛 얘기가 될 거예요. 자식이란 법적으론 아버지의 성을 따르고 아버지의 것으로 되어 있지만 실은 어머니의 것이지요. 어머니의 분신이 자식 아닙니까. 아이들을 생각해서라도 많이 잡수시고 시련을 이겨 내셔야지요. 모든 일에 당당히 나서세요."

"상아, 당분간 너하고도 만나지 못하겠다. 하도 어수선해서 꼼짝도 하기 싫다. 시간이 흘러 내 마음이 안정이 되면 그때 다시 자주 만나자. 지금의 심정은 죽고 싶은 생각밖에 없다."

누나는 밥을 몇 술갈 뜨고는 수저를 놓았다.

"누님, 다시는 죽지 않겠다고 하시지 않았어요? 그 때와 지금의 세상이 무엇이 그렇게 달라졌단 말입니까?"

누님이 마음을 강인하게 도슬렀으면 하는 간절한 마음뿐이었다.

"물 한 그릇 주세요. 목이 타네요"

어머니는 물 한 대접을 얼른 가져 오셨다.

"밥 좀 더 먹고 물 마셔라. 밥을 그래 먹고 어떻게 하나? 물에 말아서라도 좀더 떠라."

어머니는 안타까워 어쩔 줄 몰라 하셨다.

기력이 극도로 쇠진한 누나는 애원哀怨도, 절망마저도 모두 잊어버린 듯했다. 이 세상 모두뿐 아니라 자신마저 놓쳐버린 듯한 황량과 체념의 짙은 그늘이 누나의 얼굴에 드리워져 있었다. 그런 누나의 얼굴을 마주하고 있는 내 가슴은 마치 인두질이라도 당하는 듯 쓰라려 왔다. 그처럼 그악스럽지 못하고 나약한 누나를 나는 좋아했는데, 이제 와서는 그것이 누나의 가장 큰 단점이 되고 있는 것이 안타깝기 그지없었다.

"상아, 너한테 미안하다. 세월이 좀 흐른 뒤 다시 만나 옛정을 나누자. 당분간 집안에 들어 누워 있으련다. 온몸이 아파 견딜 수가 없다. 그만 가 봐야겠다."

누나는 일어섰다.

더 이상 붙들 수 없을 만큼 지쳐 보였다.

나는 어머님이 부엌으로 들어가신 틈을 타 강한 의지로서 말했다.

"누님 세가 군대에 갔다 와서 도시로 진출하여 장가들어 어머님과 함께 누님도 제가 잘 모실게요. 덕이 자야 키워서 시집보낼 때까지만 참고 견디세요."

"말만 들어도 고맙다. 고마운 네 마음만은 잊지 않으마."

누나는 도로 마루 끝에 걸쳐 앉아 어머니 살담배切草를 종이에 말아

불을 댕겼다. 평소 권연을 보배처럼 지니고 다니던 누나였다. 참 절통한 노릇이었다.

"누룽지 삶아 왔다. 조금이라도 떠라."

그 새 어머니는 밥을 누려 삶아오셨다.

"안 넘어가서 못 먹겠어요."

어머니의 성의에 못 이겨 두어 숟갈 뜨고는 일어섰다. 언뜻 내 얼굴을 더듬고 돌아서는 누나의 눈가에는 굵은 물기가 돌았다.

일의 전말을 속속들이 알고 싶어 거듭거듭 묻고 싶었으나, 누나가 나하곤 상관없는 일이라고 딱 자르는 데다가 또 누나의 심신이 심하게 지쳐 있어 더 이상 꼬치꼬치 캐물을 수가 없었다.

누나가 한 말을 곰곰이 생각해 보니, 그전처럼 정을 주고받기까지는 많은 시간이 우리 앞을 가리고 있는 것 같아 누구에겐가 분한 기분을 심하게 느끼게 했다.

사람 사이의 정이 정소情疏가 아니고, 물리적 작용으로 간극間隙을 두어야 한다는 것은 참 슬픈 일이다. 정은 예사로 오가는 심상이 아니기 때문이다. 누나와 나 사이의 정이 왜 까닭 없이 치도곤을 맞아야 한단 말인가, 하고 생각하니 울분이 치솟았다.

또 인간의 운명이 '선'과 '악'과는 거리가 먼 것이 원망스럽기만 했다. 누나같이 어질고 선하고 사람스런 사람이 이 세상에 또 어디 있으랴. 인간을 섭리하는 '신'의 영검(靈-)이 있다면 누나 같은 이를 이렇게 방치하지는 않을 것이란 생각이 들었다. 누나는 신불에게 치성을 많이 드렸기에.

어머님의 말씀이 사실이라면, 여하간 원인 제공자는 '나'라고 겸연한 마음을 갖는 것만이 도리리라 여겨졌다.

한편으론 꼭 돈을 내게 준다는 전제가 아니라도 이자를 놓을 수가 있고, 또 설사 돈 10만 환을 없는 사람 주려고 이자 놨다 떼었다손 치더라도 제 자식을 둘이나 품안에 기르고 있는 조강지처를 그처럼 천대할 수 있을까? 또 그것을 기화로 도장 열쇠까지 자기 누이에게 맡기고 살림살이를 통째 누이 세 식구한테 맡긴다는 것은 마누라는 밥이나 얻어먹고 생명이나 부지하라는 뜻이 아닌가하고 생각하니, 그런 자야 아빠가 한없이 원망스럽기만 했다.

누나의 얼굴을 스치고 간 비창悲愴한 그늘이 내 눈언저리를 좀체 떠나지 않았다. 괴로웠다. 너무 서러웠다. 너무나 고독했다. 내 가슴은 온통 비분강개로 미어질 듯했지만 그 격한 감정을 어디에도 터뜨릴 수 없다는 것이 안타까울 따름이었다. 이 세상 모두가 원망의 대상으로 비쳤다. 누나에게 조금도 도움을 주지 못하는 나 자신이 한탄스럽기만 했다.

넋들임이라도 해야 할 판인 흐트러지고 망가진 누나의 심신은 어떻게 추스러질 것인가? 저 땅 끝까지 떼밀린 누나는 얼마나 많은 신고를 겪어야만 할까?

'천지신명이시여! 선악을 변별하시어 선한 자가 행복을 누릴 수 있게끔 거두소서!'

나는 나도 모르게 웅얼거리며 오랫동안 퍼대고 앉아 멀거니 하늘만 쳐다보고 있었다.

어머니는 줄담배로 진한 연기를 끊임없이 피워 올리시고, 초겨울의 싸늘한 하늘가에는 구름 한 조각이 어디론가 정처없이 떠내려가고 있었다.

누나가 걱정이 되어서 그 다음 주에도 집에 왔다.

겨울 문턱에 올라선 삭막한 벌판에는 삽삽颯颯한 바람이 세차게 불고 있었다.

어머니를 쉬시게 하고, 영길이와 둘이서 조금 남은 보리를 마저 묻느라 곰배(고무래)로 밭이랑의 흙덩이를 거세게 두들겼다. 바싹 마른 흙덩이가 부서지면서 먼지를 풀풀 날려 온 얼굴과 머리카락까지 뿌옇게 흙먼지가 뒤덮어도 조금도 피하려 들지 않았다. 그것은 아마 내 심저에 깔린 세상에 대한 반항심의 발로였을 것이다.

토요일인 전날 오후에 와서, 일요일 아침나절과 점심 후에도 보리 묻는 일을 거들고는 오후 참 때쯤 되었을까, 마산으로 돌아가기 위해 집으로 오고 있었다.

작은 도랑둑으로 해서 마을 어귀에 이르렀을 때였다. 제법 떨어진 저편 큰도랑 길로 부지런히 걸어가는 한 여인이 보였다. 한복에 재킷을 걸친 모습과 걸음걸이만 봐도 누나임에 틀림없었다. 누나는 옥정마을 쪽으로 부지런히 걸어가고 있었다.

뒷간의 발판에 올라서서 찬물 한 동이를 한꺼번에 퍼부어 대충 몸을 씻은 후 학생복으로 갈아입고는 허겁지겁 뛰어 나갔다.

"어머님, 아마 누님이 돈 문제로 길곡 질부댁으로 가는 것 같은데, 제가 따라 가 봐야겠습니다. 질부댁에 갔다가 거기 없으면 도천(질부 되는 이의 친정)까지 갈지도 모릅니다. 질부 되는 이가 산다는 창녕군 길곡면 오가리五可里까지만 해도 2십리 길이 넘을 텐데, 거기 있을 리는 만무하고 틀림없이 도천까지 가게 될 것입니다. 아무래도 제가 좇아 가보는 것이 좋겠습니다. 본포나루를 건너 외딴길로 해서 가야 하는데, 이 시간에 누님 혼자 간다는 것은 무리일 것 같습니다. 오가리를 가본 적은 없지만 아마 산협마을로 가는 길이 매우 으슥할 텐데 걱정이 되어 모른체 할 수 없습니다."

사정을 대충 말씀드리고는 들입다 내달렸다.

순식간에 마장길이나 되는 본포나루터에 닿았다.

잠시 된숨을 고르고는 사공에게 물었다.

"조금 전에 군청색 한복에 진한 곤색 털재킷을 입은 여자 한 분이 나루를 건너지 않았습니까?"

"바로 앞배로 건너갔어요."

나는 다소 마음이 놓였다.

이 배만 얼른 뜨면 싶었다. 다행이 얼마 안 있어 강을 건널 사람이 여남은 모여 곧바로 배는 나루턱을 밀고 강물을 가르며 나아갔다. 나는 강을 건너서부터는 길을 모르고 있어 사공에게 물었더니, 배에 탄 사람들까지 한마디씩 거들어 잘 가르쳐 주었다.

강폭이 꽤 넓어서 시간이 제법 걸렸다. 배가 나루턱에 닿자 얼른 뛰어 내려 아랫도리를 다그쳐 내달렸다. 들길을 한참 지나자 한편에 그리 높지 않은 산이 연이어 있고, 잎이 검푸른 소나무가 간혹 산기슭까지 내려선 좁다란 산촌길은 울퉁불퉁하고, 드문드문 돌멩이들이 널려 있었다. 누나를 만나지 못할까 무척 걱정했으나 십리는 됨직한 길을 단숨에 달음질을 하여 산모퉁이를 돌아서니, 저 앞에 사람이 보였다. 힘을 다해 달렸다. 곧 누나임을 알아볼 수가 있었다.

급히 뛰어오는 발자국 소릴 듣고서야 누나는 걸음을 멈추고 돌아섰다. 그리고는 깜짝 놀라며 물었다.

"어떻게 알고 이 먼 길을 따라왔나?"

누나의 얼굴에는 반색하는 빛이 역력했다.

오랜만에 희색 만면한 누나의 얼굴을 본 나 또한 참 오랜만에 웃음기 머금은 얼굴을 누나에게 보였다.

나는 숨을 고르고는 모자를 벗고 손수건으로 땀이 흘러내리는 얼굴과 목을 훔쳤다.

"누님, 어딜 가세요?"

"오가리에. 근데 어떻게 알고 이처럼 용케 따라왔나?"

아무래도 누나는 그것이 가장 궁금한 모양이었다. 자초지종을 간략하게 얘기해줬다.

그러자 누나의 안정眼精에 금방 가랑가랑 눈물이 고이더니 두 줄기 눈물이 주르르 흘러 고무신 콧등으로 떨어졌다. 그것은 천 마디 말로 절절히 흉금을 털어놓는 것보다도 더 많은 것을 내 가슴에 와 닿게 해, 콧등이 시큰해지더니 내 눈가에도 더운 물기가 핑 돌았다.

누나는 상심 어린 기색으로 말없이 하늘을 바라보았다.

나 또한 누나가 바라보고 있는 하늘을 칩떠보았다.

한참 아무 말 없이 나란히 그렇게 서 있었다.

산꼭대기가 떠받치고 있는 하늘이 무척이나 파랬다.

지난 초봄, 누나와 첫나들이 때 명징하다고 여겼던 그 하늘이 떠올랐다. 그 때는 첫나들이였고, 봄 하늘이었으나 지금은 나들이도 아니고, 하늘도 초겨울 하늘이었다. 초겨울 하늘은 한겨울 호수처럼 싸느랗다.

영국의 시인 TS 엘리엇은 '4월은 가장 잔인한 달'이라 했지만, 초겨울은 유약한 뭇 생명들이 무자비하게 죽어 가는 그야말로 가장 잔인한 계절이라는 생각이 잠시 뇌리를 스쳤다.

지금 누나의 운명이 초겨울을 맞고 있는 연약한 풀포기 같아 매우 서글펐다.

한동안 석고상처럼 묵묵히 서 있던 누나의 입가에 가느다란 웃음줄기가 그려졌다.

"상아, 저 하늘이 참 푸르지?"

"예, 티 한 점 없이 맑네요."

"너와 첫 나들이할 때 그 하늘이 생각난다."

"……."

"그날 그 하늘 밑에 너와 함께 있던 나는 참 행복했는데……."

"……."

"같은 하늘 아래인데 오늘은 왜 이처럼 서글플까?"

"누님, 하늘은 수시로 달라질 수 있어요. 누님의 하늘도 마찬가지 아니겠어요? 너무 상심 마세요."

"……."

"누님, 전에도 말씀 드렸지만 제가 사회생활을 시작하면 어머님과 누님, 두 분을 제가 잘 모실게요. 그때까지만 꾹 참고 견디세요."

"상아, 고맙다. 너 같은 동생이 있어 정말 나는 행복했다."

"누님은 절 대학공부 시키신 거예요. 10만 환은 저에게 주어진 돈이었고, 제가 떼인 거예요. 이제 돈은 필요 없어요. 오직 누님이 건강하시고 밝은 마음으로 살아가시길 바랄 뿐입니다."

"상아, 말만 앞세운 꼴이 되어 미안하다. 그리고 정말 고맙다."

말끝을 흐린 누나의 두 눈에 여전히 물기가 촉촉했다.

"누님, 별 말씀을 다 하십니다……."

북받쳐 오르는 설움에 목이 메여 더 말을 잇지 못했다.

야산 밑둥길을 벗어나 양쪽에 바싹 마른 억새가 쌀쌀한 바람을 휘어잡는 도랑길로 들어서자 고목이 다 된 감나무들이 붉은 감을 한껏 덮어쓰고 바닥이 바싹 마른 마을입구 개울가부터 드문드문 늘어서 있고, 집집마다 돌담에 기대 선 빨간 감나무들이 참으로 많았다. 바로 오가리마을이었다.

질부의 집을 찾아가니 시아버지 되시는 노인과 남매로 보기에 고만고만한 예닐곱 살 안팎의 두 아이가 있었다.

"질부, 집에 있습니까?"

누나가 물었다.

"없어요."

"그럼 어디 갔습니까?"

"나는 몰라요, 집나간 지 달이 넘어도 소식도 없으니 이젠 내 며느리도 아니요."

너무나 무정하고 퉁명스런 대답에서 빚 받으러온 낌새를 채고 귀찮게 생각하는 느낌을 받게 했다.

"몸이 많이 상했다는데, 친정에라도 찾아 가보고 싶습니다. 도천인 줄은 알고 있습니다만 질부 동생 댁의 택호나 동생 성명을 좀 알려주십시오."

누나는 조용히 말했다.

할아버지께서는 신 모라고 일러 주었다.

도천 신씨(도천에 무리지어 산다고 도천 신씨라 불려졌다) 하면 양반으로 소문나 있는데……, 과연 그 아주머니의 행실이 그랬구나 싶었다.

누나와 나는 어둡기 전에 도달하기 위해 발걸음을 재촉했다.

도천 마을에 이르자 온 마을에 저녁연기가 자욱했다. 솔가리 타는 냄새가 우리 동네 벌마을의 짚불냄새와는 판이해서 머나먼 타향에 온 느낌을 자아냈다.

몇 집 안 건너 쉬이 집을 찾을 수가 있었다.

마음 곱게 생긴 청년이 나와 공손히 방으로 안내를 해줬다. 두터운 요 위에 역시 두터운 이불을 덮고 짙은 병색을 하고 누워 있는 분이 누나의 질부 되는 이였다. 언뜻 봐서 알아보기 힘들 정도로 얼굴빛이 검고 무척 핼쓱했다. 아주머니의 동생 된다는 그 청년은 누나의 경과한 얘길 소상히 해 주었다. 어머니에게서 들은 바와 얼추 일치했다.

아주머니는 눈을 떠서 한번 둘러보더니 이내 눈시울이 젖어 들었다. 말은 못해도 사람을 알아보기는 하는 모양이었다. 초췌해진 얼굴에 눈물을 머금은 아주머니는 깊은 연민의 정을 느끼게 했다.

심성이 고운 누나는 눈물을 지으며 위로했다.

"질부야, 용기 잃지 말고 살아야지. 빚 때문에 그런 짓을 하다니, 빚 안 갚는다고 설마 사람 죽이겠어. 정신 차려라. 아이들을 생각해서라도 기써 살아야 한다. 빚은 살아가며 형편 되는 대로 갚으면 되겠지……."

빚 받으러 간 누나는 문병객이 되고 말았다.

참 가긍한 여인이었다. 나도 그 아주머니가 살아온 경과를 잘 알고 있기에 마음이 많이 아팠다. 어쩌면 아주머니는 처지가 같은 세상 여인들의 비애를 혼자 끌어안고 있는 듯했다.

그날 밤 나는 국민학교 교사인 아주머니의 동생과 한방에 들어 밤늦게까지 누나의 사정을 얘기해 주었다.

이튿날, 신 교사는 도천 신씨답게 누나께 사과 드리고 자기가 형편 되는 대로 빚을 갚겠다며, 자기 명의로 차용증을 써 주었다. 분명 그는 자기 누이의 부채를 변제해야 할 책임이 없는데도 자발적으로 그렇게 했다. 그런 그에게 누나도 나도 존경심이 갔다.

누나는 아주머니의 쇠약해진 손을 잡고 거의 밤을 지새웠다고 했다.

이튿날 오후, 누나와 나는 '차용증서' 종이 한 장을 받아 쥐고 마산으로 향했다. 찻길이 마산으로 돌아가는 길 밖에 없기 때문이었다. 비포장 길로 달리는 낡은 버스가 꽤 흔들거려 오래 전에 누나를 외갓집에 인사시키려 어머니와 셋이서 두메의 좁은 비포장도로로 버스를 타고 가던 때를 떠올리게 했다.

간밤에 잠을 설친 누나는 잠을 청하는지, 시름에 잠겼는지 눈을 꼭 감고 앉아 버스가 흔들대는 대로 몸을 내맡기고 있었다.

누나의 얼굴은 너무 해쓱했다. 심약한 누나가 그간 얼마나 심한 가슴앓이를 했는지 역력히 말해 주고 있었다. 아직 그리 길잖은 삶인데도 세월에 그을려 빛바랜 얼굴을 숨김없이 드러내고 있었다.

차창 밖 가로수들은 잎을 거의 다 떨구고 삭막한 초겨울 풍경을 만들어 내며 가느다란 가지를 흔들고 있었다.

해가 거의 질 무렵에야 마산에 도착했다. 나는 마산에 이르기까지 버스 안에서 이런 심산을 했다.

'밥은 자취방에서 지어먹고, 주인아주머니한테 양해를 얻어 주인아저씨와 내가 한방에 자고 누나는 아주머니와 같이 자도록 해야지.'

그런데 누나는 내 자취집 대문 앞까지 말없이 따라왔다가,

"과자라도 좀 사올게, 먼저 들어가거라."

하고 가게 있는 쪽을 향해 계단을 내려갔다.

아궁이에 장작불을 지피고 방을 치우고 걸레질을 하느라 한참이 지났는데도 누나가 오질 않아 나가 보았으나 흔적이 없었다. 언젠가 들은 기억이 떠올랐다. 구마산 시장 근처에 박수색이란 재종 동생인가

가 사진관을 하고 있다는. 틀림없이 거기로 갔으리라 추측되었다.

아차, 잘못했구나 싶었다. 누나에게 미리 내 생각을 전하지 않은 것이 후회 막심했다. 밥 지을 엄두가 나질 않아 수돗가에 서서 검게 어두워 오는 하늘을 쳐다보고 있는데 주인 아주머니께서 다가오셨다.

"밥 짓지 말아요. 애 아빠가 식사 하고 온대요. 그 밥 드릴게요."

하고는 곧바로 밥상을 내 방에 들여놓았다.

"감사합니다. 잘 먹겠습니다."

나는 수저를 들었다. 어제 저녁부터 오늘 점심까지 먹는 둥 마는 둥 하여 배는 고팠으나 입이 깔끄러워 맛 모르고 억지로 한 술 떴다. 상을 갖다 주고는 깍지 낀 두 손바닥을 베고 마냥 천장을 바라보고 드러누워 이 생각 저 생각에 마음을 내맡겼다.

만신이 노곤하였으나 새벽녘까지 잠을 이루지 못하다 깜박 잠이 들었는데 대문 두드리는 소리가 잠결에 들렸다. 얼른 나가 문을 여니 누나였다. 벌써 아침 햇살이 추녀 밑에 내려앉아 있었다. 나는 반색하며 누나를 맞았다.

"잘 잤니?"

누나도 입가에 주름진 미소를 머금었다.

"누님도 잘 주무셨어요? 수색 씨 집에 가셨더랬지요?"

"어? 네가 수색이를 어떻게 아나?"

누나는 눈이 동그래지며 무척 의외로 여겼다.

"언젠가 말씀하셨지요. 사진관을 하는데, 재종동생인가 된다고요."

"그래. 근데 내가 언제 그 얘길 했던가?"

"다행입니다. 오랫동안 못 가보셨다고 하셨는데 잘하셨습니다." 나는 누나의 마음을 편안하게 해주려 애썼다.

"말없이 가버려서 미안하다. 아무생각 없이 발걸음이 그리로 가버렸어. 거기 가서야 너한테 말을 하고 올 걸 잘못했구나 생각했다."

"편안하게 쉬셨으면 다행입니다. 제 나름대로 주인댁 아주머니와 누님이 같이 주무시고, 저는 아저씨와 함께 자겠다고 생각하고 있었는데, 누님께 미처 말씀을 못 드려서 오히려 죄송합니다."

나는 입장을 정리했다.

석유곤로에 얹어 놓은 밥이 끓었다. 누나와 단둘이 하는 식사가 처음이기에 반찬걱정을 하던 참에 주인 아주머니께서 국을 두 그릇 갖다 주어서 그런 대로 한 끼를 때울 수가 있었다.

아침밥을 먹은 즉시 누나와 나는 집으로 향했다. 누나 혼자 보낼 수가 없어 결석을 하더라도 누나와 함께 가야 한다고 생각되었다.

누나와 헤어지는 갈림길에서 숙연한 눈빛을 마주하며 말했다.

"내일 갔다 다음 주에 또 올 테니 토요일 저녁에 꼭 놀러 오세요."

그리고 집에 들어서니 어머니는 지친 내 얼굴을 보고 매우 안타까워하시는 눈치였다.

어머니께서 궁금해하실 것 같아 그간의 일을 간략하게 말씀드렸다. 어머니는 담뱃대에 불을 붙여 물고는 한숨을 지으며 말씀하셨다.

"부산댁이 너무 어진 게 걱정이야, 할 말도 다 못할 게 뻔하다. 참 좋은 사람인데……."

나 역시 누나가 석성스러웠다.

단지 의동생이기 때문에 그처럼 소박疎薄당하고 있는 누나께 무엇 하나 보탬이 되지 못하는 것이 무척 안타까울 뿐 별다른 도리가 없었다.

그 다음 주, 집에 올 때 찬송가와 성경책을 사왔다. 성경책(당시는 성경과 찬송가가 별책이었음) 갈피에 이런 글귀를 쓴 쪽지를 끼워 누나께 전했다.

"로마의 철인 세네카는 '위난에도 익숙해지면 아무 것도 아니다. 언제나 시련을 당하는 부분은 강건해진다. 수부의 손은 못이 박혀 굳어지고, 병졸의 팔은 단련되어 억세며, 바람을 많이 맞는 나무는 뿌리를 깊이 박는다.' 고 했습니다."

또, 이런 말도 덧붙였다.

"누님, 저는 휴학 때 갈전葛田 교회 새벽 기도에 하루 빠짐없이 수개월 간 나가 보았습니다. 믿음에 깊숙이 빠져 열광하는 신도들의 행태는 마치 생명의 절규와 혼절이었습니다. 새벽마다 울음바다를 이루는 그들의 우렁찬 기도는 인간 맨 심층에서 분출하는 용암 같은 울림이었습니다. 그러나 그들이 쏟아내는 울부짖는 기도 속에는 그들의 행위에 대한 회개보다는 세상살이에 대한 기구祈求가 더 간절한 것 같았습니다. 그들은 모두 저의 이웃이기에 성심聖心을 벗어난 그들의 바깥 세상에서의 삶의 자세를 저는 너무나 잘 알고 있기 때문입니다. 참회의 기도에 그처럼 열열咽咽한 울음을 자아낸다면 그들의 모습이 놀랍게 달라져야겠지만, 그렇지는 못한 것 같았습니다. 하지만 그들은 인간 삶의 근저에 깔린 무상을 구원받고자 하나님의 독생자인 예수를 구세주로 믿고, 길흉화복을 하나님의 섭리로 받아들여 인생을 하나님의 뜻에 맡기고, 예수의 가르침에 추종하며 인생을 의지하고 있을 것입니다. 누님께서도 예수 믿고 의지의 언덕을 얻으소서. 분명히 세상을 바라보는 견식見識이 밝아질 것입니다."

누나가 교회에 나가길 간절한 마음으로 권유했다. 그리하여 누나의 세상이 환하게 바뀌길 바랐던 것이다. 바로 아랫마을에 교회가 두 개나 있어 나가기도 어렵잖았다. 쪽지는 야무지게 핀으로 꼭 꽂아 두었다.

"고맙다. 다음 일요일부터 나가보마. 돈도 없으면서 책까지 사 왔나? 교회에 나가면 섣달 그믐밤같이 깜깜한 내 마음에 반딧불이라도 비치려나……."

그 말에는 깨트릴 수 없는 서글픔이 뭉쳐 있는 듯했다.

"누님, 무엇 때문에 그처럼 답답한 생각을 하십니까? 누님이 무슨 죽을 죄라도 지었습니까? 돈 십만 환 없는 사람에게 학비 도와주겠다고 생각한 것, 그것이 무슨 도덕상 죽을 죄라도 된단 말입니까? 오히려 훌륭한 일이었다고 자부하셔야지요. 저는 그 은혜 평생을 두고 잊지 않을 겁니다. 그 십만 환은 저에게 마음의 양식이 되고, 성정에 밑거름이 될 것입니다."

"상아, 고맙다."

끝맺음을 못하는 누나의 목소리는 파리한 음색이 짙었다.

"누님, 저는 정말 이해 못하겠습니다. 단돈 십만 환으로 인해 누님이 왜 그처럼 결박당하셔야 하는지요? 지금 누님은 위리안치圍籬安置에 비유될 처지에 놓여 계시며, 시가댁 사람들에게 하나같이 사갈시蛇蝎視당하고 계시지 않습니까? 왜 당당히 대응하지 못하십니까? 남편을 빼앗기고 그것도 모자라 도장 열쇠를 빼앗기고, 살림살이마저, 경제권마저 다 빼앗겨도 된단 말입니까? 그래도 아무렇지도 않단 말입니까? 무엇 때문에 부여받은 자유와 소유권을 모조리 수탈당해야만 합니까? 그렇게 당하기만 하면서 그냥 곱고, 어질고, 순하게만 살아가렵니까? 그것이 누님의 인생관입니까? 그깟 일에 죽을 죄나 지은 사람같이 의기소침해서야 되겠습니까? 적극적으로 나서서 극복하십시오. 두 아이의 얼굴을 항상 양 가슴에 품고 당당하고 올차게 살아가십시오."

나는 차탄嗟歎과 열등의식에 가라앉아 당면한 일에 제대로 대처하지 못하는 누나가 너무나 측은했지만, 오히려 역정스런 충고를 했다.

"상아, 이제 가봐야겠다. 당분간 날 못 만나도 너무 마음 상해 하지 마라. 운신도 하기 싫다. 집에 가만히 들앉아 있으련다."

말을 남기고 일어서는 누나는 마치 심한 자폐증 환자를 떠올리게 했다. 누나는 힘이 쭉 빠진 발걸음을 간신히 옮겨놓고 있었다. 헝클어질 대로 헝클어진 뒷모습이 너무나 애처로웠다.

'내가 친동생이었다면 일의 전말을 속속들이 파헤쳐 누나의 분심을 풀어주련마는, 나는 누나 일에 끼어들 수 없는 제3자로서 단지 애만 태울 수밖에 없지 않은가…….' 하고 생각하니 격분에 온몸이 달치는 듯했다.

'별것 아닌, 지극히 별것 아닌 일을 죄불용어사罪不容於死인 양 닦달해서 누나를 위락萎落시킬 작정인가? 저 사람들.'

생각할수록 울분이 차 오르고 애간장만 탔다.

돈깨나 있다는 남자라 해서 한 여인의 생살여탈을 헌 종잇장처럼 가볍게 여겨도 그만인 현실이 원망스럽기만 했다.

'왜? 누나와 나는 망연茫然한 결별을 해야 하나? 누나는 벌써 두 번째 당분간 만날 수가 없다고 했는데, 의義(남과 골육의 관계를 맺음)라는 인륜의 관계가 그다지도 하찮은 것이란 말인가?

누나는 의義의 관계를 그렇게는 쉽게 내던지고 싶어하지도, 또 그렇게 쉽게 내던질 사람도 아니었다. 그럼 누나는 지금 명줄만이 남아 있을 뿐, 혼도 육신도 다 잃어버리고, 그 밖의 모든 삶의 생명은 이미 죽음을 당한 것인가.

감각 감정의 발현은 인간 생명 활동의 근원이다. 지금 누나는 그것마저 억압당해 내던져야 한단 말인가? 생각할수록 분통이 터졌다.

그 뒤부터 누나는 교회에 제법 부지런히 다녔다.

누나가 교회에 나가는 것을 지켜보기 위해 집에 온 일요일엔 동구 마당에 나가 어슬렁거리곤 해서 알 수가 있었다. 그러나 누나는 몇 달 안 가 교회를 그만 뒀다.

"상아, 교회에 나가 봐도, 내가 설자리는 없는 것 같더라. 이제 교회도 그만두련다. 이 책은 네가 가져라."

성경과 찬송가책을 내미는 누나의 손이 너무 창백해 나를 더욱 슬프게 만들었다.

더 이상 교회에 대한 얘기를 할 수가 없었다.

'금수지장錦繡之腸이란 누나 같은 이를 두고 한 말이 아닐까? 해맑던 누나의 심성은 부처님을 연상케 했는데, 지금의 누나는…….'

너무나 파리해진 누나의 모습은 그간의 모든 것을 다 말해주고도 남았다.

누나가 세상을 바라보는 시야가 좀더 넓었으면 싶었다. 사람은 사람으로 인해 숙고 사는 것이 아니라는 삶의 의의도 터득했으면 좋겠다는 생각도 들었다.

사람이 산다는 것은 엄밀한 의미에서 욕구의 충족을 위한 나부댐이다. 그리고 분명한 것은 인간은 어느 누구도 내면적 만족을 가슴 가득 채울 수 없다는 사실이다. 있다면 그것은 순간이요, 외형일 뿐이다.

이것이 삶의 한계이고 본질인 것이다. 그래서 세상 사람들은 외면의 치장으로써 내면을 싸 바르는 허구한 충족에, '행복' 이란 이름표를 가슴 바깥쪽에 달고 다니기를 좋아한다. 즉 오늘날의 인간들은 대부분 가식적 행복에 강렬하게 지배당하고 있는 것이다.

그리고 우리 인간이 세상을 살아가는 데 있어 이것만은 진정한 진리이다.

'인생이란 나를 내가 사는 것이다.'

나를 내가 산다는 것은, 사람이 살아가는 진정한 의미는 이 세상 어느 누구 때문이 아니라 나 때문이라는 뜻이다.

그러면 나는 누구인가? 모든 사람으로부터 독립된 개체이다. 개체로서의 나는 살 권리와 자유가 있다. 그 권리와 그 자유는 신성한 것이다. 또한 그것은 자신이 지키고, 스스로 다스려야 할 지상의 의무이다. 삶이 번뇌하고 고달픈 것은 이 지상의 의무에 충실하고자 하는 고민이다.

단지 「나」 개체는 여러 사람과 더불어 천륜과 인륜의 유기적 관계를 맺고 있다. 때문에 더더욱 살아야 할 의무가 크고, 열심히 살아가야 할 책임이 있는 것이다. 하지만 그것이 「나」라는 개체가 살아가는 으뜸의 목적은 될 수 없다. 내가 살기 위한 방편에 불과하기 때문이다.

누나가 돌아간 쓸쓸한 공간을 나는 이런 독백으로 메우고 있었다.

청천벽력青天霹靂

시름없이 거닐고 있는 교정 둘레에는 메마른 낙엽들이 바람에 부치어 모닥 모닥 쌓여 있고, 나목裸木의 목련들은 가지가 삭풍에 붙잡혀 거세게 흔들리고 있었다.

남들은 모두 자기 실력에 맞추어 학교 선택을 저울질하고 있는데 나는 고로孤老의 발길처럼 무거운 발걸음을 쌀쌀한 바닷바람이 휘몰아치는 쓸쓸한 교정에 옮겨 놓고 있었다.

3년 가까이 시켜보넌 아담한 교사가 새삼 감회 깊게 다가왔다. 교사 앞쪽에 둥글게 다듬어져 있는 향나무들과 여러 모양으로 멋을 내고 서 있는 사철나무들은 철을 잊고 짙은 녹색을 간직하고 있어, 그 고고한 기상이 참 장하게 느껴졌다.

이 운동장을 밟을 날도 얼마 남지 않았구나 하고 생각하니 여러 가지 감회가 새로웠다. 가끔 바닷바람이 쓸쓸한 운동장의 모래를 휘날려 지그시 눈을 감았다 떴다하며 하염없이 걸었다.

학교생활의 마지막이 될 날이 머잖아지고 있다고 생각하면서부터 나는 또 한 차례 가슴앓이가 시작된 것이다.

당시의 우리 집 형편에 대학 간다는 것은 온 동네 사람뿐 아니라 소도 개도 웃을 일이었다. 그간에 밭 열 마지기와 궂논 너 마지기를 팔아 일부 빚은 갚았어도 여전히 빚은 우리 살림에 버거웠다. 그래서 대학 진학은 꿈도 꾸지 못할 처지였다.

그동안 누나의 은정恩情에 힘입어 진학 준비에 분투노력해왔다.

사실 나는 내 꿈을 이루기 위해 서울대학교 사범대학 국어교육학과를 목표로 정하고 혼신의 힘을 다했다. 공부 방식도 수험 준비에 역량을 다 쏟기 위해 해당과목 이외의 과목은 모두 덮어버렸다. 그 한 예로 당시는 6.25 전쟁을 휴전한 지 얼마 되지 않아 우리 학교에 두 명의 교관이 배치되어 군사훈련을 시키고 있었다. 이른바 교련이었다.

과목마다의 점수가 중요성에 따라 각각 달랐는데, 내 기억으론 최고점수가 50점이었으며, 이에 해당하는 과목으론 국어, 영어, 교련 세 과목이었던 것 같다. 그런데 교련은 실습이 많고 필기는 두드러지게 적었다. 한 학기에 대학노트 3,4쪽에 불과했다. 이것을 두세 번만 읽으면 만점 가까이 너끈히 받을 수가 있었지만 그것조차 나는 거들떠보지 않았다. 시험 준비 과목도 교과서는 거의 등한시하여 약간의 예습과 듣고 넘기는 정도였으며, 깊이 있는 공부는 참고서를 위주로 했다. 그야말로 높은 가지에 달린 열매 하나 따기 위해 과실나무를 통째 베는 심정으로 매달렸다. 한마디로 일념통천一念通天의 신념으로 필사적 노력을 쏟아 부었던 것이다. 그래도 실패하면 1년을 더 묵을 요량을 했다.

그러나 그것은 한낱 꿈이었고, 행운의 여신은 나의 등을 떼밀어 버리고 돌아 선 지 오래였다. 진학 준비금을 떼인 이후 누나의 강녕康寧이 초미의 관심인지라 나는 좌절감도 느낄 겨를이 없었다. 그 돈으로 인해 고립무원의 곤경에 처해 있는 누나가 걱정스러웠을 뿐 대학을 가고 못 가고는 염두에도 없었다.

한데도 막상 시험 때가 임박해 오니 그래도 몸부림이 나왔다. 새삼스레 대학 문을 두드리고 싶어져서 완전 국비 대학을 찾아봤다. 한국해양대학과 3군사관학교가 떠올랐다. 그러나 이들은 모두 나의 적성과는 너무나 거리가 멀고, 성향에 어울릴 수 없는 이역의 타지로 생각되었을 뿐 아니라, 거기에 대한 시험 준비도 전연 없었다.

사람의 삶에서 행복의 기준은 무엇일까? 하고 생각해 봤다. 국어 선생이신 시인詩人 이원섭李元燮 선생님으로부터 들은 얘기가 떠올랐다.

선생님은 사람이 이 세상을 그런 대로 행복하게 살았다고 할 수 있으려면 의식주에 구애받지 않을 만큼 경제적 여유가 있어야 하고, 하고 싶은 일을 직업으로 삼아야 하고, 일생을 사랑하는 사람과 함께 사는 삶이라 했다.

그 말을 들었을 때, 행복의 조건은 단순하면서도 갖추기가 무척 어렵겠구나 하고 생각했던 기억이 새로웠다.

아침 햇살같이 밝고 맑은 소년시절의 꿈은 참 아름답다. 그 때부터 봄날의 새파란 강둑 잔디에 드러누워 시를 읽으며 이상세계에 도취하고, 강변 원두막에 엎드려 점심을 거르면서 소설에 매료되어 짧은 해를 아쉬워하던 소년에게 문학은 영롱한 꿈의 세계였다. 대학교수가 되어 문학과 함께 일생을 살겠다는 꿈을 안고 자라온 소년이 선장이 되어 망망대해를 휘젓고 다닌들, 새벽마다 깊은 계곡의 바위에 올라서서 목안에서 피가 나도록 소리를 질러 목청을 다듬으며 성악가를 꿈꾸던 사람이 광갱鑛坑에서 종사를 한다면, 그들이 설령 백만장자가 된다한들, 그들은 인생의 꿈을 잃어버린 사람들이다.

꿈이 반드시 현실로 이어지는 건 아니라 해도 그래도 꿈을 먹고 자라야 한다. 그래야 나아가 진정한 행복으로 이어지는 것이다.

새파란 강둑과 기인 강물과 꿈을 얘기하며 자라 온 나에게는 꼭 그렇게 되리라 생각되었다.

항해사가 되어 망망대해를 휘젓는 것도, 장령將領이 되어 기세등등한 것도, 그 모두가 내 이상향과는 먼 딴 세상으로 여겨졌다.

내 꿈이 사그라진 뒤의 선택이라 해도 그 길을 좇아 내 인생을 끌고 가고 싶은 생각은 전혀 없었다. 그것은 아마 내 품성稟性이 너무 경직하여 사고력이 편협했던 탓이었을 게다. 그처럼 나는 착소窄小한 시야로 세상을 바라보았던 것이다.

아마 나의 좌뇌左腦가 형편없이 작을 것으로 생각된다. 좌뇌가 커야만 이성이 발달하여 논리적이고 합리적인 사고를 할 수 있다고 한다. 그래야만 실용주의 · 현실주의자로서 이 세상을 영특하게 살아갈 수 있을 텐데, 우뇌가 턱없이 커서 감성에 치우친 사유를 할 적이 많은 것 같다. 감성이 발달하면 감수성이 빠르고 감정이 풍부하다고 했다. 그런 탓인지는 몰라도 나는 감동을 잘하고, 인정에 약하고, 감정에 사로잡혀 현실을 도외시하는 경우가 많았으며, 이성적 인식이 부족하여 자그마한 심정적 만족을 얻기 위해 엄청난 물질적 이득도 미련 없이 내팽개치는 일이 허다했다.

내가 꿈꾸는 세상은 험한 세상을 살아가기에 아무리 힘들지라도,

자적自適하고 꾸김살 없는 삶을 살고 싶었던 게다.

물론 대학의 선택이 반드시 한 사람의 진로를 결정짓는 것은 아니지만, 완전 국비 대학인 특수대학은 경우가 다르다. 자유로운 감정과 풍부한 정서를 누리는 데 제약이 따르고, 신체의 자유가 획일적 규제를 받는다. 또 입기 싫은 옷도 입지 않으면 아니 되고, 쓰고 싶지 않은 모자도 쓰지 않으면 아니 되고, 신고 싶지 않은 신발도 신지 않으면 아니 된다. 그리고 그 틀에 박힌 생활을 오래 해야 그 길로 들어선 보람을 느낄 수가 있고, 또 성공을 거둘 수가 있다. 그러니까 일생의 방향이 일정一定돼 있다고 해도 과언이 아니다.

이는 특수 대학의 호부好否를 논하는 것이 아니라 단지 대학 선택에 있어서 자질과 적성이 조화로워야 한다는 것을 말하려는 것이다.

왜 이런 수선을 피우느냐하면, 무엇보다 중요한 것은 직업은 첫째 생계유지의 수단이고, 둘째 자기 삶의 가치 실현이어야만 원초적으로 추구하는 진정한 행복에 접근할 수 있기 때문이다.

이 같은 주지主旨가 내 심주心柱에 굳게 못 박혀 있었던 것이다.

그러나 어떻게 되든 일단 원서라도 한번 넣고 보자는 생각을 하였으나 마땅한 학교가 없었다. 지극히 개인주의 성정이며, 아름답고 행복한 삶은 풍부한 감정과 신체의 자유를 전제로 하는 환경에서만이 얻어진다고 확신하고 있던 나로서는 워낙 이들 학교와는 거리가 있기에, 한번도 이 학교들에 대해 생각조차 해본 적이 없었다. 그러나 이들 학교 중 하나를 선택하는 것이 만부득이한 일이었다. 오직 완전 국비 대학이란 조건 하나 때문에 나는 한국해양대학 항해과에 원서를 내긴 했으나, 그것은 등산복을 갖추어 입고 해수욕장에 뛰어든 격이었다. 내 학력이 지나치게 편식증에 걸려 있다는 게 그 이유겠으나,

어디까지나 내 재능의 부족에 있었던 것만은 변명의 여지가 없었다. 하여간 원서라도 넣고 보자는 심산이었긴 했지만, 불행히도 내가 시험 준비를 해온 과목 중 확실한 수험 해당과목은 영어와 국어 두 과목에 불과했다. 자세히 기억은 못하나 세계지리, 물리, 화학, 수학2, 서양사 등 전혀 준비하지 못한 과목들이 더 많았다. 그 결과 나는 미련 없는 낙방을 하고, 도로徒勞에 그친 대학의 꿈을 태종대 앞 광활한 바다에 내던져버린 후 향리로 돌아왔다.

어머니는 여전히 쪼들리는 살림살이에, 나의 불합격 상처까지 겹쳐 눈가의 잔주름이 많아진 것 같아 마음이 아팠다.

또 누나는 하루하루를 어떻게 보내는지 궁금하기 짝이 없었으나 당분간 만날 수 없다고 했으니 찾아가 볼 수도 없어 안타깝기만 했다.

내 부풀었던 꿈이 썩은 고목 덩저리처럼 절삭되어버린 지 오래였기에 고향 땅에 주저앉은 내 삶이야 아무렇지도 않았으나, 어머니와 누나가 너무 안쓰러워 마음 편할 날이 없었다.

그렇저렁 하는 사이에 한여름을 맞고 있었다.

어느 날 오후, 느지막이 이웃의 친구 어머님이 우리 집엘 찾아왔다. 간단한 수인사가 끝나고 자리에 앉자 말문을 열기가 퍽 거북한 듯 잠시 머뭇거리다가 입을 열었다.

"부…… 부산댁이 가… 강물에 빠져 죽었대요."

"뭐요?!"

"예?!"

어머니와 나는 청천벽력 같은 소리에 혼비백산했다. 어머니는 물고 있던 긴 담뱃대를 시멘트 축담(지대:址臺) 위에 떨어뜨리셨고, 나는 축담 바닥에 털썩 주저앉았다. 심장이 높은 낭떠러지에서 곤두박질하고, 커다란 몽둥이로 뒤통수를 맞은 느낌 그대로였다.

한동안 말문이 막혀 멍하니 앉아 있었다. 그러다가 누나의 그간 행적으로 보아 그럴 수 있겠다는 생각이 들면서 눈물이 흐르기 시작했다. 그리고 한번 흐르기 시작한 눈물은 눈두덩으로 끊임없이 흘러 축담 바닥을 흥건히 적셨다.

당장 누나 집을 찾아가 왜 죽였느냐고 절규라도 하고 싶었다. 그러나 '의누나' 란 이름이 나에게는 그렇게도 아름다웠지만, 누나 가족들에게는 '의동생' 이란 의미가 달갑지도 절실하지도 않을 터수였다. 사회적 규범은 그처럼 엄격한 한계선을 긋고 있었던 것이다. 분하고 서러운 심정에 누나 집에 뛰어 들어 가 주먹이라도 휘두르고 싶었으나 내게는 그럴 만한 건덕지가 없어 안타까울 뿐이었다..

"……시간은 명확치 않지만 집에서 나간 시간으로 봐서 오후 중참 때쯤 그랬나 봐요. 신고 간 고무신을 강가에 가지런히 벗어 놓고, 만지작거리던 양대잎 몇 잎을 신 옆에 떨어뜨려 놓고는 맨발로 강물로 걸어 들어간 발자국이 남아 있더래요."

"……"

"……"

나도 어머니도 입을 꼭 다문 채 닭똥 같은 눈물을 쏟아 내렸다.

어머니는 장죽을 쥐고는 저절로 타 사그러진 재를 시멘트 축담 위에다 대고 대꼭지가 부러져라 탁탁 털고는 살담배를 꾹꾹 눌러 채워 불을 댕겨 쉴 새 없이 연기를 내 뿜으셨다.

나는 정신을 가다듬어 맨발로 쏜살같이 강둑을 향해 달려갔다. 순식간에 강둑에 올라서니, 저 남쪽 아래쪽 강둑에서부터 강가 모래사장까지 사람들이 삼삼오오 짝을 지어 걸어가고 있었다. 나도 달음박질로 그 속에 끼어들었다. 사람들의 주고받는 말이 나의 가슴을 더욱 아프게 했다.

"시간이 이미 한참이나 지났을 뿐 아니라 홍수 끝이라 강물의 수위가 높아 시신도 못 찾는대요. 에그, 불쌍해서 어쩌나."

"자야 아빠가 너무 했어. 심성이 착한 사람이었는데……."

나는 남의 눈을 피해 모래 함지陷地에 퍽 주저앉아 호천고지呼天叩地했다. 교아절치咬牙切齒했다. 경경열열哽哽咽咽했다.

하늘도 정말 너무 무심하다 싶었다.

하늘은 우리 인간에게 존상尊像의 대상이 아니라는 말인가? 왜 진위와 선악을 분별치 못하는가? 순진무구한 사람이 고귀한 생명을 초개같이 버려도 그냥 보고만 있었단 말인가?

그렇게 얼마나 울었던지 눈두덩이 퉁퉁 부어 올랐다.

'누님, 그렇게 필사의 운명으로 이 세상의 정한을 다했단 말입니까? 제게는 참으로 고마운 분이셨는데 그다지도 쉬이 종언終焉을 고할 수 있게 한 연유가 무엇입니까? 이 동생은 생불여사와 같은 가학苛虐때문이었다고 단정합니다. 그것을 왜 세상 만인에게 명명백백하게 밝히지 않았습니까? 죽음으로써 통분痛忿을 호소하였단 말입니까? 죽음으로써 천추의 한을 풀고자 했단 말입니까? 죽음으로써 빼앗긴 인간의 사존과 존임을 찾고자 했던 말입니까? 죽음으로써 한 여자로서의 해방과 자유를 누리고자 했단 말입니까? 흉금을 털어놓을 사람이 이 세상에서 이 동생밖에 없노라고 늘 말하지 않았습니까? 그런데 왜 제게는 말 한마디 없이 홀연히 떠나갔습니까? 합자이지시合者離之始라 했지만 누님을 이다지도 참담하게 여읜 이 동생은 어떡하랍니까?'

나는 분노와 비통을 삭이지 못해 미친 듯 발버둥쳤다.

'생에 대한 애착은 가장 강렬하게 인간의 생명을 보호한다. 때문에 한 인간의 생에 대한 애착의 상실에는 엄청난 충격의 배후가 있을 것이며, 자살은 그 배후로 인한 자기보존 본능의 완전 상실에서만이 가능할 것이다. 그럼 누나를 자살로 유도한 배후는 무엇일까? 누나의 삶을 완전히 알지 못하는 나로서는 도저히 추리할 수가 없지만 분명히 누나는 억울하고 분을 삭이지 못해 죽음을 택한 것만은 틀림없을 것이다.'

명줄만 남기고 모든 것을 빼앗긴 모습을 하고 있던 누나의 얼굴이 나에게 그런 마음을 가지게 했다.

'이것이 우주 만물을 창조한 신의 섭리인가? 아니면 천지불인天地不仁이란 말인가?'

나는 자정이 넘도록 모래밭에 엎디어 슬픔을 씹었다. 그 사이 장맛비가 퍼부어 나의 온 몸뚱아리는 물귀신같이 처절하게 헝클어져 버렸다.

'천벌을 받을 연놈들. 「선량한 사람을 가해하거나 죄 없는 자를 거짓으로 모함하면 그 화가 열 가지가 되어 돌아오고, 재앙을 가져오는 원수가 헤아릴 수 없이 나타나리라.」

나는 법구경의 이 경구 앞에 니네들을 세워놓고 두고두고 지켜볼 것이다.'

나는 울분을 토하며 축 늘어진 몸뚱이를 끌고 집을 향했다.

이처럼 누나의 생애는 베르테르의 상여 자국보다도 천 배 만 배 더 애절한 만가輓歌의 애운哀韻을 남겨놓고 세찬 강물을 따라 전설처럼 흘러 흘러 가버렸다.

그 이튿날, 나는 경찰서에 고발이라도 하여 자살 사인이 분명히 밝혀져서 자살 관여죄가 추궁돼야 한다는 생각이 간절했으나, 무턱대고 덤빌 수도 없었다. 고발에는 전후 사정과 자살교사 또는 자살유도의 소명이 필수적이기 때문이었다. 그렇다고 그냥 앉아있기엔 내 분격한 감정이 용납하질 않아 애를 태우고 있던 차에 마침 외삼촌이 오셨다. 이야기를 들은 외삼촌도 분개하셨다. 인사차 외갓집을 들린 적이 있는 누나를 잘 알고 계셨기도 하지만, 사건의 단초가 내 진학 자금에 있다는 얘길 듣고는 더욱 분기를 느끼셨다.

외삼촌께 사인을 밝혀야 할 텐데 어떻게 해야 할지 모르겠다고 하자, 외삼촌께서 잘 아시는 기자를 보내겠다며 황급히 진영읍으로 떠나셨다.

얼마 후 기자가 탄 택시가 동구 마당에 도착하자, 차 소리에 아이들이 모여들고 사람들은 기자가 왔다고 수군덕거리며 골목에 늘어서고, 기자는 자야네 집에 들어가 사건의 진상을 취재한 후 한참만에 돌아갔다.

그런데 며칠이 지나도 신문에 보도가 되질 않았다. 나는 자전거를 빌려 타고 외삼촌을 찾아가 다시 부탁했고, 외삼촌은 다른 신문사 기자를 또 보냈으나, 역시 마찬가지였다. 당시는 어두운 세상에다 돈이 제갈량이라, 돈이면 어지간한 사건은 신문 보도도 피할 수 있었고, 사선화되지 않은 채 유야무야로 끝낼 수 있었던 모양이었다. 결국 신문에 보도조차 되질 않고 사인도 밝혀지지 않은 채 흔적 없이 암장되는 사건이 되고 말았다.

지금 생각하면 좀더 적극적인 방법을 쓰지 못한 것이 개탄스럽기만 하다. 이제 와서야 신문사를 찾아가 보도를 요청하고, 경찰서를 찾아가 고발이 아니더라도 사건 신고라도 했으면 어땠을까하는 아쉬움을 갖게 된다. 비록 나이가 차진 못했었다 할지라도, 그보다는 내가 시골 아이로 자라 똘똘하지 못한 탓이었구나 싶어 후회스럽기 짝이 없다.

비정한 세상을 등지고 목숨을 불살라버린 누나의 일생이 너무나 처절해서, 나는 시름없는 세월을 보내야만 했다. 때로는 강둑에 앉아 무심히 흐르는 강물을 우두커니 바라보기도 하고, 가을이 되어서는 그토록 들국화를 좋아했던 누나의 모습을 떠올리며 엷은 자색빛 들국화를 한 송이 한 송이 강물에 띄워 보냈다.

그럴 때는 너무도 안타까운 죽음에다 시신마저 찾지 못한 것이 애석하기 그지없어 가슴이 쓰라렸다.

넋받이를 하여 혼백을 대문채에 달린 허드렛 방에 모셔 놓았는데 빈소(우리 고장에서는 탈상 때까지 빈소라함: 영좌:靈座)의 혼백 상을 두른 병풍에 생시에 누나가 즐겨 입던 치마저고리가 걸쳐 얹혀 있고, 저고리 섶에 내가 사준 브로치가 꽂혀 있어, 그 골목을 지날 때마다 눈에 띄어 나를 더욱 슬프게 했다.

나는 누나가 남기고 간 모든 것을 남김없이 끌어안고 힘겹게 하루하루를 버텨야만 했다. 사람과 사람 간의 정이 그처럼 무서운 줄은 전에는 몰랐었다.

그 해가 지나고 새봄이 찾아와 만물이 소생할 때 나는 육군에 입대했다. 논산훈련소 생활은 배 고프고 힘들고 정신적 고통도 심해 무척 견디기 어려웠지만, 나 하나만의 고통이 아니고 훈련병이면 누구나 마찬가지로 당하는 공통의 고통이기에, 그리고 한정된 기간의 고통이기에 견뎌낼 만했다. 훈련과 내무반 생활에 쫓기다 보니 한가한 생각을 할 여가조차 없는 가운데도 수시로 어머니께서 얼마나 고생을 하고 계실지 염려스러웠고, 또 누나에 대한 깊은 추모의 정에 빠지기도 했다.

그러나 훈련을 마치고 최전선을 떠받치고 있는 예비 진지인 구철원舊鐵原에 주둔한 수도사단에 배치되어, 한길이나 됨직한 풀숲 밭 들녘과 산중턱 곳곳에 폭격으로 도려내진 전쟁의 흉터가 고스란히 남아 있는 산간오지를 둔영屯營으로 한 병영 생활에 순응하게 되면서부터, 정확히 말한다면 집을 떠난 지 6개월 정도 지나니 고향도, 어머니도, 누나에 대한 상흔도 슬슬 지워지고 아물어 들기 시작했다.

그것은 아마 인간이 본질적으로 지극히 이기적인 행태의 동물이기 때문일 것이다. 즉 어려운 환경을 이겨내고 자기 보존을 위해서는 비아의식非我意識을 먼 곳에 존재하는 것부터 하나하나 지우게 되는 까닭이었을 것이다.

6.25 직후 민간인이라곤 구경조차 할 수 없는 전방에서의 군졸 생활은 '자신' 이외의 모든 것을 망각하리만큼 고통과 긴장 속에서 보내야만 했다. 중대 본부 행정 요원의 직책을 맡게 된 것은 큰 다행이었다고 할 수 있으나, 예비 진지에서는 전투훈련이 주 임무였으므로 무척 고달팠다. 중화기 중대라 75mm 무반동총과 81mm 박격포가 훈련장에서 쉴 새 없이 목표물에 탄환을 떨어뜨리고, 포탄이 포문을 빠져나갈 때 폭발음은 아무리 귀를 틀어막아도 뇌성벽력 같고, 그 화력은 아무리 용써 눈을 감아도 전광이 바로 뜬 눈앞에서 발광하는 것 같아 정신이 하나도 없었다. 이런 생활이 지속되면서 나는 한 마리 짐승으로 변해가고 있었는지 모른다. 감성은 무뎌졌고, 먹는 것, 자는 것만이 욕구의 대상이 되어 갔다. 힘은 들었지만 절대적 규칙생활로 잡념이 일체 소거됨으로서 오히려 몸뚱이에는 군대살이 토실토실 오르

기 시작했다.

그것이 내 일신을 위해서는 다행한 일이었을지 몰라도 어머니와 누나에게는 크나큰 불경不敬이었음을 후일에야 느끼게 되었다.

첫 휴가를 나와 오랜 동안 보지 못한 바깥 세상을 대하게 되면서 녹색 군복에 가리고 무거운 철모에 눌리고 군화에 짓밟혀 잃었던 인성을 잠시 되찾을 수가 있었다.

여러 휴가 장병들과 사단 휴가 버스, 말이 버스지 트럭에 국방색 가빠 천으로 덮고, 나무 의자를 만들고, 몇 조각의 비닐 창문을 낸 조잡스런 자동차에 올라 사단 정문을 벗어나 한참 달리니 드문드문 사람들이 보였다. 오랜만에 보는 민간인이라 매우 정겹게 느껴졌다.

때가 찌든 옷에 힘겨운 볏짐을 지고 가는 사람, 수레에 볏단을 수북이 싣고 밀고 당기는 중년 부부, 모두가 너무나 평화롭고 자유스러워 보였다. 노랗게 물든 잎사귀를 애써 잡고 있는 가로수를 헤치며 질주하는 차창을 내다보는 세상이 참 부러웠다.

산과 들과 나무와 새들까지, 심지어 땅바닥에 바짝 웅크리고 있는 초가집들과 조그마한 마을 앞에 서 있는 당산나무의 웅자까지 하나같이 자유를 구가하며 한가로이 가을을 보내고 있었다.

내 마음은 한시바삐 고향 땅에 발을 디디고 싶고, 고향하늘 아래 있는 모두가 그리워졌다. 어머니와 형제들, 그리고 많은 사람들이 불현듯 시야에 들어오고, 또 누나에 대한 생각이 애절하게 다가왔다. 새삼스레 나는 꿈에서 깨어난 사람같이 생생하게 정신이 들었다. 잃었던 모든 것을 되찾는 감성적 충동을 일으켰던 것이다. 그동안 나 자신의 '삶' 만을 추구하는 데 너무 급급했구나하는 생각이 들었다.

밀양에서 부산행 버스를 타고 낙동강 수산교를 건너면 우리 마을까지 걸어서 3십 분 좀 넘게 걸렸다. 가는 길은 두 길로, 신작로를 따라 몇몇 마을 가운데로 가로질러 가는 길과, 낙동강 둑을 좇아가는 외진 길이 있었다.

나는 가슴 아픈 추억이긴 했지만 그래도 다시 한번 더듬고 싶어 강물이 빤히 건너다 뵈는 강둑을 택했다.

강물은 아무 일 없었던 듯 여전히 파아란 하늘을 마주하고 바다를 향해 남쪽으로 유유히 흐르고 있었다. 새삼스럽게 누나와 나 사이에 있었던 아름답고 행복했던 추억들이 잔잔한 파도를 일으키며 생생하게 밀려왔다.

그간에 군대 생활을 이겨내느라 어머니와 누나에 대한 생각을 몽땅 잊었던 일을 떠올리니, 내 인성이 그리도 헤펐던가 싶어 부끄러운 생각이 들었다.

어느 책에 이런 말이 있었다.

"무릇 사람 간의 관계는 좋아하는 관계, 싫어(미워)하는 관계, 무관심의 관계의 세 가지로 나눠진다."

사람들은 젊었을 때는 한 사람이라도 더 사귀려 한다. 아마 그것은 보다 많은 사람들과 친숙해져 넓은 삶의 영역을 갖겠다는 의욕에 기인한 것일 게다. 따라서 의욕적 삶을 사는 젊은 시절에는 좋아하는 사람도 많고, 미워하는 사람도 많기 마련이다. 뿐만 아니라 그 관계는 사소한 감정이나 이해득실의 기준에 따라 뒤바뀌지 않나 싶다. 그리고 좋은 관계가 싫은 관계로 변화기는 쉬워도 싫어하는 관계가 좋아하는 관계로 바뀌기는 어렵다. 그러나 언젠가는 좋음의 관계도 미움의 관계도 무관심의 관계로 하나하나 퇴색되고 만다. 그리고 무관심의 관계는 종국적으로 망각으로 이어진다.

사람은 누구나 늙어감에 따라 고운 정도 미운 정도 엷어져서 무관심의 관계의 영역이 점점 넓어진다. 그것은 자연으로 되돌아가기 위해 칠정(七情: 희喜 · 노怒 · 애哀 · 락樂 · 애愛 · 오惡 · 욕慾)의 작용 범위를 좁혀 가는 현상일 것이다.

그리하여 결국 사람은 예외 없이 죽음 앞에선 나 혼자뿐이다. 나 혼자가 되어 이 세상을 떠난다. 나 혼자 눈을 감고, 혼자 숨을 거둔다. 누나도 어린 두 자식마저 무관심으로 돌리고, 이 세상에서 누나 혼자가 되어 떠난 것일까.

이런 어둡고 무거운 생각을 하며 어느덧 고향 마을에 이르렀다. 그간에 참 많은 세월이 흐른 것만 같았다. 고향 땅을 밟고, 고향 하늘을 이고, 강물을 바라보는 나에게, 누나가 없는 고향 마을은 텅 빈 공간의 적요를 느끼게 했다.

우리 고장은 구철원 지방보다 철이 보름 이상 뒤늦은 모양이었다. 모래톱을 치마처럼 내리고 있는 강 둔치에는 땅콩들이 푸른 덩굴로 땅바닥에 바짝 눌러 앉아 있고, 지천으로 깔려있는 무, 배추는 아직 풋풋하게 된서리가 내리길 기다리며, 둑 너머 논에는 고개 숙인 벼이삭들의 잔잔한 황금색 물결이 늦가을을 불러들이고 있었다.

제대를 하여

고대하던 제대를 했다. 군대란 멍에를 벗고 향리에 돌아오니 마치 새장 안의 새가 창천을 나르는 기분이었다. 산하도 변함 없는 형태로 그 하늘 밑을 지키고 있었다.

초가 지붕 밑이라도 내 집에서 다리 뻗고 잠을 자고, 보리밥이라도 가족끼리 오순도순 한 상에 마주앉아 먹는 것이 참 행복하게 느껴졌다. 친구들과 노닥거리고, 동네사람들과 허물없이 정을 나눌 수 있어 '고향'이 얼마나 소중한지를 새삼스레 되새기곤 했다. 온 세계를 제패하려던 야망의 영웅 나폴레옹이 했다는 말이 실감났다.

"내가 죽거든 내 뼈를 고향 땅에 묻어 달라."고 했다던가?

내가 제대하여 귀향했을 때는 7월 초순으로 모내기가 다 끝나고 시골도 다소 한가한 때였다. 낙동강변의 참외, 수박이 풋내음을 풍기며 탐스럽게 굵어가고 있었다.

덕이와 자야는 부산으로 가고 없었다. 아무리 애달파한들 부질없는 걱정이건만 그래도 두 아이의 사정이 궁금하기 짝이 없었다.

새 엄마한테 구박이나 안 받는지, 학교나 제대로 다니는지 모든 일들이 궁금했으나, 여러 방면으로 알아봐도 종적을 알 수가 없었다.

한편 내 누이동생은 내가 제대하던 그 해 봄 3년 간의 수업으로 국민학교를 무사히 졸업하고, 대산중학교에 시험을 치러 합격했으나, 여전히 가정형편이 어려워 진학을 못하고 있었다. 사실은 내가 군에 있을 때 제대를 하면 꼭 중학교에 진학시켜주마 하고 서신으로 약속을 했었다.

그런데 내가 제대한 이듬해 또 시험을 치러 합격했다. 이미 나와 약속이 있었기에 누이는 이번에는 꼭 진학하리라 믿고 무척 기뻐했다. 하지만 우리 집 형편은 여전히 어려운 처지였고, 국민학교에 입학시킬 때보다 어머니와의 타협은 몇 곱절 어려울 것은 짐작하고도 남았다. 나는 약속을 해서가 아니라 누이를 꼭 진학시켜야 한다고 생각하고, 어머니께 상의하려 했으나 어머니한테 불칼 같은 핀잔을 맞을 것은 불을 보듯 뻔했다.

아직 입학수속 기한은 멀었으나 어려운 일일수록 빨리 맞부딪치라는 말대로 나는 용기를 내었다.

"어머님, 우리 형편이 어렵긴 하지만 정시를 중학교에 진학시키도록 하시지요."

"정신이 있나 없나? 가시나 중학교 보내려고 깡통 들고 나설래?"

흘겨보시는 어머니의 매서운 눈초리는 나를 지극히 철없는 자식으로 원망하시는 듯했다.

어머니의 워낙 완강하셔서 맥이 풀렸으나 이번 기회를 놓치면 다시는 이 일에 대해 의논할 수 없겠다는 생각이 들어, 내친김에 내 의향을 분명히 밝혀야겠다는 작심으로 말을 이어갔다.

"어머님, 공부는 때를 놓치면 못합니다. 제가 열심히 일하겠습니다. 힘들더라도 정시를 중학교에 보냅시다."

"너 지금 우리 집 빚이 얼마나 되는지 알기나 하고 그런 말을 하나? 논밭 잘라 팔아 겨우 죽을 고비 넘기고도 빚이 많은지 재산이 많은지 모를 지경인데, 이 마당에 가시나 공부시키자고? 쯧쯧……."

혀를 차는 어머니는 아들에 대한 실망감마저 느끼시는 성싶었다.

어머니는 언짢은 기분으로 방문을 꽈당 열고 나가셨다.

그래도 나는 동생의 일생이 좌우되는 문제를 해결하는 데 기회를 놓쳐서는 안 된다는 마음에는 추호도 변함이 없었다. 어머니의 심기를 괴롭히고 뜻을 반함은 당장은 불효 막심한 소행이겠지만, 머언 장래에는 오히려 큰 효도가 되리라 확신했다.

딸자식이 한 치라도 낫게 자란다면 그것은 곧 부모로서의 보람임은 평범한 이치이기 때문이었다.

며칠을 두고 고심했다.

'여동생을 중학교도 못 보낸다면 얼마나 가슴 아픈 일인가. 또 누이에게 오빠의 존재는 무슨 의미가 있겠는가?' 하고 생각하니 여하한 일이 있너라도 누이를 중학교에 보내야겠다고 새삼 다시 다짐했다. 그러나 당장 입학금도 마련할 재주가 없었다. 어머니 몰래 빚을 낼 수도 없고……, 그저 막연하기만 했다.

며칠을 두고 골몰한 끝에 어느 일요일, 아침을 먹던 길로 담을 끼고 이웃하고 있는 막역한 친구 박주석을 찾아갔다.

"주석아, 미안하지만 지금 바로 정해필 교장선생님 댁에 같이 가서 나를 교장선생님에게 소개 좀 시켜 줘."

나는 단도직입으로 부탁했다.

그는 나와는 허물없는 사이였으므로 쉽게 내 청을 들어 주었다. 주석이는 대산중학교를 거쳐 대산고등학교에서 규율부장을 지내고 졸업했기 때문에 교장선생님과는 각별한 사이였다.

우린 곧 바로 6~7킬로미터쯤 되는 길을 걸어서 갔다. 교장선생님 댁은 학교 바로 옆에 있었다.

교장선생님께서는 마침 댁에 계셨다. 나는 경건한 마음으로 큰절을 올렸다.

"교장 선생님, 처음 뵙겠습니다. 문여상이라고 합니다. 주석이 한테서 교장선생님의 말씀 많이 들었습니다."

"반가워요, 정해필이요."

"교장 선생님, 말씀 놓으세요. 주석이와 같이 생각해 주세요."

"요즈음은 젊은 사람 대하기가 무척 어려운데……."

"아닙니다. 제자처럼 생각하시고 지도편달 많이 해 주세요."

주석이는 나에 대한 칭찬을 붙이며 애써 소개를 잘 하려 했다.

이런 저런 얘기가 계속되었다. 나는 이제나 저제나 하며 기회를 살피다가 점심시간이 되면 안되겠다 싶어 하고자하는 얘길 어렵게 끄어냈다.

"교장 선생님, 초면에 염치없습니다만 어려운 부탁 하나 드리려고 이렇게 찾아왔습니다. 제 여동생이 작년에 국민학교를 졸업하고, 대산중학교에 시험을 치러 합격하고도 집안형편이 어려워 진학을 못하고, 이번에 또 합격을 했는데, 입학 등록을 못할 처지입니다. 가을에

찐쌀(설익은 벼를 쪄말려 찧은 쌀)을 내어 갚도록 하겠사오니 외상 입학을 좀 시켜 주십시오. 대단히 죄송합니다."

입학금을 후불하겠다는 뜻으로 '외상 입학' 이란 말을 썼으나 겸연쩍기 짝이 없었다.

"……"

교장선생님께서는 담담히 내뿜는 담배연기에 어이없음을 피워 올리시는지 타오르는 부연 연기만 한참 표정 없이 바라보고 계셨고, 방안은 잠시 조용했다.

"알았네. 내일 김재규 선생님을 찾아가게. 내가 일러 놓을 테니까."

"대단히 감사합니다. 그리고 염치없는 부탁을 드려 죄송합니다."

"괜찮네, 그렇게 해서라도 여동생을 공부시키겠다는 자네의 갸륵한 뜻이 참 흐뭇하게 느껴지네."

교장 선생님은 자애로운 표정으로 미소를 건네 주셨다.

어머니에게서 심한 꾸중을 듣긴 했어도 그렇게 해서 여동생을 중학교에 보낼 수가 있었고, 교복을 입고 책가방을 들고 학교로 가는 모습을 볼 때마다 한량없이 기뻤다.

여동생은 학업을 이어가는 것이 아버지 잃은 설움만큼이나 눈물겨웠다.

가을이 되자 어머니를 졸라 아직 한참 설익은 벼를 베어 찐쌀을 장만했다. 그리고 그걸 장에 내다 팔아서 입학금을 마련하여 갚고는, 아리랑 담배 두 보루를 사가지고 교장선생님 댁으로 찾아가 고맙다는 인사를 드렸다.

그것이 인연이 되어 시골에 머무는 동안 매년 음력설과 추석이면 아리랑 담배 한 보루를 사들고 주석이와 함께 인사를 드리러 다녔다.

우린 주로 명절 담담 날에 점심 식사시간을 피하려고 아침을 먹던 길로갔다. 그렇게 해서 환담을하다 10시경에 나오려 했으나 사모님께서 쌀을 담은 바가지를 들고 나와 보이시며 우릴 꼼짝 못하게 주저앉혀 점심을 잘 지어 대접해 주셨다. 그래서 그 다음에는 점심 먹던 길로 가서 서너 시경에 나오려 해도 마찬가지로 쌀을 담은 바가지를 들고 나오셔서 우릴 가로 막으셨다. 그처럼 사모님은 인정이 많으시고 자상하시고 진지하셨다.

그 후로 정 교장선생님에 대한 존경심과 사모님의 진심 어린 인정을 늘 맘속에 담고 있었다.

그 해 가을이 되어서야 덕이가 부산 동주중학교(현 동주여고)에 다니고 있음을 알게 되었다.

그 때가 한가을이라 추수에 여념이 없었다. 벼를 베어 말리는 동안의 틈을 타서 덕이를 만나러 부산으로 갔다.

학교는 용두산공원 남녘 아래에 있었다. 교문 앞에 이르자 교복차림의 학생들이 우르르 몰려나오고 있었다. 2학년 학생더러 송덕 학생을 찾는다고 했더니 한 반이라며 데려오겠다고 해서 교문 밖에서 기다리고 있었다.

잠시 후 흰 깃이 달린 곤색 교복을 입은 덕이가 나타났다. 몰라보게 컸지만 어릴 적의 얼굴과 맵시는 조금도 변하지 않고 그대로 지니고 있었다.

"덕아, 많이 컸구나. 그동안 잘 지냈니? 자야도 잘 있고?"

나는 반가워 어쩔 줄 몰라 했다.

"……"

그러나 덕이는 무표정한 얼굴로 입을 꼭 다물고 있었다.

"덕아, 무슨 일 있었니?"

나는 다잡아 물었다.

"……"

역시 대답이 없었다.

"가자, 맛있는 점심 사줄게. 점심 먹으며 얘기하자."

나는 따뜻한 마음을 있는 대로 다 내어 보였다. 마침 때가 점심시간이었다. 그러나 덕이는 고개만 설레설레 두어 번 저을 뿐 요지부동이었다. 시간은 자꾸만 가고, 잘못하면 점심만 굶기겠다 싶어 하는 수 없이 호주머니에서 돈을 꺼내어 차비만 남기고 덕이의 호주머니에 넣어주려 했다.

"얼마 안 되지만 책이나 한 권 사 보고, 먹고 싶은 것 사 먹어라."

그러자 덕이는 말 한마디 없이 교문 안으로 들어 가 버렸다.

아무리 철없는 아이지만 나의 호의를 무자비하게 걷어차는 데는 너무나 서운하고 기가 찼다.

아이들을 찾아서 만나면 밥 한 끼라도 사 먹이고, 책 한 권 사 주고, 또 어떻게 지내는지 알고 싶은 것이 내 소박한 정이었는데…….

초라한 모습으로 돌아서는 내 발걸음은 한없이 무거웠고, 기분은 여간 언짢지 않았다.

'틀림없이 나에 대한 무슨 곡해가 있었던 게다. 그처럼 나를 잘 따르던 덕이가 왜 저럴까? 내 짐작으론 이제 철들 나이인 덕이가 나를 보면 엄마 생각이 나서 눈물이라도 됫박으로 쏟아 놓을 줄 알았는데……, 누구의 사주로 나를 불공대천지 원수로 여기는 태도를 보일까?' 하는 생각에, 마음속이 찝찔하고 불쾌감마저 느껴졌다.

눈코 뜰 새 없이 바쁜 가운데 십리 길을 걸어서 백리 길이 훨씬 넘게 버스를 타고, 물어물어 갔던 길을 불의의 허탈감만 한 아름 안고 되돌아오니 아니 감만 못한 결과가 되고 말았다.

몇 날이 지나도 마음이 편치를 못했다. 불현듯 십리 길이 넘는 면사무소 소재지인 가술加述까지 걸어가서 장터 옆 책방에서 고등학교 입시정해 한 권을 사서 학교로 덕이에게 등기 소포로 부쳤다.

그런데 며칠 후 수취거부로 반송돼 왔다. 그 연유를 읽기에는 내 심량深量이 부족했지만 너무나 애달프고 서운한 심정을 가눌 수가 없었다. 책을 와드득 찢어 팽개치며 '결코 정情은 다리를 건널 수가 없구나.' 하고 중얼거렸다.

난 창수 아버님의 말씀대로 어머니께 더욱 효도를 다하고 가장으로서 집안일을 하나하나 챙기기로 했다.

창수 아버님께선 어머니를 모시고 어머니가 살아오신 길을 몇 년만 겪어보라고 하셨다. 그럼으로써 진정한 '효孝'를 배우게 되고, 효도가 지극한 사람이 되어야만 사람다운 사람이 되어 세상을 바로 살 수 있다고 하시면서 나의 앞날을 책임지겠다는 말씀도 하셨다.

그렇잖아도 이미 나는 어머니께 자식의 도리로써 남다른 효도를 다해야겠다는 생각이 굳어 있었다.

우리 어머니는 자식 삼남매, 그중 아들인 나에게 청춘을, 아니 인생을 다 바치셨다고 해도 과언이 아닐 것이다. 아들 하나 바라보시고 천고만난을 무릅쓰고 이 세상을 버텨 오셨기에 아들 된 나로서는 어머니께 효도하는 일이 이 세상에서 할 일 중 으뜸가는 일로 여김은 지극히 당연했다.

우선 집안을 좀 단장해야겠다는 생각이 들었다. 아버지의 곰상스런 솜씨로 해서 여느 집에 비해 깔밋하던 우리 집이 여기저기 손볼 데가 눈에 띄게 많았다. 아래 위 채 벽도 거무스름하게 그을려 있고, 방도 불이 잘 들지 않아 다습지 않고, 마당도 패여 비가 오면 군데군데 물이 고였다. 집안 손볼 곳을 하나하나 살피다 보니 제일 먼저 대문을 열면 지나가는 사람들에게 마루가 빤히 들여다뵈는 것과, 변소가 마루에서 너무 가까울 뿐 아니라 드러나 보이는 것이 마음에 거슬렸다. 그래서 어머니께 대문과 변소의 위치를 옮기자고 의논을 드렸더니, 어머니께서는 펄쩍 뛰시며 반대를 하셨다.

"니 아버지가 간 크고 당차다고 소문났어도 그것만은 못했다. 옮기면 좋을 줄 몰라서 못한 줄 아나? 옛날부터 대문과 뒷간을 함부로 옮기면 사화死禍를 당한다고 했다. 다 망한 집구석 완전히 문을 닫을 참이가?"

"어머님, 그건 미신입니다. 옛날 사람들이 근거 없이 하던 소립니다. 우리 집처럼 미신을 숭상하는 가정이 또 어디 있겠습니까? 그 결과가 어땠습니까? 고칩시다. 어머니."

"몇 년 내로 네가 대구로 간다면 결국엔 언젠가는 나도 너 따라 갈텐데 뭣 때문에 위험한 짓을 하려 드나?"

"어머님, 누가 살든 잘못된 것은 바로 잡아 놓는 것이 옳은 일이 아니겠습니까? 제게 맡겨주십시오."

"안 된다. 바보 같은 소리 작작 해라."

와락 화를 내시는 어머니의 얼굴엔 붉은 기운이 감돌았다. 아마도 자식의 대답이 턱없이 어리석게 들렸음을 나타내신 안색임에 틀림없었다. 어머니는 자리를 박차고 일어서셨다.

"어머님, 죄송합니다. 앞으로는 절대로 어머님 말씀을 거스르지 않겠습니다."

나는 후회스런 마음으로 공손히 말씀드렸으나 어머니는 들은 척도 않고 대문 밖으로 나가 버리셨다.

후회가 막심했다. 어머니의 심기를 불편하게 한 짓이 곧 불효가 아닌가 싶었다. 어머니의 마음을 상하게 한 것은 자식으로서의 도리가 아니며, 어머니껜 여하한 경우에도 말꼬리를 달아서는 안 된다고 생각하고, 앞으로는 어머니의 심기를 언짢게 하거나 승낙 없는 일은 절대 하지 않기로 맹세했다.

며칠 간 뜸을 들인 후 어머니께 또 다른 내 뜻을 말씀드렸다.

"어머님, 제가 집에 있는 동안 집 단장을 좀 해야겠습니다. 벽도 새로 바르고, 방구들도 뜯어고치고, 도배도 하고, 마당도 많이 패여 낮아져서 빗물이 잘 안 빠지는데 마당도 고르고, 울담도 기운 데는 뜯어 다시 쌓고 해야겠습니다."

"그 일이 쉬워 보이겠지만 아무나 하는 게 아니다. 세상일이 다 마음 같잖음을 몰라 하는 소리다."

이 일에 대한 어머니의 반응은 달랐다. 나의 뜻에 반대 의향은 전혀 느낄 수 없는 대답이었다.

"어머님, 제가 할 수 있을 것 같습니다. 한번 해 보겠습니다."

자신감 있게 당찬 의지를 내 보였다.

"자신 있으면 해 보던지 마음대로 해라."

어머니는 마음이 놓이지 않으면서도 잘못하더라도 큰 탈 없을 것임을 아시기에 한번 맡겨 보자는 심산이신 것 같았다.

당장 준비를 시작했다. 친동기처럼 같이 살고 있는 작은 일꾼 영길이가 꽤 손재주가 있고, 영리한 것이 나에게 자신감을 갖게 했다.

집에 있는 흙손의 녹과 흙받기의 흙 더덕이를 깨끗이 닦아 챙기고, 흙체는 빌려서 흙을 져와 곱게 쳐서 아래 위채의 도벽은 그간에 많이 보아온 일이라 별 어려움 없이 할 수 있었으며, 영길이가 나 못지 않게 잘해 주었다.

다음은 고친 지 오래되어 불이 잘 들지 않아 따습지 않은 작은 방을 고칠 차례였다. 이 일은 영길이에게 조금도 의지할 수 없는 완전 내 몫이었다. 어머니 말씀대로 구들장을 뜯어고치는 일은 쟁쟁한 일꾼 가운데도 하는 사람이 따로 있을 만큼 쉬운 일이 아니었다.

마침내 곡괭이로 방바닥을 파기 시작했다. 구들장을 걷어내어 영길이더러 순서대로 마당에 줄지어 놓게 했다. 고랫담을 헐은 돌도 마찬가지로 뜯은 순서대로 놓게 했다. 고래를 매우고 있는 구들미를 말끔히 걷어 쓸어낸 후 고랫담 밑바닥에 황토와 짚북데기를 듬성듬성 썰어서 되게 이긴 흙뭉치를 다져 놓고 고랫담을 쌓을 돌에는 좀 묽게 이긴 황토 흙을 엷게 발라, 뜯은 역순으로 싸 올리고, 마찬가지로 구들장도 같은 방법으로 놓았더니, 한 치 빈틈없이 짜 맞추어졌다. 구들을 놓는 일 중 가장 어려운 일은 새벽질이었다. 구들장 위에 흙질을 하고 그 위에 장판지를 바를 수 있게끔 덧바르는 흙도배가 새벽질이다.

나는 구들쟁이가 하는 것을 미리 눈여겨 봐둔 대로 했다. 곱게 친 찰흙에 아주 부드러운 모래를 조금 섞어 좀 되게 개어서 바르고, 묽게 쑨 밀가루 풀을 덧칠해가며 흙손으로 존존히 문지르니 섬라纖羅처럼 고운 새벽질이 되었다. 새벽질을 하고는 최소 하루 이틀 정도는 자연건조를 시킨 뒤에 아궁이에 약하게 불을 넣어 천천히 말려서 초배를 여러 번 두텁게 하고 장판의 모를 잘 맞춰 붙이고, 장판지가 포개어진 선 위에는 졸대를 바르고, 사람이 자주 드나드는 문지방 앞에는 겹장판을 했다. 물론 장판을 하기 전에 천장과 벽의 도배를 먼저 했다. 아궁이에 불을 지피니 불이 잘 들고 방바닥이 고루 따뜻했다.

이렇게 해서 나는 우리 방 세 개를 비롯해서 친인척 집, 친구 집, 손이 없어 방을 고치지 못해 묵히고 있는 이웃들의 방까지 도합 아홉 개나 고쳐 정성껏 도배까지 하고 보니, 훌륭한 미장이, 구들쟁이, 도배장이가 된 기분이었다. 또 한 푼의 보수 없이 남을 도와준다는 흐뭇함에 농촌살이의 큰 보람을 느끼기도 했다.

이어서 기운 담장을 헐어 다시 쌓고, 황토와 막흙을 섞어 마당을 고르고, 수채까지 뜯어 고쳐 놓으니 물이 시원스레 잘 빠졌다.

또 이보다 훨씬 앞서 내가 입대하기 전의 일로, 모심기 철이 한창이었는데도 소는 친척집에서 빌릴 수가 있었으나 일꾼이 귀해 논을 갈지 못하고 있었다. 6.25 전쟁 때, 한국측 사망자와 행방불명자가 677,000명에 달한다니(국군 전사자 137,000명, 민간 사망자 240,000명, 행불자 300,000명 「국방부 전쟁사부戰爭史部」) 그 영향도 적지 않았을 것이다.

내가 갈아 보려 했으나 어머니는 농사를 망친다며 승낙을 하시지 않았다. 뒤에 안 일이지만 논갈이를 힘으로만 할 수 없는 것이, 쟁기의 보습이 깊이 들어가면 생흙이 나와 거름발이 나질 않고, 얕게 갈면 벼 뿌리를 깊게 박지 못해 농사를 그르치게 된다는 이치였다. 한데 소를 빌려주시겠다는 친척 아저씨 유용엽柳龍業 씨는 심한 지병인 천식으로 오래 전부터 일손을 놓고 계셨다. 그래서 그 아저씨에게 내가 논을 갈아보겠다고 해서, 아저씨가 논두렁에 서서 시키시는 대로 하여 우리 논과 아저씨의 대소가 논까지 마흔 댓 마지기를 갈고 써레질까지 해본 적이 있었으니, 나는 나도 모르는 새 의젓한 농사꾼으로서 손색이 없었다.

또 어머니를 도와 기쁘게 해 드릴 일이 없을지 요모조모 생각한 끝에 뜻밖의 횡재수를 만나게 되었다.

우리 집뿐 아니라 우리 마을이 대부분 이웃마을에 비해 더 가난한 까닭은 뒷들이 모두 사토沙土로 척박하여 벼, 보리농사가 잘 되지 않기 때문임은 두말할 나위 없었다. 우리 논은 스무 마지기가 뒷들에 한 자리에 붙어 있었는데 역시 사답沙畓으로 매우 척박하고 심하게 산성화되어 소출이 적었다. 게다가 그중 큰 논배미는 얕아서 쇳물이 내내 끼여 있어 도열병이 심하여 벼농사가 제대로 되질 않았다.

그래서 객토하는 것이 좋겠다고 생각했지만 마땅한 흙이 없었다. 마을 뒷들에는 밭도 없이 높낮이가 고만고만한 논뿐이었다.

그런데 우리 논과 귀를 맞대고 있는 대국밀과 양대나 심는 좁다란 순 모래밭 한 뙈기가 있었다. 강둑에 기다랗게 붙어있는 걸로 봐서 강둑을 쌓기 전에 시위로 밀려온 모래가 개펄에 밭을 풀어놓은 게 아닐까 하는 생각이 들었다. 혹시나 하고 보름달이 휘영청 밝은 달밤, 남들이 잠자리에 들 무렵 삽으로 밭 가운데를 파헤쳐 봤더니 아니나 다를까 보습질을 한 데서 집게뼘 남짓 내려가 차지고 차진 찰흙이 받치고 있었다.

군데군데 파보아도 매한가지였다. 구덩이를 메우고 마른 모래흙으로 표 안 나게 잘 덮어놓고 돌아왔다.

그날 밤 꽤 늦게까지 잠을 밀어내며 궁리를 했다.

'밭주인을 찾아가 반답反畓해 주는 조건으로 치울 흙을 내가 모두 가져가는 약속을 한다. 위의 모래흙은 깊은 논의 바닥을 메우고 그 위에 찰흙을 덮으면 일등 호답好畓이 될 것이며, 나머지 높은 논은 찰흙만 한 뼘 정도 돋우면 역시 일등 호답이 될 게 아닌가.' 하는.

이튿날 밭주인에게서 내 뜻한 대로 약조를 받아냈다. 대국밀이나 심는 사전沙田인데다 강둑에 풀어놓은 소들이 들어 알곡식이 익기도 전에 뜯어먹고 짓밟는 통에 제대로 수확을 못하는 처진데, 벼와 보리를 이모작 할 수 있는 논으로 만들어 주겠다는 데야 감지덕지하는 것은 정한 이치였다.

준비를 서둘러 작업에 착수했다. 인척이신 아저씨 유용상柳龍祥 씨께 달구지를 빌려달라 했더니 고맙게도 큰 황소까지 끼어 쓰라고 하셨다. 우리 소가 수소이긴 해도 아직 어려 달구지를 끌기가 버거움을 잘 아시는 아저씨의 후한 인심이 나를 돕게 된 것이었다. 소도 약하고 일꾼을 사서 할 형편이 못 돼 걱정하던 차에 '소는 농가의 조상' 이라는데 그 큰 황소를 빌려 주겠다니 고마움에 어안이 벙벙했다. 아마도 이 세상에는 부처님이나 하느님보다도 더 마음 좋은 사람이 살고 있구나 싶었다.

그 일이 적게 잡아도 보름은 걸릴 것 같고 또 무척 힘든 일이라, 소 두 마리로 큰 소 이틀, 작은 소 하루씩 번갈아 부리며 영길이와 나는 밀고 당겨서 보름 남짓 강행군하여 깔끔하게 끝마쳤다. 또 다행스럽게도 흙이 좀 남을 것 같아 걱정이었으나 이웃 논 두 집에서 역시 객토로 쓰겠다며 흙이 남게 되면 달라 해서 호부 간에 죄다 치워주기로 약속이 되어 밭주인에게도 흡족하게 논이 치어졌다.

그러고 보니 수십 년 간 모래 속 깊이 파묻혀 있던 보물덩이를 캐어낸 쾌거였다.

실로 모래 밑의 찰흙으로 스무 마지기 모래 논을 호답으로 만든 것은 장쾌한 횡재였다. 이처럼 쾌재를 부른 나에 대해 동리 사람들의 입에서는 많은 이야기가 뒤따랐고, 어머니와 나는 기쁘기 한량 없었다.

이듬해에 보리도 벼도 그전보다 거름을 훨씬 덜해도 병도 없이 검푸르게 잘 자라고, 대가 굵고 이삭도 충실하여 소출이 두드러지게 많아 어머니는 모처럼 기쁜 내색을 감추지 못하셨다.

나 또한 생후 처음으로 어머니를 기쁘게 해 드리는 자식도리를 한 것 같아 무척 흐뭇했다.

이처럼 어머니께 신뢰를 얻은 나는, 자신감이 생겨 연후 어머니의 승낙을 쉽게 얻어 손 없는 날을 택해 뒷간을 마루에서 보이지 않는 사랑채 칸 외양간 벽과 담장이 삼각을 이루고 있는 구석진 곳으로 옮기니, 뒷간 벽에 닭장이 나란히 놓이게 되어 안성맞춤이었다. 대문은 원래 뒷간자리의 담을 터서 옮겨 놓으니 아주 쓸모 있고 깔끔한 집으로 바뀌었다. 한편 농사는 수확량이 훨씬 많아져서 우리 살림에 윤기가 돌게 하는데 큰 보탬이 되었다.

이로써 우리 집 살림살이 안팎의 손볼 것은 얼추 마무리되었으며, 그런대로 시골에 머무른 의의를 느낄 수가 있었다.

여기에 내가 이런 하찮은 얘기를 늘어놓는 것은 나로서는 절실한 뜻이 있어서다.

어머니를 떠나보낸 지금에 와서 지난 세월을 되돌아보니, 자식노릇 똑 바로 못한 것만 떠올라 마음이 아프다 그런데 오직 한 가지, 제대 후 3년 남짓 시골에 머물면서 어머니의 집을 고쳐 다듬고, 땅뙈기를 기름지게 만들어서 수확이 크게 늘게 되어 어머니를 기쁘게 해 드린 그 일만이 진정한 효도였다고 생각되기 때문이다.

어머니께서는 자식을 위해 생을 다 바치셨는데, 나는 자식으로서 어머니를 위해 살지 못했으니 어찌 불효 막심한 일이 아니겠는가.

시골에 계속 사시겠다는 강한 집착을 단지 순진 무구한 사람일수록 관성이 강한 탓이리라고 가벼이 흘렸었는데, 훗날 1978년 봉천동 이층 단독 집에 살 때, 시골에서 사시겠다는 어머니를 끝내 모셔와 아래층 안방을 드려 정성껏 섬겼지만, 어머니는 고향생각이 나고 친구분들이 그리워서 종종 낙성대에 오르셔서 남쪽하늘을 바라보시며 눈물을 지으셨다고 들었다.

나는 옛날의 그 어머니를 결코 잊지 않고, 또 옛날의 나 그대로 순진한 어머니의 아들로서 어머니의 편안한 생활을 위해 마음을 다했지만, 아무리 지극하다 할 효심인들 뼈 속에까지 배어든 어머니의 농촌살이 굳은 정을 잊게는 할 수 없었으니, 자식의 삶을 위해 어머니는 끝내 당신의 삶을 희생한 셈이되었다.

사람은 누구나 자기가 살고 싶은 곳에서 살고, 하고 싶은 일을 하며, 좋아하는 사람들을 만나면서 즐겁게 살아가고 싶어한다. 그것이야말로 진정으로 행복한 삶이기 때문이다.

어머니는 당신의 남루한 삶이 절여 있는 고향 땅에서 살고 싶어 하셨으며, 벼이삭 보리이삭이 고개 숙여 누렇게 익어 가는 논밭을 바라보는 기쁨을 누리시고, 정든 사람들과 날이면 날마다 늦은 밤까지 오순도순 정담을 나누시며 그렇게 한세상을 살고 싶어 하셨던 것이다.

그러고 보니 아무리 순효順孝했다고 한들 석 달간 반포反哺를 한다는 까마귀보다도 못한 자식이었구나 싶어, 어머님 살아 계실 적에 좀 더 잘 모시지 못한 회한의 눈물로 가슴을 적시게 된다. 반포란 까마귀가 알을 부화하여 새끼가 자활할 수 있을 때까지 키우는 기간이 3개월이 소요되는데, 그 새끼가 어미에게 은혜를 갚기 위해 똑 같이 석

달 간 어미를 둥지에 가만히 앉혀 놓고 먹이를 날라다 먹여주는 것을 이른다.

동경하던 서울에 삶의 터전을

창수 아버님은 약속 하신대로 나를 대구로 불러 일자리를 마련해 주셨다. 친구의 형님 영수永洙이 서울 동업 공장으로 가고, 그가 하던 일을 내가 맡게 된 것이었다.

공장 규모는 작았어도 상당히 호황을 누리는, 주로 종광, 바디, 목제 및 알루미늄제 꾸릿대 등을 방직회사에 납품하는 제조업체였다.

거기에서 1년 반쯤 근무하던 중에 결혼을 하였는데, 내 결혼에 관한 얘기는 이미 하였다. 결혼 후 5개월반에 서울로 직장을 옮겨왔다. 서울은 멀게는 학창시절부터, 가까이는 군복을 입고 처음으로 서울 땅을 밟게 된 그때부터 호기심의 대상이었고, 무척 동경하던 곳이었다. 그래선지 서울 생활에 쉬이 익숙해졌고, 하는 일에 만족할 수 있었으며, 쉽게 안정된 생활을 할 수 있게 되었다.

1965년 5월 상경하여 1년 정도 회현동에서 살면서 가끔 남산 위에 오르곤 했는데, 저 멀리 서해로 흐르는 한강 물을 바라 볼 때마다 낙동강이 떠오르고 누나가 생각났다.

'누나가 살아 있었더라면 내가 결혼을 하고 서울에 직장을 갖게 된 것을 무척 기뻐할 텐데……. 어머니와 함께 서울 구경도 시켜주고 백화점에 가서 옷도 사주고 하여 내가 받은 정을 하나하나 갚아주는 기쁨을 얻을 수가 있을 텐데…….' 나는 염념불망念念不忘할 때마다 남모르는 아픔이 가슴 밑바닥에 앙금처럼 가라앉곤 했다. 또 덕이와 자야는 어떻게 지내는지 늘 마음에 걸렸다.

인척 되신 재일교포 유용갑柳龍甲 아저씨께서 한국에 사업을 벌이겠다며 나를 불러 올린 것이었다. 회현동에 2층 큰 방 네 개를 전세 얻어 보기 드문 텔레비전도 한 대 놓고, 가구도 장만하고, 전화도 설치하여 몸만 들면 되도록 훌륭한 살림집 준비까지 해놓고는 전세 보증금과 세간을 모두 내 소유로 해 주었다.

그 아저씨는 이미 내게는 그지없이 은혜로운 사람 중의 한 분이셨다. 그가 일정 때 일본으로 징용을 갈 때, 그 집 할머니를 비롯한 온 가족이 울음바다를 이룰 적에 우리 집 식구들과 함께 채 어린 나도 눈물을 지운 기억이 남아 있을 만큼 아저씨 댁과 우리 집 사이는 큰집 작은집 못지 않게 속 차게 잘 지냈었다.

그렇게 징용을 갔던 아저씨가 처음으로 고국산천을 찾아오셨을 때, 나는 막 제대를 하여 시골에 머물고 있었다.

그는 금의환향하신 것이었다. 해방 후 일본에서 한쪽 손의 중지와 약지를 잃어가며 비닐 공장의 숙련공에 이르렀고, 리어카를 끌며 고물장사를 하여 번 돈으로 비닐 공장을 경영하여서 많은 돈을 모아 규모가 꽤 큰 법인기업도 설립했으며, 경영의 호조로 상당한 재력가로 자리 잡으셨다.

그가 두 번째 고향을 찾아 오셨을 때의 일이었다. 밤늦게 우리 집에 들려 어머니와 옛날 얘기부터 그간에 살아온 경과를 주고받느라 시계바늘이 오야午夜를 한참 지났을 무렵 뜻밖의 아저씨 말씀은 옆에서 얘기를 듣고 있던 나를 자못 놀라게 했다.

"아지매, 여상이를 날 주소. 내가 일본에 데리고 가서 대학 공부 시켜서 우리 회사에서 월급 제일 많이 주고 데리고 있을게요."

아저씨의 두 눈은 어머니의 얼굴을 진지하게 응시하고 계셨다.

"좋지요. 제발 데리고 가소."

어머니는 조금도 주저 않고 선뜻 동의하셨다.

"아지매. 혼자 살 수 있겠어요?"

아저씨는 넌지시 떠보시는 것 같았다.

"그래만 된다면 내사 춤을 추겠소."

오직 자식의 장래를 위해서라면 당신의 인생쯤은 헌신짝처럼 내던지시겠다는 어머니의 결연한 의중이 실려 있는 대답이었다.

"그럼 아지매, 서울 가는 길에 방법을 알아보고 추진해 볼게요."

"아주버니, 고맙습니다. 제발 성사되도록 부탁해요."

좀체 큰 웃음을 보이지 않으시던 어머니의 얼굴이 모처럼 환히 밝았다.

그 후 아저씨는 나의 이력서, 호적등본, 병력증명서, 사진 등 필요한 서류를 챙겨 관계 기관에 제출하여 줄곧 교섭하셨으나 한일국교 비정상화로 인해 안타깝게도 좌절되고 말았다.

아저씨께서 나를 서울로 불러들이게 된 단초가 바로 이 일과 무관하지 않았으며, 이처럼 나를 '미더운 사람'으로 인정해 주신 아저씨는 내 평생 잊어서는 안 될 은인 중의 한 분이셨고, 나는 억세게 팔자가 사나우면서도 이래저래 인덕이 많은 행운아였으며, 그것만으로도 행복하기에 부족함이 없었다. 그러나 그 결과는 모두 안타깝게도 일사무성一事無成이었고 내 숙명으로 체념할 수밖에 없게 되고 말았다.

내가 서울에 오니 이미 북창동에 있는 유성有成다방을 매수하여 장사를 하고 있었으며, 또 충북 보은군 괴산면에 광산을 사서 공장을 지어 천연 슬레이트(석판개와: 石板蓋瓦)를 제조하여 전량 일본으로 수출한다는 계획을 세워 놓고 있었다. 이에 나는 완강히 반대를 했다. 다방을 운영하면서 한국 실정을 좀 더 파악한 후에 큰 사업을 벌이는 것이 좋겠다는 것이 표면적 이유였으나, 실은 기초조사도 없이 곁꾼들의 부추김에 현혹되어 현장답사 한번 하질 않고 방안에 앉아서 돌 쪼가리 몇 쪽 들여다보고 사업성이 좋다며 투자를 하겠다는 아저씨를 나는 무척 못마땅해 했다. 게다가 남이 하다 실패하여 문을 닫은 사업체였기에 더욱 그러했다.

"아저씨, 지금 서울에는 사기꾼들이 들끓어요. 누굴 믿고 가 보시지도 않고 광산을 사려고 하십니까? 저라도 한번 가보겠습니다."

나는 아저씨의 주도면밀하지 못한 처사를 나무라기라도 하듯 내뱉었다. 이에 아저씨의 대답은 단호했다.

"사네처럼 철저히면 사업을 할 수 없다네. 노름 한판 하는 셈치면 될 것 아닌가. 그리고 만약 실패하더라도 그 돈이 어딜 가나? 한국 땅에 떨어지지. 맨주먹으로 일본 가서 번 돈 조국에 기부하는 셈치면 될 것 아닌가. 걱정 말게. 내가 믿을 만한 사람들을 보내서 알아보고 하는 일이니 자네는 이 일에 신경 쓸 것 없네, 나중에 일만 맡아하게."

사업의 성공과 실패는 엄청난 상반의 결과를 초래한다는 것은 자명한 상식인데도 주저하지 않고 밀어붙이려는 통 큰 아저씨의 기세에 나는 위압당하지 않을 수가 없었다.

내막은 이미 결정된 상황이고, 내게는 형식적 통고에 불과하며, 아저씨의 주위에는 끈끈한 연줄로 엮어진 배후 인물들이 있음을 감지할 수 있었다. 그래도 나는 시비곡직是非曲直을 분명히 가려야만 직성이 풀리는 성격이라 입을 다물지 못했다.

"아저씨, 이 사업을 하시려면 철저한 기초 조사가 우선 되어야만 합니다. 정확한 시장조사, 광석의 품질, 매장량, 공장 입지, 전 경영자의 사업 실패 원인 등의 기초 조사를 해보고 그 결과를 토대로 확고한 사업성이 인정될 때 투자 결정을 해야 합니다. 광산을 사고 공장을 지어 기계 시설을 하려면 거액의 자금이 소요될 텐데, 현지에 한번 가 보시지도 않고 남의 말만 듣고 일을 벌이시겠단 말씀입니까?"

"내가 견본을 일본에 가져가서 여기저기 알아봤는데 반응이 매우 좋았네. 100% 일본으로 수출할 테니 자네는 생산만 하면 되네."

아저씨는 「사업계획서」란 표제가 붙은 서류를 주셨다. 꼼꼼히 살펴보니 미농지美濃紙에 묵지를 받쳐 쓴 건데 글씨도 퍽 잘 썼으며, 양식이나 내용도 매우 훌륭했다.

그러고 보니 나는 괜히 객쩍은 헛소리만 늘어놓은 꼴이 되어 멋쩍기 이를 데 없었나. 뒷북을 쳐도 너무 요란하게 두들겨 패어 온몸에 힘이 쭉 빠져 버렸다.

그 뒤 아저씨의 수족들이 소개되었고, 그 사업은 일사천리로 추진되어 「유광柳光천연슬레이트공업주식회사」란 상호로 간판을 걸고 공장이 가동되었다. 재일교포로 아저씨의 친구인 윤종수尹鍾洙씨의 4촌

동생 되는 윤종록尹鍾錄씨를 대표이사로 앉히고, 전무이사직을 내가 맡아 서울 본사를 관장했으며, 광산과 공장 관리는 서울상대를 중퇴했다는 김영욱金榮昱 상무가 맡았다. 아저씨는 주로 서울에 머물며 잠깐잠깐 일본을 왕래하며 자금조달에 전념하셨다.

아저씨는 회사 설립이 시작될 무렵 나에게 밀약을 해 주셨다. 회사 이익금의 4할四割을 나에게 분배해 주겠다는 망외의 약조였다. 그러니까 그 이익금은 사내 유보를 하든, 이익 배당을 하든 4할은 내 몫으로 배분해 주겠다는 그야말로 파격적인 대우였다. 이에 크게 고무되어 나는 회사 일에 혼신의 열정을 쏟아 부었다. 공장 건설 용재를 구매할 때나 외주 계약을 할 때는 반드시 5개 처 이상의 견적을 받아 질과 금액의 대비표를 작성하여 품목별 대비 저가를 기준으로 하여 가격경쟁을 유도하는 구매 원칙을 세워, 짠 가격에 양질의 물품을 구매할 수 있었다. 그렇게 하여 광산에 공장을 짓고, 기계 시설 등을 하는데, 내 공장을 짓는다는 심정으로 심혈을 기울여 한 푼 낭비 없이 일체 내 손으로 자재를 구매하여 완벽하게 준공했다.

금상첨화로 대구에서 12,000원 받던 월급이 서울에 와서는 35,000원으로 수직상승하니 가위 운니지차雲泥之差라 할 만했다. 그 즈음 내 운세가 내 일생을 두고 모처럼 시쳇말로 반짝 틔었던 모양이었다.

아저씨께서는 (주)미원의 임대홍 회장과 합작회사 설립을 추진한 적이 있어서 서소문에 소재한 (주)미원 인원들과 교뷰이 두터웠다. 그런데 사업을 하려면 큰 회사를 경영하는 사람들을 많이 알아 놓는 게 좋다며 (주)미원에 가실 때마다 나를 데리고 다녀서, 당시의 임대홍 회장, 이휴 전무, 박상래 기획실장 그리고 임 회장의 동생인 내쇼날프라스틱(주)의 임채홍 사장들과 알고 지냈다.

어느 날, 구로구 가리봉동에서 가내공업을 한다는 한운경韓雲卿이란 사람이 어떻게 알았는지 나를 찾아와서, (주)미원에 에보나이트 파우더ebonite powder를 납품하게 해주면 매출액의 10%를 커미션으로 주겠다는 제의를 해와 납품을 하게 되었다. 에보나이트 파우더는 미원 용기인 주철 탱크 내면을 코팅하는 도료塗料였다. 구매를 박상래朴庠來 기획실장이 맡고 있어 쉽게 납품 주선이 이뤄졌다. 당시 (주)미원은 등등한 사세로 확장일로에 있어 그 수요도 퍽 많았다. 이렇게 해서 나는 약 1년 사이에 집 두 채 값을 더 벌었다. 당시 도심에서 조금 벗어나 대지 45평인가 되는 국민주택 가격이 40 ~ 50만원 정도였다.

그런데 내 월급과 더불어 연수年收가 1백30여 만원에 이르렀으니, 소시민으로서의 한해 수입은 경이로울 정도로 엄청났다.

그러나 나는 그와 같은 절호의 운세를 나의 미래, 나의 인생에 결부시키지 못하는 장승보다 더 멍청한 처신을 즐겨 했다. '나' 라는 생명체는 항상 내 강경한 주정주의主情主義의 볼모로 고비마다 육신의 살덩이를 털어 버리는 고통을 면할 수가 없었고, 또한 그 아픔을 고독한 내 행복으로 만끽하곤 했다.

공장에서는 제품이 생산되어 쌓여갔고, 샘플은 헤아릴 수도 없이 일본으로 보내졌다.

나는 회사에 내 명운을 걸고 분골쇄신했다. 회사 일을 본무本務로 하고 다방 관리도 맡았었는데, 항상 해가 뜨기 전에 다방 문을 두들겼고, 퇴근은 다방 문을 닫고 통행금지 시간인 12시를 다퉈서야 귀가할 수 있었다.

나에게 아저씨의 은혜는 백골난망이었다. 내 몸뚱이를 몇 조각을 내어서 떼어도 모자랄 지경이었으며, 그 우악優渥한 은혜에 내 성의를 다하겠다는 충정에서 내 수입에서 최소한의 생활 유지비를 제외하곤 죄다 회사와 다방 운영에 관련한 경비에 충당했다. 수입이 좋았던 처음 1년 간은 내가 쓰는 어지간한 경비는 부외簿外로 하고 잠자코 사비로 지출했다.

아저씨께서 한국에 사업을 벌인 사실이 알려지자 아저씨와 친면이 있는 재일교포 중 한국에 오는 사람은 빠짐없이 다방을 찾았다. 나는 아저씨가 안 계실 때는 꼭 내 사비로 훌륭히 접대했는데, 그런 손님은 일본뿐 아니라 국내에도 수없이 많았다. 그 외에도 관공서 같은 데 들어가는 증빙 없는 경비는 말할 것도 없고, 내 업무 활동에 따른 모든 경비는 거의 내 호주머니에서 내 보냈다.

살림집과 가구 일체와 4할의 이익 배당권을 부여받은 나로서는 그것은 최소한의 도의적 역할로 의당하게 여겼으며, 내 일에 내 돈을 쓴다는 심정에 다름없었다.

다방은 2, 3개월 짭짤히 장사가 되다가, 바로 옆 건물에 다방이 생기면서부터 모닝커피에 에그egg를 서비스하는 등 경쟁이 치열해갔다. 이에 나는 애지중지하던 TV를 다방에 내다 걸고, 늘씬하고 얼굴이 예쁜 레지들로 오히려 그 수를 늘리고, 또 다방계에서 여왕으로 이름난 최일류 마담을 초빙하여 기본급을 정해놓고 매상고에 비례하여 누진급여를 지급하는 등 분발 촉진 경영을 했다. 또 내부 도색을 새롭게 한 후, 화환을 몇 개 세우고, 수인이 바뀐 것처럼 거짓 신장개업을 꾀해 보기도하며 줄곧 공격적인 경영으로 맞섰다.

회사는 예상외로 영업 준비기간이 길어지고, 그 비용이 늘어나 쪼들리기 시작했다. 나는 내 성의를 다하기 위해 회현동의 전세금을 뽑아 회사에 입금시키고, 만리동 양정고등학교 앞에 부엌문을 통해 드나드는 쪼끄마한 방 한 칸을 전세 얻어 나왔다.

그와 동시 내 생각에 아저씨께서는 지금의 회사가 잘되든 잘못되든 상관없이 무슨 사업이든 계속해서 하실 것으로 믿고, 아저씨의 출자금의 흐름을 투명하게 밝혀 두기 위해서는 아저씨의 근척近戚중에서 한 사람이라도 사무실에 앉히는 게 좋겠다 싶어, 부산에 살고 있던 아저씨의 종제 부부를 채용하자고 간청하여 다방관리 일체와 회사 업무에 참여케 했다. 이 일은 회사 설립 당시부터 나의 주장이었으나 아저씨의 강경한 반대로 뒤늦게 성사된 것이었다.

그 뒤의 숱한 얘기는 일일이 초들어 말할 것 없이 결과만 요약하면 결국 일본으로의 수출은 원석만 가능하고 제품은 절대 불가하다는 일본 당국의 결론이 내려졌으며, 따라서 당초 목적한 수출사업은 암초에 부닥치고 말았다. 그렇게 되자 주로 한국에 체류하던 아저씨는 되레 일본에 머무는 기간이 길어지고 자금 조달이 어긋나기 시작하더니 결국엔 종지부終止符없이 회사와 예하隸下를 헌신짝처럼 내던져 버렸다. 이에 우리 경영진들은 숙의에 숙의를 거듭한 끝에 자구지책으로 국내시장의 개척을 시도했으나 서울 역사驛舍와 고려대학교 본관을 천연슬레이트로 개와한 이래 국내에서 그 예를 찾아 볼 수 없을 만큼 가격이 월등히 비싸 시장개척이 어려워서 고급주택 한 채를 수주하여 시공하는 것으로 끝내야 했다.

우린 부득이 상호를 '한국대리석공업주식회사' 로 변경하여 대리석 시장에 뛰어 들었다. 당시 대리석 시장은 답십리에 소재했던 '동양대리석공업주식회사' 가 크게 점유하고 있었는데, 그 회사에서 일한 경험자를 중심으로 영업팀을 구성하여, 서울 시내를 몇 파트로 나눠 구역별 담당 시스템을 가동, 사생결단으로 활로를 개척하려 했으나 두어 가지 결정적 결점이 드러났다. 즉 넓은 판으로의 할석割石이 불가능하여 대리석 소재로 부적합하다는 것이 그 하나이고, 또 한 가지는 철분이 많아서 색깔이 오석烏石같이 진한 검정이 아니고 갈색의 분상粉狀 어룽선이 나 있다는 점이었다. 그래서 큰 건물의 공사는 아예 수주가 불가능했으며, 자질구레한 일거리로는 타산이 맞질 않아 만 2년 만에 간판을 내리고 말았다.

그래도 아저씨께서 싹 돌아앉아서 모른 체하시는 것은, 실패한 사업으로 인한 돈 문제보다는 부리고 있던 사람 문제를 해결하기 위한 일시적인 책략으로 받아들이고, 적어도 일찍 가난과 눈물을 나눠 온 인척들에게만은 뒷조치가 있으리란 믿음에 추호의 의심을 가져 본 적이 없었다. 그러나 그리 머잖은 뒤에야 그처럼 말 다르고 속 다른 장사치의 생리를 나는 전혀 모르고 있었음을 깨닫게 되었던 것이다.

그 와중에 내가 수십 차례 드나들며 구 시민회관 옆 제법 큰 공사를 수주하고 사정사정하여 통상의 관례에 없는 꽤 많은 계약금을 받아 왔었는데, 사장이 그 돈 모두와 전화 한 대를 팔아 자취를 감춰 버렸다. 그이도 딱한 사람이었다. 동대문 구청에 재직 중에 월급 좀 많이 받겠다고 전직했다가 낭패를 당했는데, 그만한 짓으로 아저씨와의 관계를 정리하고 말았으니 오히려 가상嘉尙하게 여겨야 할 일이었다.

그 바람에 나는 그 공사를 마무리하느라 죽을 똥을 쌌다. 나야말로 가상하기로 말할 것 같으면 윤 사장의 추종을 불허할 전무후무한 인물에 해당할 만했다. 우리 회사가 월급을 지급하지 못하게 된 즈음에, 김진정 선생님께서 경북의 준재벌인 이동녕 씨 회사에 기획실장으로 계신 선생님의 장인 어른께 간청하여 내 일자리를 마련해주셨다.

그러나 나는 망해 가는 회사라고 해서 뒷정리도 하지 않고 사리私利만을 추구하여 나 몰라라 하고 뛰쳐나오는 것은 사람의 도리가 아니라는 생각에 선생님의 뜻을 받아들이지 못했다.

끝내 언질 한마디 없는 아저씨의 처사로 보아 불원간 실직자로서 감내하기 어려운 고통에 처할 것이 자명함을 예상하면서도, 또 수개월간 월급 한 푼 받지 못하면서도, 어렵게 마련해진 새 일자리를 마다하고 회사정리에 몰두했다. 남들이 보기에 참 반편이 같은 짓일 터인데, 나는 당연한 나의 의무로 여기며 의연毅然했다.

남자는 의리를 목숨같이 여겨야 하고, 사람은 은혜를 하늘같이 우러러야 하며, 결과보다는 동기와 과정을 중시해야 한다는 것이 나의 지배적 중심사상이었으니, 어쩌면 어리석었노라고 부끄러워만 할 일이 아니었다고 자위를 해도 될는지…….

한편 다방은 이미 껄끄럽게 돼 있었다. 내가 관리를 맡고서 인사차 건물 주인을 찾아갔을 때 뜬금없는 소리에 날벼락을 맞았다.

"다방주인이 누군데, 누구한테 무엇을 샀다는 거요? 내 건물에 내 돈으로 시설 다하고 비품까지 모두 갖춰서 임대를 했는데, 겨우 차구茶具만 들고 와서 남의 다방에서 장사하던 사람한테 거액을 주고 다방을 샀다고요?"

고웃음을 치는 건물 주인의 말이 나를 황당하게 만들었다.

그러나 그 말끝에 가타부타 꼬리를 다는 것은 신중치 않다고 여겨 '앞으로 많이 도와주십시오.' 하고 물러났으나, 내심 크게 걱정이 되어 그 길로 바로 아저씨를 찾아가서 여차여차 하니 대책을 세워야 될 것 같다고 말씀을 드렸다.

"쓸데없는 걱정 말게나. 믿을 만한 사람의 소개로 샀다네. 다방이란 원래 다 권리금이야. 기한이 되어 우리 명의로 계약을 갱신하면 우리 다방이 되는 건데 뭘 그래."

이번에는 아저씨의 심드렁한 대꾸가 나를 멋쩍게 만들었다.

아니나 다르랴, 얼마 후에 기한이 되어 계약을 갱신해 달라 했더니 건물주는 콧방귀만 뀌다가 불문곡직하고 기한 내 나가달라며 안 나가면 명도신청을 하겠다는 강경한 태도였다.

비로소 사태가 심상치 않음을 알게 된 아저씨는 일본에서 온갖 선물을 가져와 진상하는 등 별별 짓을 다해도 소용없었다.

인천의 건물주 자택에 수없이 찾아가 애걸복걸했으나 주인의 대답은 한결같이 냉담했다.

"보증금 몇 닢 걸고 월세로 내 집에 사는 사람한테 월세 그만 놓고 주인이 살겠다는데, 더 이상 무슨 얘기가 필요하단 말이요?"

무뚝뚝한 말씨가 전형적인 경상도 어투인 그가 어쩌면 우리 고향 부근 사람이 아닐까 하는 생각이 불현듯 떠올랐다.

그 이튿날 건물 관리인 노인을 모셔 점심을 칙사 대접하면서 슬슬 구슬려 건물주 배순태 씨의 고향이 경남 창원군 상남면인 사실을 캐냈다. 내 고향이 창원군 대산면인데다 나도 창원면 도계리에서 기차 통학을 했으니 상남에서 통학을 한 기통부대(기차 통학생무리)가 수두룩했었나. 나는 친구 중에 배순태 씨와 가정적으로 막역한 관계에 있는 사람을 찾아 연줄 작전을 꾀해 보려했다.

전화 몇 통에 아주 걸맞은 친구가 나타났다. 무척 호탕한 기질에 적극적이고 긍정적이며 시원시원한 친구로 연세대를 나와 삼환질석공업주식회사 판매과장으로 있는 박춘만朴春滿이었다. 그에게 다방 사정을 말했더니, 배순태 씨와는 동향인으로서 가정적으로 불가분의 관계라며 같이 가서 부탁해 보겠다고 했다.

즉시 춘만이와 만나자고 했더니, 역시 고등학교 동창인 이상돈李相敦과 함께 나왔다. 셋은 중국집에서 우선 배갈 한 도구리에 저녁 식사를 하고 2차로 맥주 한잔 하자며 문안에서도 손꼽히는 다동의 비어 홀 '호수그릴'로 들어갔다. 아직 이른 시간이라서 손님이 한 사람도 없었다.

어쩌면 이번이 최후의 기회일지도 모른다는 절박한 심경에 최선을 다해야겠다는 생각이 들었고, 내 수중에는 미원회사에 납품 커미션으로 받은 돈이 10만 원 좀 넘게 있었다.

나는 또 우매하게 엉뚱한 짓을 저질렀다. 그날 저녁 매상을 내가 책임지는 조건으로 팁을 포함 10만원을 내고 비어 홀의 문을 모두 걸어 잠갔다. 말하자면 매장을 통째로 하룻밤 전세專貰를 낸 것이다.

"오늘 저녁에 팔 술을 모조리 끄집어내고, 종업원들도 다 나와서 함께 마시자."

나는 제법 호방뇌락豪放磊落한 척했다.

그것은 춘만에게 다방 일의 중요성을 우회적으로 인식시켜 성의껏 교섭을 해 달라는 나의 간절한 소회의 표현이었지만, 배후에는 아저씨의 난사를 멋들어지게 해결해 놓겠다는 속셈이 깔려 있기도 했다.

내 말에 좇아 맥주상자가 한옆에 수두룩이 쌓이고, 홀 한가운데에 거대한 술상이 차려졌다. 기억컨대 호스티스들이 어림잡아 스무 명은 될 성싶었다. 당시는 룸살롱이나 비어 홀이 미녀의 전당이었다. 피나게 못살던 시절이라 돈벌이가 좋은 곳으로 전국 방방곡곡에서 미녀들이 물불을 가리지 않고 모여들었기 때문이었다.

그날 밤 술에 약한 나는 생래 처음으로 뼛속까지 알코올이 배어들도록 실컷 마셔버렸다. 마치 천추의 한이라도 풀려는 듯 목구멍까지 차오르도록 벌컥벌컥 들이마셔 게워내기를 몇 번씩이나 하고도 결국엔 정신을 잃고 뻗어 버렸다. 이미 통행금지시간이 한참 지났으나 용케도 내 수첩 첫 장에 전화번호가 적혀 있어 술집의 특별한 배려로 경찰차에 실려 집으로 왔다. 그 길로 이틀 동안 술탈이 나서 약을 사다 먹어가며 구들장을 지고 지내야만 했다.

며칠 후, 춘만이와 함께 인천 배순태 씨 집을 방문했다. 춘만이가 나와 동행한 속내를 번히 들여다보고 있을 배 씨였건만, 춘만이를 무척 친절하게 대하는 그의 태도가 나로 하여금 행여나 하는 희망을 잠시나마 갖게 했다. 그러나 막상 다방얘기가 춘만이의 입밖에 나오자마자, 배 씨는 엄격한 안색에 담담한 심정으로 간결하게 말했다.

"절대 불가한 일을 가지고 더 이상 거론 말게. 내가 할말은 이미 다 했다네."

일언지하의 비토였다.

그의 결연한 언명言明은 칼로 무 자르듯 매서워서 이미 엎지른 물이구나 싶었다. 긴 얘기도 못해보고 아무런 소득도 없이 우린 물러날 수밖에 없었다.

다방 관리를 인계한 뒤에도 여러 번 인천 건물주 집을 찾아 다녔으나 모두가 공염불이 되고 말았다.

진작부터 나는 다방을 소개한 사람에게 책임을 추궁해야겠다며 다방을 매수하게 된 경과를 얘기해 달라고 했으나, 아저씨는 다방을 잘못 산 책임은 전적으로 자신에게 있다며 절대 소개자 측엔 거론하지 말라고 하셨다.

다방을 소개한 사람은 제일무역주식회사 정 모鄭 某사장으로 아저씨처럼 한국과 일본을 내왕하면서 환치기로 상호 편의 도모관계를 맺고 있어 아저씨에겐 긴요한 인물이었다. 다방 소개는 정 사장의 심복이 했다니 일이 되어가는 꼴로 보아 장난을 친 게 분명하다고 판단되었다. 그래서 한번 뒤집어 보고 싶었다.

남대문 경찰서에 고등학교 동창인 전일수全一秀가 근무하고 있었는데, 그는 매우 똘똘해서 사건화하기도 용이했으며, 사기죄로 제소도 가능했으나 아저씨의 완강한 반대로 한번 쑤셔 파보지도 못하는 게 매우 안타까웠다.

그로부터 얼마 후 아저씨의 사업자본이 외화 불법 반입으로 범법행위라며 서울시경 외사과 소삼영蘇三泳이란 경관이 찾아와 아저씨를 입건하겠다는 걸, 술 한 잔 잘 대접하고 뭉칫돈으로 해결하는 일이 생겼다. 그제야 아저씨는 그런 걸 염두에 두셨던가 하는 생각이 들었다.

노회한 다방주인은 명도신청을 하게 되면 권리금을 200만 원이나 준 정황 참작에 따른 불리한 판결을 우려했던지, 고사작전에 나섰다. 바로 2층에다 또 하나의 다방을 만든 것이다. 밑바닥이 좁다란 4층 건물에 다방이 2개나 되니 적자운영으로 버티다, 그 때 돈 350여만 원가량을 걸립신乞粒神에게 소지燒紙사르듯 불살라 버렸다.

이제 남은 건 광산과 공장뿐이었다. 그러나 그것은 어떤 망령든 사람의 잠꼬대 같은 짓이 없다면 광산으로의 매도는 전혀 불가능했고, 별 쓸모없는 척박한 산으로 남았다. 그런데 김영욱 상무가 공장 주변의 경사가 완만하고 널따란 땅에 밭을 일궈 자급자족을 꾀하며 붙들고 있다가, 괴이한 사유로 해서 김 상무 집안으로 등기이전이 됐다.

회사가 문을 닫고, 아저씨의 사업이 일체 정리되자, 나는 된통 된서리만 맞았다. 엄청난 가외 수입금, 월급, 내 소유로 해준 전세보증금과 TV 등, 세간 일체를 아저씨의 사업을 살려 보겠다며 깡그리 내던졌던 것이다. 또 수개월 간 월급 한 푼 받지 못하면서도 마련된 새 직장을 마다하고 회사를 말끔히 정리해야만 은혜를 아는 사람의 도리라고 여기는 데 추호의 머뭇거림이 없었으니, 이 얼마나 가상한(?) 일인가.

그 뿐만이 아니다. 아내의 바지 양 무릎은 작은 국자만한 헝겊으로 기워져 있었다. 말하자면 아내에게 바지 하나 사 입히지 않고도 쾌할 만큼 회사에 충성을 다했다는 뜻이다. 심지어 아내는 나들이 할 때는 남의 옷을 빌려 입기까지 했으니 무슨 말이 더 필요하랴. 우리 이삿짐이 조치원역 구내에서 열차에 불이 나 죄다 타버려 보상은 받았으나, 아내에게 옷 한 가지 안 사 입히고, 그 돈 마저 내 호주머니를 통해 허공으로 날려보냈던 것이다. 그 만큼 나는 회사를 살려야 한다는 집념에 사로잡혀 있었으면서 나의 사삿일엔 등신 노릇을 했다. 급기야 아내의 결혼기념 금붙이마저 몽땅 팔아먹었다.

이처럼 나는 반편처럼 아저씨께 가진 것 모두를 남김없이 털어 바치고도 떳떳이 처신했노라며 조금도 후회하지 않았으니, 듣기 좋은 말로 사주팔자라 해둘까?

아저씨는 사업 실패에 대해 전혀 책임을 지지 않았다. 알몸으로 나앉게 된 충성스런 시중꾼에게 귀환할 한 냥의 노자는커녕 말 한마디 없었고, 얼굴 한번 내밀지 않고 사라져버렸다. 그래도 나는 항상 결과보다는 과정을, 과정보다는 동기를 중시하는 성정이라, 그 아저씨를 잊어서는 안 될 은인으로 여기고 있었다. 그래서 그로부터 2십 년이 더 지난 후 일본에 출장을 갔을 때, 아저씨의 자택까지 찾아 가 뵙기도 했다.

회사의 뒤처리를 그토록 나 몰라라 하는 아저씨의 처신이 무척 불만스러웠지만, 풀밭에 수은 엎지르듯 거금을 쏟아 날려 버린 결과를 아저씨의 자작자수만이 아닌, 황폐한 그의 조국 땅의 풍토도 한 몫 거든 것 같아, 내 설움만 치밀어 올릴 수가 없었던지 모를 일이었다.

하여간 콧구멍만한 전세방 하나 달랑 가지고 실직한 나는 앞이 캄캄하도록 난감했으나, 주인집 아주머니의 주선으로 여덟 명의 학생에게 과외 지도를 시작한 지 얼마 안 되어 절친한 친구 이창우의 따뜻한 배려로 새 일자리를 구할 수 있었다. 대단히 어려운 형편에 놓여 있었던 나로서는 무척 다행한 일이었으며, 그 친구가 구세주처럼 고맙기만 했다.

그로부터 몇 년 후에 아저씨가 만나자고 했다. 부산에서 사업을 할 예정이라며 집 한 채 사줄 테니 부산으로 가자고 했으나 나는 일언지하에 거절했다.

여기에서 이 일에 대한 시시콜콜한 긴 얘기는 퍽 멋쩍으나 내가 어리석었기에 항상 어리석게 살 수밖에 없었고, 또 그렇게 사는 데서만이 고독하나마 행복을 느낄 수 있었던 내 인생관을 말할 기회가 다시는 없겠기에 춘향이 양장이라도 하듯 덧든 세설을 늘어놓는 우를 또 한번 범한다.

자야가 찾아오다

1970년대 막바지 가을이 조락하고 있었던가.

저녁 나절, 경상도 억양이면서도 비교적 표준어를 쓰는 젊은 여인의 맑은 목소리가 수화기를 울렸다.

"여보세요, 문여상 씹니까?"

상대방은 교환 받은 전화라서인지 그렇게 말해왔다.

"예, 그런데요."

"아재, 저 ㅇ잡니다."

어릴 적 오빠라고 부르던 자야가 아재라고 불렀다.

"뭐! 자야라고? 지금 거기가 어디야?"

너무나 뜻밖이라 바짝 졸라매 듯한 내 목소리는 분명히 음색이 당황하고 긴장했다.

"서초동, 시누이 댁인데요. 아재, 오늘 퇴근길에 좀 만나 뵈옵고 싶은데 다른 약속이 없으신지요?"

지극히 또랑또랑하고 개성 있게 들렸다.

"그래, 내가 서초동으로 갈 테니 약속장소는 네가 정해라."

그리하여 시간과 장소가 정해졌고, 기사가 약속한 장소를 쉽게 찾았다.

자야와 마주앉은 내 감회는 깊고도 깊었다.

20여 년 만에 마주 앉은 자야는 누나를 맨 처음 만났을 때의 모습을 쏙 빼닮아 나를 25년 전의 세상으로 옮겨다 놓은 듯했다.

꿈결같이 흘러 보낸 누나와의 행복스러웠던 소년시절이 주마등처럼 잠시 뇌리를 스쳤다. 만감이 가슴을 메웠다.

"내 전화번호를 어떻게 알았나?"

"정시正是 아줌마(부산에 살고 있는 내 여동생)를 언니가 길거리에서 만나게 되어 아재 전화를 알게 되었고, 서울 오는 길에 꼭 한번 만나 뵙고 싶었습니다."

"언니도 잘 있고?"

"예, 잘 지내고 있습니다."

"엄마가 돌아가신 이후 너희들이 어떻게 지내는지 몹시 걱정되고 무척 궁금했는데, 찾아 주어 고맙구나. 꼭 꿈만 같다. 어떻게 내 생각을 하게 됐나?"

"나이 들수록 아재가 좋으신 분으로 여겨졌으며, 꼭 만나 뵙고 싶었습니다."

"나도 너희들이 무척 보고 싶었다. 내 등에 업혀 이웃마을까지 단발머리를 자르러 다니며 걷지 않고 업히기만 하겠다던 어린 네가 어떻게 살아가는지 특히 궁금했으나 알 길이 없었다. 그 동안 어떻게 지냈니? 살아온 얘기부터 들어보자."

"아재는 어떻게 지내셨어요?"

"네 얘기부터 먼저 해봐라."

계모 밑에서 자라난 자야의 성장과정과 지금의 형편이 어떤지 무척 궁금했다. 자야는 차근차근 얘길 시작했다.

"아버지도, 서모도 너무 쌀쌀해서 그 밑에 도저히 배겨 낼 수가 없었어요. 깡통을 차고 거지노릇을 하는 한이 있더라도 가출을 해야겠다는 생각이 들었고, 철모르는 나이에도 결행을 했습니다. 만 열세 살 때였어요, 처음 친구 집으로 갔는데, 그 친구는 어머님이 안 계셔서 아버지가 끼니를 차려 주셨는데, 어찌나 맛있고 단란해 보였던지 그 친구가 참 부러웠습니다……."

자야는 당시의 감정에 젖어드는 듯 웃음기 띠었던 얼굴을 정색했고, 방안 공기는 잠시 잔잔히 가라앉았다. 얘기는 장시간 이어졌으며, 간략하면 이러했다.

만 열세 살의 나이에 가출을 하여 다락방에서 잠을 자가며 아르바이트로 학비를 조달해서 중·고등학교를 자력으로 졸업했다. 졸업 후 회사에 취직을 했으며, 부잣집 아들인 직장 동료와 결혼을 하여 아들 형제를 두었다. 자야의 결혼식장에는 혈육지친血肉之親은 한 사람도 없었고, 평소에 양녀처럼 사랑해 주던 회사의 전무 부부가 혼주석에 앉아 주어서 참 고마웠다고 했다.

덕이의 얘기도 대충 들었다. 덕이도 결혼하여 그런 대로 살고 있다니 마음이 놓였다.

자야의 얘기를 듣고 있자니 피가 역류하는 듯한 아뜩함을 느끼기도 했지만, 그만하면 다행이다 싶어 마음이 놓였다. 그리고 아무리 어려운 세상살이일지라도 살려는 사람에게는 살길이 있고, 무엇이든 하려는 사람에겐 그 길이 있구나 싶었다. 오로지 하늘만 바라보며 칼등 같은 벼랑 끝을 걷듯이 살아온 자야가 참 장하게 여겨졌다.

식사도 마치고 얘기도 끝나자, 미리 준비해 간 봉투를 자야에게 건넸다.

"10만원밖에 안 된다. 약소하나마 어머님이 주시는 걸로 여기고 옷 한 가지 사 입어라."

월급쟁이라 큰돈을 못 주어 서운하게 여겼으나, 자야가 고마워해서 나도 미소를 머금었다.

"언니도 이른 시일 내에 꼭 한번 오라고 해라. 보고도 싶고, 하고 싶은 얘기도 많다고."

"예, 전하겠습니다."

그 뒤 얼마 안 가 덕이도 만나 10만원을 주며 같은 얘길 해주었다. 덕이도 물론 고통이야 많았겠지만 그래도 그애는 부모 밑에서 공부를 하고 그런 대로 평범한 삶을 유지해온 듯싶었다. 아마 그것은 나이 영향도 있었겠지만 덕이의 특유한 뚝심 덕이 아니었겠나 하는 생각이 들었다.

나는 누나의 유덕遺德을 기리는 뜻에서 이름 있는 초상화가에게서 누나의 유상遺像을 8호 크기로 그려 보관하고 있었는데, 그 뒤 자야에게 전했다.

어머니의 손을 유별나게 많이 타던 자야는 어머니의 유상을 뚫어지게 바라보고는 몹시 착잡한 심경을 드러냈고, 눈가엔 서러운 기운이 애잔하게 감돌았다.

어머니의 제사는 잘 모시고 있는지 물었더니, 아버지도 살아 계시고 아들도 봤지만 계모도 가출을 했고, 이복 동생은 동생대로 집을 나가 집안이 쑥대밭이 되어버려 아버지는 떠돌이 생활을 하고 있어, 딸자식인 자기가 몇 차례 지내다가 그만두고 아무도 안 모신다고 했다.

그 말을 듣는 순간 누나의 원혼을 떠올리니, 애상哀傷의 격정이 왈칵 치밀었다.

'누나의 노후를 어머니와 함께 정성껏 모시겠다던 내가 아니었던가. 그렇다면 누나의 제사를 내가 모셔야지.' 하는 생각을 하게 되었으며, 곧 바로 아내에게 양해를 구해 정성껏 모시기 시작했으니, 그때가 1979년으로 기억된다.

나는 누나가 살아 있을 때는 사랑 받는 동생이었지만 누나가 돌아간 지금은 누나의 아들된 심정으로, 내 평생토록 정성껏 제사를 모실 것이다.

비록 불흠비류不歆非類 즉 귀신은 그 족류가 아닌 자가 지내는 제사는 흠향歆饗하지 아니한다 하지만 나는 누나의 여느 일족一族도 비교치 못할 심혼心魂의 동생이요, 아들이 아닌가.

그래서 25년이넘게 의자밀양박씨말선신위義姉密陽朴氏末善神位라는 지방문紙榜文을 써 붙인 신주神主에 제사를 모시고 있다.

그것은, 누나와의 관계는 이미 이 세상과 저 세상으로 결별한 옛일이 되고 말았지만, 누나의 지극한 사랑을 받은 동생의 도리를 지킬 줄 아는 사람이어야 한다는 나의 조그마한 뜻에서다.

자야 가족은 잠시 서울로 이사와 산 적이 있었는데 그때 두 아들을 데리고 봉천동 집으로 우리 어머니를 뵈러 왔었다. 어머니는 두 아이를 번갈아 안아보고 머리를 쓰다듬으며 귀여워하셨다. 나는 그 모습에서 아득한 옛날을 끌어안으시는 어머니의 끝없으신 감회를 능히 엿볼 수가 있었다.

이제 '아재, 아재!' 하며 누나의 모습을 떠올리게 하던 자야와 그 가족은 미국으로 이주한 지 아주 오래다.

강물은 쉼 없이 흘러가고, 꽃피고 새 우는 계절은 덧없이 오고가는 가운데 세월은 쏜살같이 달아난다. 석화광음石火光陰, 초로인생草露人生이라 했던가.

어느 하루 가을날을 빌려 들국화가 도란도란 피어나 양광에 함초롬히 젖어 있을 그 따사한 산자락에 올라가서, 그 시절 높푸른 하늘에 종종 움직이지 않고 떠 있던 그 솔개라도 한 마리 날아들 듯한 파아란 그 하늘 밑에 마냥 서 있고 싶구나.

들국화 피는 언덕

산새 들새 울고 가네
가는 갈 소슬바람이 이네

하 많은 세월 보냈어도
발익은 이 언덕에
철따라
가을이 오고 들국화는 피누나

기차 소리도

자동차 소리도
예대로 들리지 않는
한촌閑村, 태고의 정적이
한 가닥 낮닭 울음소리에 깨어지는 오후
소담스레 피어 있는 들국화 송이송이
가을볕에 조올고
둑 너머 보이는 저 강물은
아무 일 없었던 듯
무심히 흘러만 가네

하늘은 너무 파래서
어느 틈에
솔개 한 마리 불러들여
내 머리 위 높이 띄워 놓아

옛 하늘 칩떠 보며
풀밭에 얼마나 펴대고 앉았던가
어느새 해는 막 서산 넘어 설핏해 가고
산 덮고 강물 덮은 붉은 낙조는
그 아름답고 슬픈 옛 이야기 내 귀에 속삭이네

나는
들국화 한 움큼을 꺾어 강물 위에 던져 놓고
들국화 따라 시름없이 걷는데

강물은
가벼운 걸음으로, 새록새록
한恨이 쟁인 묵은 세월을 실어 나르누나

오랜 세월이 흐른 가을날 오후, 누나의 꽃병에 꽂아주기 위해 부지런히 들국화를 꺾으러 다니던 그 언덕과 낙동강 물가에 섰던 감회를 하얀 종이 위에 그리다.

《책속의 책》

논고 論告

종교를 말한다

여기에서 다루려는 종교의 기원은, 불교가 B.C 6세기이며, 기독교는 서력기원西曆紀元: 실은 기원 전 4년으로 알려져 있음이고, 이슬람교는 A.D 7세기경에 성립되었다고 전해지고 있다. 또, 기독교는 기원의 양상樣相이 불교를 쏙 빼 닮고, 이슬람교는 아라비아 민족신앙에 유대교와 기독교에서 교리敎理를 섭취했다고 하니, 세 종교의 원질原質은 하나로 볼 수 있다.

종교의 개요概要

본고本稿에 우선해서 모든 종교는 인간이 창조한 형이상形而上의 한 문화요, 현대의 거대 종교들은 2000여 년 전후에 발상發祥한 사실을 염두에 둘 필요가 있다.

종교의 발생 연원은 생각보다 간략히 정리할 수 있다. 요약하면, 이 세상에서 유기체로서의 유한한 인간 생명을 영원불멸의 존재화 관념으로 인식시키기 위한 수단의 종합적 얼개를 종교라 이름한다. 따라서 '종교는 죽음에 대한 대응이다' 라고 명제命題할 수 있다. 게다가 덧붙인다면 '종교는 정화수 한 그릇 떠놓고 두 손바닥 비비기이다.' 란 말도 제격이다. 이 두 가지를 위한 의식儀式의 형상화를 종교별 특색을 잘 나타내어 발전시킨 것이 오늘날의 거대 종교들이다. 부연하면 종교는 형이상의 지고지상至高至上의 불현상不見像 추상화다. 이를 존재개념으로 형상화하기 위해 수다한 화재畵材와 교지巧知가 동원되었다. 즉 정체불명의 야훼, 하느님, 알라, 그리고 전설적 존재인 모세, 예수, 마호메트, 석가모니, 또 계시, 경전 등이 그 요지다.

가상假像적인 신(우선 대표적 종교인 일신교에 한해서 정의하고자 한다)의 존재를 전제로 하고 신과 인간과의 연결 고리인 교조를 택정擇定하여, 은밀히 봉합된 계시啓示라는 미명美名을 빌려 신과 인간과의 관계를 종적縱的인 절대관계로 연접連接을 기도企圖하여 성공한 것이 종교의 대요大要다.

종교의 사제들은 신종교를 만유萬有의 생성의 신비를 논하는 데 편이便易한 논리로 등장시켰으며, 한편 종교를 인간이 가장 간절해 하는 기복祈福, 벽사辟邪, 영생불멸의 유일한 처방으로 삼았다. 아울러 이와 같은 멀쩡한 허구虛構에 망아도취忘我陶醉로 무조건 순복順服하는 것을 '신앙' 이라 일컫는다.

내가 하는 이 말을 맹렬히 반박하는 사람들이 많겠지만, 이 글을 끝까지 꼼꼼히 읽어보면 신이 인간을 사랑하고, 인간을 구원하며, 섭리로써 우주 만물을 다스린다고 믿는 것이 얼마나 허탄虛誕한 망상인지 어렵잖게 지각할 수 있을 것이다. 아울러 각자 종교를 믿게 된 동기가 신에 대한 확고부동한 신념에 의한 자아론적自我論的 결과였는지를 왼쪽 가슴에 손바닥을 얹고 진솔하게 자문해 보자. 나아가 내가 택한 종교인들이나 다른 종교를 택한 사람들의 상대적 시각이 피차 없음과 역지개연易地皆然 현상의 신앙심을 심수心受하게 되면 내 논지가 조금도 무리가 아님을 이해하게 되고, 종교의 발생 연원과 그 대요도 어렵잖게 수긍하게 될 것이다.

또 사제나 종교 지도자들은 직업적 열정을 신앙신념으로 변치變置

하여 종교와 신앙을 교설敎說하고 있음도 해득해야 할 요체要諦다.

사람은 관성이 강하기 때문에 대개 한번 발을 내디디면 그 길로 내내 나아갈 수밖에 없으니, 가위 운명적이다. 사제나 종교지도자들은 그런 캐터고리Category에서 특히 벗어날 수 없는 숙운宿運의 존재들이다. 그래서 그들은 성취를 위하여 맹렬히 심신을 불사르며 성취도의 만족으로 인생을 향유하는 것이다.

내가 종교에 대해 언급하게 된 궁극적 목적은 종교는 본질적으로 종교 간에 굵직한 경계선을 긋기 때문에, 인류의 진정한 화합과 지상의 평화를 누리기 위해서는, 꼭 그러기 위해서는, 21세기를 살고 있는 문화인들은 사심 없이 종교를 명료하게 재조명해 보는 것이 불가피한 과제라고 판단했기 때문이다. 그러면 종교의 허물이 벗겨져 그 실상을 지각하게 될 것이고, 주로 종교가 원인이 되어 발발하는 반목과 분쟁과 전쟁을 막고, 배곯아 처참하게 죽어 가는 사람들을 종교에 들어붓는 재화로 먹여살려, 이 세상에서 인간생명을 제일의적第一義的 가치로 삼자는 것이다. 즉, 이 세상 모든 사람들이 다 함께, 사람은 사람이 사랑하고 사람은 사람이 구원할 수 있는 세상을 만들자는 바람에서다.

그럼 종교가 왜 거대하게 팽창했을까? 그 연유를 간명하게 적시하면 대체로 서너 가지로 집약할 수 있다.

그 첫째가 종교 세습이다. 한 가장이 어쩌다 A교를 믿게 되면 거개 온 가족이 따라 믿게 되고, 대대손손 세습으로 이어진다. 이는 종교 발전의 가장 유력한 자연팽창 현상이다.

또 다른 하나는 배고픈 사람에게 빵 한 조각, 몸 아픈 이에게 약 한 봉지, 고립무의孤立無依한 사람에게 위안을 베푸는, 극히 한시적인 도움의 회유전술이 쉽게 먹혀들었다는 것이다. 이를 가라사대 선교, 또는 포교활동이라 칭한다. 이 활동은 지금도 육대주 골골샅샅에서 극히 교묘한 수단으로 활발하게 펼쳐지고 있다.

이슬람교는 시아파 중 이단적인 분파인 스마일을 빼곤 선교를 하지 않는 대신 하나의 공동체 신앙을 간직한 사람들이 서로 형제가 된다는 계약을 맺음으로써 연대감이 조성된다는 것이 이슬람 공동체의 정신이기 때문에 지역적 응집력이 끈적끈적하게 강한 것이 선교 이상의 포교역할이 되고 있다.

다른 하나는 종교의 무속화巫俗化다. 이는 종교문화의 후진 지역에서 더 만연하고 있는데, 모든 소원은 신 또는 교조에게 기원을 하면 성취할 수 있다는 믿음 때문에, 소원을 축원하려고 부지런히 교당을 드나드는 것이다. 소위 기복신앙이다.

또 한가지 흔한 일로 중소 규모의 교당에서는 사제에게 눈도장을 찍기 위한 충성 신앙도 톡톡히 한 몫을 하고 있다.

이와 같은 궤도를 밟고 유통하는 종교는 자연인으로서의 세계관과 인생관은 몰론, 자유로운 사고와 인식의 제약을 필수 조건으로 하고 있으며, 주관을 볼모로 잡힌 맹목을 미덕으로 삼고 있다. 이처럼 종교는 무속巫俗 성향이 강하며 극히 비문화적이고, 전근대적이며 시대착오적인 낡은 유산이다. 뿐만 아니라 역사적으로도 종교는 인간 사회에 좋은 영향보다는 악영향을 훨씬 더 많이 끼쳤나. 반목과 갈등괴 대부분의 분쟁과 전쟁에 원인을 제공했다.

그것은 오늘날까지도 이어지고 있다. 그 상세한 내용은 본문에서 기술하겠지만 우선 큼직한 예로 십자군 전쟁과 삼십년 전쟁이 그렇고, 식민주의와 노예제도 경영의 주역들도 대부분 거대 일신교국들이었으며, 프런티어 제노사이드의 가해자들도 기독교국인 영국 · 미국 · 독일이었다. 해서 21세기 최첨단 문명사회 사람들은 종교를 필히 재조명해야 한다고 나는 주장한다.

만약 금세기에도 2000여 년 동안 그랬듯이 습속에 매여 종교를 조용히 그대로 계승해 나간다면 21세기도 아직 문명의 시대라고 볼 수 없을 것이다. 왜냐하면 문명사회의 인류는 종교로 인해 난마처럼 헝클어져 있는 정신계의 통일을 이룩하여 평화로운 세상을 구축해야 하기 때문이다. 냉철하고 현명한 비판력으로 인류사와 종교사를 되돌아보면 종교는 인류에게 사회적 의의를 상실한 지 이미 오래다.

종교는 재평가돼야 한다

나는 비종교인으로서 종교에 대한 시각의 경직성을 탈피하기 위해 내 나름의 노력을 해왔다. 종교에 대한 서책은 말할 나위 없고, 앞에서 밝혔듯이 수개월 간 교회에 나가 새벽예배를 드리기도 했으며, 유명하다는 목사님의 설교를 들으러 여러 교회를 찾기도 하고, 또 이 성당 저 성당을 쫓아다니며 미사 참례도 일삼아 해보면서 기독교와 어떤 점이 다른지 알려고 내 나름의 애를 썼다. 또 설법을 들으러 사찰과 법사法師를 찾아다니기도 하고, 주週 3일(일 3시간) 3개월 과정의 능인선원의 이른바 능인불교대학에서 수학하기도 했다.

그처럼 오랜 세월 동안 비편견적인 입장에서 종교를 정관靜觀해 왔으며, 어떻게 하면 종교의 본질을 알 수가 있을까하는 생각이 항상 내 머릿속에서 떠나지 않았던 것이다.

그리고 종교가 우리 인간에게 실제로 얼마만큼의 긍정적인 영향을 끼치며, 또 우리 인류사회에 어떠한 역할을 해왔는지를 구체적으로 알려고 애써 살펴왔다. 이 모두 종교를 긍정적, 객관적으로 고찰하려는 나의 진지한 노력이었으며, 동시에 나 역시 신앙을 가져야 할지, 말아야할지를 판단하고자 하는 취지가 내포되어 있었던 것이다.

그 결과 나는 어렵사리 종교에 대한 이야기를 하게 되었다.

어쨌거나 종교는 이제 무한정의 시간과 부지기수의 재화를 수요로 하면서 우리 인간사회에 당부當否를 가리지 않고 엄청난 영향력을 끼치고 있다.

결론부터 말하자면, 종교는 인류가 삶의 질을 높이고 행복을 추구하는 데 도움을 주는 것을 목적으로 하고 있지만, 안타깝게도 지금까지 종교는 인류의 평등 무차별과 세계의 평화추구에 도움은커녕 오히려 역기능에 지극히 충실하였다. 또 현재의 상황도 종교의 뿌리깊은 구조적 폐단으로 인간 세상은 몸살을 앓고 있다. 그 자세한 내용은 다음에 구체적으로 예시하겠다.

때문에 비종교인은 물론, 비록 성직자일지라도 자신의 성취도를 부풀리는 데서 얻는 환상주의에서 잠시 벗어나서, 또한 평신도들도 '맹종 신앙' 의 나르시시즘을 잠시 접어두고, 최첨단 문명시대를 살고 있는 문화인의 긍지로써 진솔한 양심과 투철한 객관을 전제로 '종교' 를 진지하게 재평가해봐야 하지 않을까 회의懷疑하게 되었으며, 회피할 수 없는 해묵은 과제가 아닌가 싶다.

이에 대부분의 종교인들은 종교가 어떻게 재평가 대상이 될 수 있는가? 종교가 무슨 속물俗物이냐? 하고 비아냥거리며 나를 종교와 신앙의 무지한無知漢으로 매도할 것이다. 그러나 이 글을 고착관념에서 탈피하여 편견 없는 열린 마음으로 정독하고, 나의 제의에 차근차근 접근해 보면, 백번 사리에 닿는 말임을 이해하게 될 것이다.

일례를 들어 보자.

세계 2대 종교인 기독교와 이슬람교 신도들의 상대적 시각은 어떠할까? 크리스천이 바라보는 이슬람교는, 무슬림이 바라보는 기독교와 마찬가지로 극히 상호 부정적이며, 독선적일 것은 명약관화하다.

실제로 모든 종교는 타종교를 그렇게 무시하고 인정하지 않는 것이 사실이다. 이처럼 모든 종교의 신도들이 자신의 종교만이 독일무이獨一無二한 진정한 종교라는 강력한 신념을 갖고 있다는 것은, 역설적으로 말하면 모든 종교는 우열을 논할 수 없다는 의미와, 동시에 모든 종교는 허구하다는 귀납적 추리의 근거가 되고 있는 것이다.

그래서 태부족하나마 「종교를 말한다」를 이 책의 꼬리로 달았다.

그러나 나 같은 천식자淺識者로서의 종교에 대한 언급은 무척 조심스럽고 두려울 뿐 아니라, 종교를 논하는 것이야말로 지극히 어리석은 짓임을 잘 알고 있다. 왜냐하면 종교의 신과 교조들은 이미 인류의 이성과 보편적 가치에서 독립된 논의 밖의 존재이기 때문이다.

과연 신도들은 종교를 알고 믿는가

여기에서는 전 세계 인구의 절반에 육박하는 사람들이 믿고 있는 유일신교인 기독교와 이슬람교가 인류사회에 끼친 영향을 주제로, 또 무신론을 교지敎旨로 삼고 있으며, 우리나라에서 가장 많은 신자를 확보하고 있는 불교에 대해 중점적으로 논평하고자 한다.

종교의 두드러진 특징 중 하나가 맹목성이다. 일단 '종교' 라는 울타리 안에 들어가게 되면 그 종교를 따지는 것 자체가 죄악시된다. 그래서 독선적이고 배타성이 강해지는 것이다. 또 이게 바로 '신' 이 '독존적 존재' 로써 신성불가침의 영역을 확보하게 된 이유이기도 하며, 논의를 기피하게 되는 근원이 되고 있는 것이다.

그러기에 종교를 믿으려면 신랄하고 엄정한 비판을 기초로 신중에 신중을 기해, 자의로써 수용해야만 되는 것이다. 다시 말해 종교를 멋

모르고 남들이 믿으니 따라 믿어 보자는 식의 선택은 확고한 중심이 없는 사람의 행동이다. 반드시 내가 택할 종교의 실체가 과연 실제의 사실로 인정할 수 있는지부터 헤아린 후 비로서 발을 디뎌놓으란 뜻이다. 그저 많은 사람들이 믿으니, 부모가 믿으니, 형제가 믿으니, 심정이 울적하니, 신앙은 우월적인 품위려니 하는 등등의 이유로 한번 믿어보자는 식의 선택은 지극히 부적절한 자아감상실증自我感喪失症인 것이다.

내가 이렇게 말하면 종교를 신앙하고 있는 대부분의 사람들은 '제대로 믿어 보지도 않고, 그야말로 종교를 제대로 알지도 못하면서 뚱딴지같은 소리를 한다.' 고 반박할 것이다.

한 예를 예상한다면 기독교도들은 성부, 성자, 성신의 사랑 · 감화를 체득體得하여 영험靈驗한 은혜를 받아 보지 못한 자는 종교를 말할 자격이 없다고 할 것이며, 논리나 과학적인 사고방식으로는 종교를 논할 수 없다고 일축할 것이다.

나는 유생론자唯生論者는 아니나 비종교인으로서, 그간 종교에 대해 알려고 많은 시간을 들였다. 그 결과 맨 먼저 종교가 왜 우리 인간을 지배하게 되었는지에 대해 골몰했다. 내 생각에 우리 인간을 가장 강렬하게 지배할 수 있는 것은 사랑(性愛:eros)과 종교가 아닌가 싶다. 그리고 사랑이 정서적 지배라면, 종교는 영혼을 움켜잡는 종속적 지배나. 때문에 사랑의 지배는 상대적이고 일시적인 반면, 종교의 지배는 절대적이며 영원하다 하겠다.

또한 사랑이 본능적인 욕구충족의 현상인 반면, 종교와의 결연結緣은 영혼 맨 깊은 곳에 자리하고 있는 자기만의 진실한 고독이 종교가 지닌 거룩한 영성靈性에 합일하는 조화調和라고 표현할 수 있을 것이다. 그렇기 때문에 사랑은 누구나 겪어야하는 자생의식의 필연적 현상이지만, 종교는 반드시 자아론적自我論的 비판을 토대로 한 승복承服적 수용이어야 한다.

그러나 종교계의 실상은 그러하지 못하다. 강력한 힘을 배경으로 한 이데올로기에 의한 거센 시대조류에 순류順流하거나, 또는 모태신앙, 미성숙한 의식에서의 피동적 선택인 세습적世襲的, 인습적因襲的 신앙이 대다수다.

이와 같은 신앙인들이 과연 종교를 제대로 알고 신앙한다고 볼 수 있을까? 예를 들어 유아적부터 어머니의 손에 잡혀 오리걸음으로 교당에 나가 하느님이 계시다, 알라가 계시다 하면서 신앙을 습관적으로 익혀 일생동안 부지런히 그 종교를 믿는 경우가 대부분인데, 그런 신앙을 종교를 알고 믿는 진정한 신앙이라 할 수 있을까? 그것은 따라가는 신앙, 복종하는 신앙, 맹종하는 신앙이라고 하는 것이 백번 옳을 것이다.

나는 이런 불완전한 동기로 얻어진 신앙을 '습관성 신앙' 이라 부르고 있다. 비록 불확실한 동기부여에서 비롯됐으나, 날짜에 맞춰 반복적으로 교당에 나가다 보면, 자신도 모르게 습관이 되고, 또 신앙의 성취도에 만족하고자 결국엔 자기기만自己欺瞞에 빠져서라도 신앙인의 행세를 하게 되기 때문이다. 특히 한국 기독교의 경우, 한 걸음 더 나아가 집사, 권사, 장로 등의 권위와 계급(명예)의식에 집착하게 되면 흔하고 흔한 광신자가 되기 일쑤다.

이런 습관성 신앙은 종교가 요구하는 진정한 신앙에 이르지 못한다. 아울러 신앙의 질을 떨어뜨리고, 나아가 종교의 본질마저 훼손시키게 된다.

이런 관점에서 볼 때, 한 국가사회 안에서 어떤 종교든 단기간에 급팽창한다는 것은 바람직한 일이 못된다. 이 점에 있어서 한국의 기독교 · 천주교는 회피할 수 없는 그릇된 역정歷程을 가지고 있다.

한국 기독교의 기형적인 발전상

한신대 종교문화학과 강인철 교수는 월간 『새천년 emerge(현 NEXT)』 2001년 8월호(64쪽)에 이렇게 소개하고 있다.

'1993년 초 미국의 『크리스찬월드』지誌가 세계50대 개신교 교회의 리스트를 발표한 적이 있다. 그런데 한국의 교회들이 절반에 가까운 23곳이나 되었고, 10대 교회 중 5곳이 한국교회였다. 그리고 출석교인이 10만 명을 상회하는 교회는 한국의 두 교회뿐이었다. 현재 한국에는 성인 신자 1만 명 이상의 개신교 교회가 14개, 1천 명 이상인 교회가 1천 개나 된다고 한다.'

이는 한국의 기독교(개신교)가 전래된 지 120년(1885년 전래)에 불과하며, 또 1949~50년 기준 기독교(개신교)신자가 전체 국민의 2.48%(기독교인수 500,198 명÷총인구 20,166,758 명×100≒2.48%) 언저리였던 점으로 볼 때, 우리 한국 사람이 종교 선택에 있어서 얼마나 무분별했으며, 단편斷片적인 사유에 익숙했는지를 세계 만방에 알리는 꼴이 되고 있다. 특히 우리나라 기독교에 근본주의 신도와 신앙의 방탕아가 많은 것도 이런 여물지 못한 선택에 따른 종교와 신앙에 대한 인식부족에서 비롯되었다고 보아야 한다.

위의 통계수치는 한국인의 종교선택에 있어, 주관성보다는 객관성, 즉 여타 환경의 영향을 많이 받았음을 우회적으로 표출하고 있는 것이다. 생활중심의 조용하고 경건敬虔한 신앙과, 정상적인 종교양식宗教樣式에서는 그와 같은 경이로운 사태가 발생할 수 없는 것이다.

위와 같은 사실만으로도 우리나라는 지극히 비정상적인 종교문화를 가지고 있음을 부인할 수가 없다. 따라서 우리는 자숙하는 자세로 진솔하고 비편견적인 사유로써 종교에 대해 일고一考해볼 만한 환경에 처해 있다고 판단된다.

종교의 본질과 존립 의의

인간사에서 으뜸의 문제는 단연 '죽음' 이다. 인간은 죽음을 제일 애석해 하고, 두려워하고, 허무해 한다. 그러나 죽음은 우리 인간으로부터 어떤 방도로도 배척할 수 없는, 인생 무상상無上上의 비애인 필연현상인 것이다.

프랑스의 문호 빅토르 위고는 말했다.

"오늘의 문제는 싸우는 것이요, 내일의 문제는 이기는 것이요, 모든 날의 문제는 죽는 것이다."

이 이상 어떻게 인생무상을 설파할 수 있겠는가.

이 문제를 해결하기 위해 우리 인류는 「신의 세계」를 설정하여 초자연적 절대자인 '신' 으로부터 영생을 구증救拯받고자 경건하고 엄숙하게 '신' 을 섬겨왔으며, 그 유습은 지속적으로 유지될 가능성이 많다.

인간의 지적 수준이 과학으로는 도저히 구명될 수 없는 오묘한 진리의 영역에까지 새로운 개척의 경지로 삼게 됨으로써, '삶과 죽음'의 틈바구니에서 유구한 세월을 두고, 죽음의 문제를 해결하려는 깊은 고뇌 끝의 의식적 선택인 형이상形而上의 결정체가 종교라고 본다.

인류사회가 겪어 온 변천과 흥망의 과정과 생활문화를 사실寫實적으로 기록한 것이 인류의 역사이다. 그 역사는 오직 인류의 문자로, 인류의 손으로, 진실하고 정의로운 역사관에 의해 기록된 것이어야만 정사正史로 인정된다. 그리고 오늘의 세계가 나아가는 데 그 정사는 실사구시實事求是의 요람要覽이 되고 있다.

그러하지 못한 어느 집단의 기상천외한 전설적이고 환상적인 기록의 설화는, 패사稗史에도 못 미치는 궁극적 인류이상人類理想의 조합調合일 뿐이다. 모든 종교의 형성과정과 경전이 이에 해당한다고 봐야 한다.

문명의 발달에 따라 토속신앙인 애니미즘animism, 토테미즘totemism, 샤머니즘shamanism 등 원시종교의 대안으로서 유수한 종교들이 자리잡기까지에는 이런 위인설교爲人設敎의 선택적 배경이 숨어 있다고 나는 감히 설파한다.

위인설교를 뒷받침하는 몇 가지 정황을 세계 최대 종교인 기독교(로마가톨릭교, 성교회, 프로테스탄트: 이하 같음) 구성의 근본이념에서 찾아보기로 하겠다.

■ 하느님이 우주 만물을 1일, 2일, 3일…6일에 걸쳐 창조하였는데, 인간은 마지막 날인 6일째 만들었다. 또 그 피조물들을 섭리로써

다스린다.

■ 하느님이 목수 요셉의 약혼녀 마리아에게 성령으로 잉태시켜 예수를 출생시켰다.

■ 예수가 부활하여 동물의 종개념種概念인 인간으로서 승천昇天하여, 하느님의 오른쪽에 앉았다.

■ 예수를 믿으면 영혼을 구원받아 천당엘 갈 것이며, 믿지 않으면 지옥으로 갈 것이다.

■ 예수는 강림하여 형벌을 심판할 것이며, 재림하여서 그의 백성들을 구속救贖하여 구원할 것이다.

이와 같은 일들은 도저히 일어날 수도 없으며, 또 인간은 '그렇다'라고 말할 수 있는 처지도 못된다. 인간 능력 영역 밖의 일이며, 이는 모두 인간 이상세계의 환상적 조합일 뿐이다.

그래서 '신'의 힘을 빌릴 수밖에 없었다. 즉 극비리에 조작된 '신'이라는 유령幽靈에 당의를 입혀 이를 긍정하도록 하는 데 성공하였다는 것이다.

그러나 역사적, 현실적 실상을 통해서도 계시니, 영감靈感이니, 신의 은총이니 하는 말들은 '진실'과 '사실'과는 거리가 먼 허황지설虛荒之說임을 21세기의 문명시대를 살고 있는 인류는 지각知覺해야만 할 것이다.

그린데 희한하게도 세계 거대 종교이며 유일신교인 기독교와 이슬람교가 그러하듯, 허구성이 큰 종교일수록 신앙심이 격렬하고, 그 집단 또한 광대해지는 해괴한 현상을 빚고 있다. 그것은 아마 사람이란 게 욕망덩어리여서 희구의 대상이 많은 점과 유약柔弱한 인생의 생에 대한 강한 애착을 종교가 적절히 묘용妙用하는 데서 오는 현상인 것으로 진단된다.

인간은 죽음이란 근원적인 문제와 더불어 선천적으로 종교심宗敎心:여기에서 말하는 종교심이란 반드시 인간의 사후 세계가 있을 것이며 이승에서의 삶의 행적은 저승의 삶에 투영될 것이라는 심정적 경향을 이름을 타고난다. 이 종교심으로 해서 원시인들은 원시토속신앙으로부터 위안을 받으며 살았으며, 현대인은 좀 발전된 종교에서 인생무상을 위안 받으려 하는 것이다.

"'인간'은 여러 세기에 걸쳐서 자기 자신의 진정한 본질의 문제를 논의해왔지만 아직도 결론에 도달하지 못하였다. 사람은 자기가 현재의 자기가 아니라 더욱 위대한 존재라는 역설을 자신에게 확신시키기 위하여 인간 본래의 성향을 거슬러서 정성들인 종교를 이룩해 왔다."(『인간의 종교』유영 역, 삼성 이데아, 245쪽)고 시성이자 사상가인 타고르는 말했다. 그는 종교와 인간의 관계에서 인간의 능동적이고 숭고한 의지를 높이 평가하고, 인간의 영달英達한 내재성을 초월적 가치로 승화시키려는 고난도의 작위作爲임을 넌지시 일깨워 주고 있다.

독일의 종교철학자 베른하르트 벨테도 그의 저서『종교철학』(오찬성 옮김, 분도출판사, 154쪽)에서 이탈리아의 철학자이며 신학자인 토마스 아퀴나스의 'Deus non est in genere.(신神은 유개념類概念으로는 존재하지 않는다.)'라는 명제를 들어 논파하고 있다.

"그것이 하나의 유개념인 한에 있어서 어떤 인격적 개념도 신을 표현할 수 없다. 신은 그것이 존재자라는 특성을 뛰어넘어서는 것이기에 파악함을 뛰어넘어서 있다. 신은 일체의 인격적 생의 원천이요, 근원이며, 따라서 근원적 인격성에 의해 충만되어 있다. 그렇지만 그것은 어디까지나 이 인격성이 불가해한 신비로써 머무는 한에서 그렇다."라고.

그이 역시 마찬가지로 신의 존재를 '신비'라는 용어를 차용해서 인위적 존재임을 암시하고 있다. 이 또한 나의 논리와 궤를 같이 한다고 볼 수 있다.

인간은 죽게 마련이다. 죽지 아니하면 아니 된다. 생물계의 존속은 개체생명의 철저한 생사진리生死眞理에서 주어지기 때문이다. 그럼에도 죽음 앞에 이르렀을 때, '나는 죽어 한줌의 흙이 된다.'는 애절함으로 죽음을 맞는다면 얼마나 처절하겠는가. 반면에 '나는 죽어 신의 구원으로 천당 가서 은총과 축복을 받으며 영생을 누릴 것이다.' 또는 '나는 해탈하여 윤회를 벗어나 왕생하여 무한한 법락을 향수할 것이다.'라는 굳은 신념을 가지고 죽음에 임할 수 있다면 편안하게 눈감을 수 있을 것이다. 이것이 종교 발생의 첫 번째 기인基因이라고 나는 단정한다.

종교 발생의 두 번째 근인根因은.

인간은 누구나 불가사의한 우주만상에 대해 '신비의 정情'을 가지고 있다. 부연하면 아이가 먼저 났느냐? 어른이 먼저 났느냐? 계란이 먼저냐? 닭이 먼저냐? 씨앗이 먼절까? 나무가 먼절까? 만유萬有의 존재와 생멸의 이치가 모두 신비다.

우리 인류는 유구한 역사를 살아오면서 이 오묘한 신비의 껍데기를 벗기고자 이성을 바탕으로 한 지식과 창의력과 상상력을 총 동원해서 궁구窮究해 왔으나 끝내 해결하지 못하고, 결국 이 신비의 정이 인간 본연의 섬유纖柔한 심상에서 죽음의 순수성에 호소함으로써 비류개념非類概念의 초월성인 '신神'의 성탄에 합의하기에 이르렀다고 추론推論한다. 그럼으로써 이성과는 별개로 신에게 순종하고 감동하는 격조格調 높은 영혼의 세계를 인세人世에 접목接木시킨 것이 종교의 대강大綱이라고 나는 보고 있다. 부연하면 우주만상의 창조와 섭리의 주인으로 '신'을 선택했다. 이 신의 이름을 기독교에서는 하느님, 이슬람교에서는 알라라 부르는 것이다.

비록 민족종교일지라도 유대교에서는 이 신의 이름을 야훼라 한다. 기독교가 유대교의 변형이라면 이슬람교는 유대교와 기독교의 판박이 변종이기 때문에 유대교를 기독교와 이슬람교의 모태종교라고 하는 것이다. 이슬람교에서도 알라를 하나뿐인 신이라는 의미로 하나님이라 부른다.

유일신교를 믿는다는 것은 우주 간 만물의 창조주를 믿는다는 의미이며, 따라서 종교 간에는 부동일론不同日論의 장벽을 치고 있으나, 그들 종교가 지향하는 궁극적인 목적은 동일하다고 볼 수밖에 없다.

또한 세 번째로 종교는 그럴싸한 날개를 달고 있다.

종교는 인간에게 자각을 촉구하고 깊은 자기성찰을 할 수 있게 함으로써 인간의 속성을 교화하고 순화하여 인간 완성의 길로 인도하며, 인생의 진리를 추구케 하려는 심오한 교의教義를 갖고 있다. 그럼으로써 믿는 사람들이 개전의 정을 얻어 '사람스레' 살아갈 수 있는 길잡이가 되어주고, 나아가 비속한 오세汚世를 청정무구한 세상으로 정화시키려는 표면적 목적을 갖고 있다. 이것을 종교 존재의 부수적 가치로 삼고 있는 것이나. 그래서 종교인들은 비종교인들을 대하는 태도에서 우월감을 가지는 경향이 있다.

나는 종교의 본질과 존립의의를 위의 세 가지 요소로써 정의하고자 한다.

목숨을 걸고 믿는 한국의 종교인들

그런데 실상은 인간의 무량한 욕구를 '신' 또는 '교조' 에게 희구하는 것을 신앙의 으뜸으로 삼고 있는 것이 종교인들의 진상眞相이다. 마치 '신' 또는 '교조' 에게 구하고 얻기 위한 방편이 종교인 것처럼, 그러나 벽사辟邪의 수단이나 기복신앙을 추구하는 것은 종교무속宗教巫俗이지 종교가 지향하는 이상과는 너무나 괴리乖離가 있다. 이 점에선 모든 종교가 다 마찬가지다.

특히 우리 땅 위의 종교마당은 종교 간 또는 종파 간의 무한 경쟁으로 종교마다 질보다는 팽창주의 일변도로 치닫고 있어 종교를 대중화시키는 과정에서 신앙의 질을 떨어뜨리고 종교의 본질을 크게 훼손시켰다.

분명히 말해 종교와 신앙은 동일 선상에서의 상호 관계 유지를 견지하지 못한다. 종교와 신앙은 다르다. 종교를 믿는다고 해서 반드시 신앙을 얻을 수 있는 것이 아니다. 따라서 종교를 가진 사람이라면 종교가 요구하는 올바른 신앙을 얻으려는 노력이 우선해야 하고, 통렬한 자기 성찰을 통해서 좀 훌륭한 삶을 살겠다는 확고한 의지가 가장 중요하다.

그리하여 품안에 드는 골육지친骨肉之親부터 살갑게 챙기고, 이웃을 사랑하는 품속을 넓히고, 나아가 사회인으로서 누구에게나 존경받는 인간상을 완성하는 데 역주하는 것이 믿는 사람의 얼굴이 되어야 한다고 생각한다. 또 그것이 교당을 섬기는 징검다리이기도 한 것이다.

한데도 한국의 대부분의 종교들은 교당의 헌금함을 많이 채우는 자者가 '독실한 신자'로, 교당에 얼굴을 많이 내미는 자가 '충직한 신자'로 인정받는 것이 숨길 수 없는 현실이다. 신자 자신 또한 그런 관념에 여지없이 구속되어 있지 않은 경우가 드물다. 그래서 피나도록 가난한 혈육지친에게 조그마한 물질적 도움을 주는 데는 손이 떨려도, 교당의 헌금에는 거액도 선뜻 손이 나가는 것이다. 이런 면에서도 한국의 기독교가 으뜸일 것이다.

이런 점을 유념하여 성직자들과 종교계 지도자들은 교세 확장과 과잉 신앙 주입 위주에서 벗어나 신도들의 인간성 회복과 신앙의 질 향상에 역점을 두는 교역방향선회教役方向旋回가 절체절명의 과제임을 통감해야 하리라.

특히 우리나라의 기독교 신자들은 독실하고 충직한 신앙에 빠지려는 염원이 지나치게 강한 것 같다. 좀 심하게 말해 목숨을 걸고 믿는 사람을 보기 어렵지 않은 현실이다. 모든 세상살이와 인간관계보다 교회와의 관계가 백번 우선하는 것이 당연지사로 인식되고 있다.

물론 천주교 신자들도 여기에서 그리 멀잖은 거리에 잇닿아 있다.

종교하면 로마를 떠올릴 만큼 로마는 세계적인 종교도시이며, 로마 가톨릭교의 총본산總本山인 바티칸도 그 안에 있다. 그런 로마에서조차 평생에 성당에 세 번 간다는 말이 구전되고 있다. 이건 필자가 로마에 갔을 때 직접 들은 유설流說인데, 태어나 세례 받으러 한 번, 결혼 때 한 번, 죽어서 영결식 때 한 번 간다는 말이다. 사실은 그렇지 않겠지만, 우리나라의 경우처럼 믿음을 인간 삶의 첫머리에 두질 않고 옛날 우리나라에서 절에 다니듯 그렇게 쉬엄쉬엄 교당에 나가면서, 그저 하느님을 우주 만상의 창조주이거니 하는 뜻으로 새기며, 그 어떤 이목도 의식하지 않고, 어디까지나 개인생활의 향유를 위주로 하며 가볍게 신앙한다는 뜻이리라.

『격정의 유럽 역사 기행』(홍철의 지음, 인물과 사상사, 76쪽)에는 이를 낭설로만 받아들이지 말라는 듯한 기록이 있다.

"구교가 절대적으로 강세인 에스파냐와 폴란드, 이탈리아에서는 인구의 90% 이상이 구교를 믿고 있지만 실제 주일마다 미사에 참여하는 인구는 10% 안팎이다. 나머지 대부분은 결혼이나 장례식 등 가톨릭과 관련된 중요 행사 때나 교회에 참석한다."라는.

독일의 철학자(신학으로부터 전향)인 루드비히 포이에르바하가 그의 저서『기독교의 본질』(박순경 옮김, 종로서적, 126쪽)에서 '인간은 종교의 시초이며, 종교의 중간점이며, 종교의 종점이다.' 라고 한 명제는 종교의 진실을 잘 말해주고 있다. 즉 인간은 종교의 종속물이 아니고 종교의 주체이며, 종교는 인간에 의한 법식法式이라는 강력한 메시지로 볼 수 있다.

유럽 기독교국과, 이슬람교국

종교의 연원淵源과 교의教義에 따라 종교인은 인간의 형이상의 요구에 충실해야 하고, 신앙은 인간을 영적 삶으로 영도해 인간의 마음을 풍성하게 하여, 나눔과 사랑과 화해와 평화를 인간 세상에 가리는 곳 없이 향기로 뿜어야 한다. 그리하여 인류의 화합과 지상의 평화에 한껏 기여해야 한다. 이것이 종교의 겉옷처럼 보이지만 종교의 영역을 넓히기 위해서는 종교 원래의 색깔을 퇴색시킬 수밖에 없었으며, 한편으로 물질문명을 지향하는 인류는 종교의 세속화를 강력히 요구한 결과, 종교는 천격賤格 대중화大衆化되어 버리고 말았다.

그 결과 종교는 인류에게 현혁顯赫한 역사를 부여하지 못하였으며, 또 아름다운 현재를 시현示顯하지 못하고 있다. 인류사에 비추어볼 때, 종교는 인류에게 긍정적인 면보다 부정적인 면에서 훨씬 더 큰 역사를 기록하고 있다.

그럼 세계적으로 대표적이랄 수 있는 종교를 표본으로 살펴보기로 하자.

2000년 12월 기준 세계의 종교 신자수 현황은 다음과 같다.

- 기독교(로마가톨릭교, 정교회, 개신교) : 약 20억 명
- 이슬람교 : 11억8천8백만 명
- 힌두교 : 8억1천1백만 명
- 불교 : 3억6천만 명

※세계 총인구 : 60억 6천만 명

(자료 : 「World Christian Encyclopedia 1권 p.7」—2000. 12)

이 자료에 의하면 단연 기독교가 세계 최대의 종교이다. 그 다음으로 이슬람교가 따른다.

그럼 주요 종교가 어떤 면에서 인류사에 부정적 영향을 끼쳤는지를 간략하게 간추려보기로 하자.

우리는 흔히 기독교를 서양의 종교로 알고 있지만 역사적 기원으로 볼 때 분명히 동양의 종교이다. 그리스도의 출생지도 현재의 팔레스타인 자치구의 베들레헴으로 동양이며, 처음으로 그리스도인들의 종교단체로 불린 곳도 고대 시리아 왕국의 수도 안티오크이며, 국가 종교로서의 첫 공인을 획득한 것도 동방의 나라 에뎃사Edessa에서였다(한국종교연구회 지음, 청년사 간행 『세계종교사입문』497쪽 일부 인용)니, 기독교는 동양의 종교임이 확연하다.

기독교의 뿌리가 동양이건 서양이건 상관할 바 아니지만, 희한하게도 세계 4대 종교의 기원지가 모두 동양이며, 4대 고대문명의 발상지 또한 메소포타미아 문명, 인더스 문명, 황하 문명이 모두 동양의 것이

며, 나머지 아프리카의 이집트 문명도 이집트의 꼬리가 아시아에 걸쳐 있으니 동양의 기운이 온 세계로 뻗은 듯하다.

기독교는 1054년에 그리스 정교회(동방정교)가 분리되고, 1517년 10월 31일을 종교개혁이 시작된 날로 기념되기도 하는데, 그 때를 기점으로 마르틴 루터가 로마 가톨릭교의 부패에 항의함으로써 종교개혁의 계기가 되어, 결국 프로테스탄트(개신교)가 또 분리되어, 기독교는 16세기에 와서는 세 갈래로 쪼개져 지금에 이르렀다. 특히 프로테스탄트는 많은 특성의 교단을 형성하게 되었다. 그러나 세 종교가 모두 천지만물의 창조주를 하느님, 예수를 구세주로 믿기에 기독교라 함은 이 세 종교를 통틀어 일컫는다.

아무리 무한정의 생존경쟁이 지구촌의 생태라 할지라도 종교적 견지見地에서 세계 최대 종교인 기독교는 그 본질을 의심하리만큼 씻을 수 없는 야만적이고 악랄하며 구린내 나는 역사를 가지고 있다.

기독교국들이 '십자군 전쟁'과 '30년 전쟁'을 위시한 대부분의 전쟁을 유발한 것이 그랬고, 아울러 '식민지 지배'와 '노예제도'의 중심에 기독교국들이 우뚝 서 있었다는 사실이 그렇다. 그 가운데도 '노예'를 부려먹은 악독한 행태行態는 그 얼마나 부끄러운 짐승 같은 짓거리였던가. 그밖에도 '프런티어 제노사이드(frontier genocide:유럽 국가들이 아시아, 아프리카, 아메리카 대륙에서 식민지를 개척하는 중에 발생한 원주민 대학살)는 절저한 약육강식의 동물세계 전칙典則을 얼마나 착실히 이행履行했던가? 또한 이슬람교도 전쟁과 노예 제도에서 기독교에 버금갈 만한 전력前歷을 가지고 있다.

종교는 전쟁과 분쟁의 씨앗이 되었다

먼저 대표적인 종교전쟁인 십자군전쟁과 30년전쟁에 대해 알아보자.

인류사의 한가운데는 쉴 새 없이 전쟁의 강물이 도도히 흘렀으며, 그 강물은 구비마다 인류 문화의 패러다임을 바꾸어 가며 역사를 변천시켰다.

십자군 전쟁은 유럽의 기독교도가 예수의 묘가 있는 예루살렘을 이슬람교도의 지배로부터 탈환하려는 전쟁으로, 1096년부터 1291년까지 약 200년 간에 걸쳐 양 종교 간에 벌어진 극악무도한 종교전쟁이었다.

예루살렘은 이슬람에게도 역시 성스러운 도시라고 한다. 이슬람교의 개조인 마호메트가 바위 위에서 기도를 한 후에 승천한 곳이 바로 예루살렘이라는 전승을 굳게 믿어 624년까지 마호메트의 교우들은 메카 쪽이 아니라 예루살렘 쪽을 향하여 기도를 올렸다고 전해지고 있다.

이처럼 두 종교 간에 성지를 두고 하느님과 알라Allah를 신봉하는 양측의 교도들이 지하드Jihad와 성전聖戰의 이름을 내걸고 수많은 무지몽매無知蒙昧한 인간생명을 신들에게 바친 전쟁이었다.

남경태는 그의 저서 『인간의 역사를 바꾼 전쟁이야기』(91~93쪽)에서 '종교의 탈을 쓴 침략전쟁' 이란 제하題下의 글에,

"순수한 종교적 목적을 실현하는 수단이 전쟁이라니? 이런 걱정은 할 필요가 없다. 300년 전 이슬람 세력도 '한 손에는 코란, 한 손에는 칼' 이라 하지 않았던가? 더구나 이번 전쟁은 바로 그 '악마들' 을 물리치려는 게 아니던가?

그러나 당시 이슬람 세력은 기독교의 성지를 관할하고 있는 것은 사실이었으나 그 땅을 '능욕' 하지는 않았다. 그들은 기독교도들의 성지 순례를 막지도 않았고, 이교도에게 이슬람교를 강요하지도 않았다. 굳이 그들이 이교도를 차별한 게 있다면 이슬람 개종자에게만 면세의 특전을 베푼 것뿐이었다.

십자군의 동기는 오히려 내부에 있었다. 그때 동로마, 즉 비잔틴 제국에서 도움을 청하는 다급한 목소리가 들려왔다. 중앙아시아의 패자로 떠오른 이슬람세국 셀주크 투르크가 서쪽으로 세력을 팽창하다가 1071년 비잔틴의 근거지인 소아시아까지 점령한 것이다.

비잔틴을 도와 이슬람을 물리치는 것은 명분상으로도 정당할 뿐더러 서로마 멸망 이후 600여 년 간 분열되어 있던 동서 기독교를 통합할 절호의 기회가 될 수도 있었다."

고 '십자군 전쟁' 의 모두冒頭를 기록하고 있다.

또 시공사가 펴낸, 프랑스 고고학자 조르주 타트가 짓고, 안정미 옮김의 『십자군 전쟁』에 성 베르나르두스가 십자군 전쟁에 출전할 새로운 전사들에게 찬사를 하는 설교를 싣고 있다.

"그리스도의 기사들은 정말 안심하고 주 예수를 위해 싸우나니, 이때 적들을 죽임으로써 죄를 짓게 될까 두려워할 필요도 없고, 서로 죽이게 될 경우에 자신이 죽게 될까 두려워할 필요도 없다. 죽음을 당하건 죽이건 이는 언제나 그리스도를 위한 죽음이니라. 그렇기에 그 죽음은 죄가 되지 않으며, 영광스러운 것이다. 어떤 경우에는 죽음이란 그리스도를 섬기기 위한 것이며, 또 죽음으로써 그리스도의 마음을 사로잡을 수 있다. 따라서 그리스도께서는 사람들이 그의 원수를 갚기 위하여 적을 죽이고, 그를 위로하기 위하여 기사단의 일원으로 헌신하는 것을 허락하신다. 그리하여 내가 말한 바대로, 그리스도의 기사는 아무것도 두려워하지 않고 살인을 하지만, 자신도 더욱 안심하고 죽을 수 있다. 자신의 죽음으로 혜택을 입는 사람은 바로 자기 자신이며, 그가 살해를 함으로써 득을 보는 이는 그리스도이시기 때문이다.

그가 검을 쥔 것은 다 이유가 있는 즉 악인들을 벌하기 위한 것이든 선인들을 축복하기 위한 것이든 그는 신의 의지의 실현자이기 때문이니라. 악인을 죽일 때 그는 살인자가 아니라 현자이다. 그는 악을 저지른 자에 대한 그리스도의 원수를 갚는 것이며, 기독교도들을 지키는 것이다. 그 자신이 죽음을 당한다 해도 그는 죽는 것이 아니라 목적을 이룬 것이다. 그가 가한 죽음은 그리스도를 위한 것이며, 그가 당하는 죽음은 자신을 위한 것이다.

이교도의 죽음으로부터 기독교도는 영광을 얻을 수 있나니, 이는 그리스도의 영광을 위한 것이기 때문이니라. 반대로 기독교도의 죽음 속에서 그리스도의 자비는 끝없이 베풀어진다. 이는 곧 그리스도께서 보상을 해주시기 위해 기사를 그분 곁에 오게 하시는 것이니라. 전자의 경우 의인은 벌을 보며 기뻐할 것이며, 후자의 경우 의인은 이렇게 말할 것이다. '의인은 그의 정의로움으로 보답을 받게 되는 즉 분명 지상의 인간들을 심판하시는 하느님이 계시도다.' 그러나 이교도가 신도들을 괴롭히거나 죽이는 것을 막는 다른 방법을 찾을 수 있다면, 그는 이교도를 죽이는 것에 동의하지 않는다. 하지만 지금으로서는 유혹에 몸을 맡긴 의인들이 죄를 범하는 것을 보게 될까 두려우니, 의인들의 머리위에 자리한 죄인들로 상징되는 위험을 방치하기보다는 이교도들이 죽음을 당하는 편이 더 나은 것이다.

죄악을 범하는 이들, 예루살렘이 그리스도의 백성을 위하여 남겨둔 귀한 것들을 빼앗는 자들, 성소들을 더럽히고 예루살렘의 지성소를 가로채려하는 자들, 그들이 주 예수의 성소에서 멀리 쫓겨나기를! 하느님의 신앙, 즉 기독교도의 신앙에 항거하는 자들을 모두 멸하기 위해, 또한 '그들의 하느님은 어디에 있는 거야?' 라고 이교도들이 말하지 않게 하기위해, 신도들의 두 개의 검이 적들의 머리 위에 들어올려지기를!

성 베르나르두스 「새로운 전사단 찬사」(146~147쪽)이것은 단지 성 베르나르두스 개인의 신앙심에서 울어난 게 아니라 기독교의 본질에서 우러나온 기독교도들의 '신에 대한 신념'이었던 것이다. 그렇잖다면 죽음의 마당인 전장으로 뛰어드는 전사들에게 먹힐 리가 만무했을 것이다.

'새로운 전사단 찬사' 에서 느낀 점은, 기독교도 '신' 과 인간의 관계가 꼭 미신에 필적하며, 원시인들의 종교관에서 몇 발자국이나 벗어났는가 하는 의구심이었다. 오늘날까지도 기독교도들은 그저 그 아류亞流로 머물고 있다.

때문에 나는 단지 전통과 계승의 미덕을 발판으로 수천 년을 답습해 온 인습주의因襲主義에 옭매인 오늘날의 종교가, 거대해졌다는 명분만으로 정정당당한 비판 없이 맹종해도 되겠는지 통찰해보아야 한다는 것이다. 굳이 덧붙이자면 자기 처지로부터 냉정冷靜한 입장에서 오늘날의 종교가 과연 시대성에 조화로운 인류문화의 거룩한 한 장章이 될 수 있는지를 재평가해 보아야 한다고 감히 주장하는 것이다.

같은 책 43쪽에는 믿기지 않는 기록이 나온다. 즉 1096 ~ 1099년의 1차 원정 때, 안티오크를 점령하고 1099년 7월 15일 예루살렘을 정복하기까지 벌어진 과정의 전기戰記에 다음과 같은 기록이 있다.

"……그들의 무시무시한 행동은 오리엔트인들과 심지어 일부 기사들까지 분노하게 만들 정도였다. 그들은 회교도들을 계획적으로 살해하는가 하면, 전투가 끝나면 인육을 먹기까지 했다.……"

"수호군의 사기를 떨어뜨리기 위하여 프랑크족은 전투에서 살해된 투르크족의 머리를 잘라 도시의 성벽 위로 날려 보냈다."

"리처드 사자심왕이 유명해진 것은 영혼의 고결함 때문이라기보다는 그와 그의 무대원들이 지닌 만용 때문이었다. 이 영국왕은…… 1190년 8월, 살라딘과의 협상이 지체되는 것에 지친 데다가 속지나 않을까 두려워한 나머지 회교도 포로들(작가들의 추정에 따르면 2,700 ~ 3,000명 가량)을 교외로 끌고 가서 회교도들이 보는 앞에서 참살한다(119쪽)."

위와 같은 일들이 '십자군 전쟁'의 전사戰史에 엄연한 사실史實로 기록돼 있다. 무려 200년 간의 전쟁에서 하느님과 알라에 바친 헤아릴 수 없이 많은 무지몽매한 신도들의 목숨이 이슬처럼 사라진 것은 인류사상 최대의 비극이라 아니할 수 없다. 이 역사적인 사건 하나만으로도 종교는 이제 만각공용萬脚恐龍의 형해形骸로써 박물관 구석에나 진열해 두는 것이 그럴 듯할 성싶다.

더욱 놀라운 일은 '하느님'의 이름으로 싸운 종교전쟁이 전쟁사상 가장 악랄했다는 사실을 '십자군 전쟁'은 잘 말해주고 있다.

정교일치政敎一致의 일신교一神敎인 이슬람교 역시 기독교에 못지않은 호전성은 물론, 기독교에 비견할 수 없는 흉악성을 가지고 있다.

그들은 십자군전쟁과 노예제도의 주역이었으며, 8세기부터 이베리아 반도(스페인과 포르투갈 두 나라가 있음)에 진출하기 시작해 15세기까지 거의 지배하였으며, 비잔틴 제국 (동로마 제국)도 섬멸했다.

지금도 스페인에 가면 이슬람 사원을 로마 가톨릭교가 성당으로 개조하여 사용하고 있는 것을 볼 수가 있다. 필자가 직접 본 기억으로는 똘레도의 대성당도 그 하나였던 것 같다.

또 7세기경부터 이탈리아의 남부를 침투하여 시칠리아를 장악한 적도 있으며, 중앙아시아 방면에서는 인도의 인더스 강까지, 서쪽으로는 북아프리카와 스페인을 거쳐 대서양까지 진출한 적이 있다.

"7세기에 서아시아에서 성립한 이슬람교는 동쪽으로 확산되어 7세기 후반에는 이란, 중앙아시아, 아프가니스탄에도 이슬람 왕국이 수립되어 점차 인도를 압박하게 되었다. 그 후 아프가니스탄의 터키계 가즈니Ghazni 왕조는 986년부터 인도 정복을 시작하여 페샤와르Peshawar를 점령하였다. 그리고 1001~1027년 사이 전후 17회에 걸쳐 북인도의 반을 점령하고 지배하였다. 그들의 원정은 이민족을 이슬람교로 개종시키고 노예와 물자를 약탈하는 것이 목적이었으므로, 불교나 힌두교의 사원과 성지를 파괴하고 보물을 약탈하였으며 승려를 학살하였다. 그 후 가즈니 왕조를 멸망시키고 탄생한 구르Ghur 왕조 역시 터키계 이슬람교국으로서 1175년 이후 수차례에 걸쳐서 인도를 침입하였다. 결국 1202년에는 북인도에서 무슬림의 지배는 결정적이 되었고, 벵골Bengal 만에까지 그 세력이 확장되었다. 이처럼 동인도의 벵골 지방은 12세기 말 완전히 무슬림의 지배 하에 들어가, 1203년 비크라마실라 사원이 파괴되면서 불교는 인도로부터 그 모습을 감추어버리게 되었다……."

고 『세계종교사입문』(204~205쪽)은 열거하고 있다.

물론 이슬람권 내에서도 주도권다툼으로 이슬람교국들은 용호상박을 헤아릴 수없이 거듭했다. 이처럼 그들은 기독교국들에 버금가는 호전성을 갖고 있다.

무엇보다 이슬람교가 세상 사람들의 뇌리에 두려운 인상과 경계심을 심어 준 것은 단연 9.11테러사건이다.

2001년 9월 11일, 세계 무역센터가 들어 있는 뉴욕의 쌍둥이 빌딩을 납치한 두 대의 비행기로 들이받아 2,985명의 무고한 사람들의 목숨을 잃게 한 전대미문의 테러사건에 온 세계는 경악했다. 그 사건은 이슬람이 전 세계인에게 공포의 대상으로 비치게 했으며, 또 '종교'와 '신' 에 대한 근본이념이 얼마나 무모하고 맹랑한지를 보여주는 좋은 사례가 되기도 했다. 또한 이슬람 원리주의의 근본을 드러내 보이는 상징적 사건이었으며, '지하드' 의 존재 이유를 극명克明하게 보여주었던 것이다.

지하드란 성전聖戰이란 말로 이교도에 대한 투쟁의 뜻으로 쓰인다. 즉 성년남자의 이슬람교도는 이슬람법에 정해진 바에 따라 의무적으로 지하드에 참가하게 되어 있다고 한다. 코란에 알라를 위해 일생동안 한 번은 성전을 치러야 함을 존봉尊奉하는 신앙이 '지하드' 의 밑바탕이 되고 있다고 볼 수 있다.

9 · 11 테러 이면에는 이슬람 나름의 까닭이 있었다.

즉 팔레스타인이 영국의 식민지였던 근거로 해서 팔레스타인 땅에 UN이 팔레스타인과 이스라엘 두 나라를 세우고, 전체 땅의 3분지2를 인구가 적은 이스라엘이 갖도록 결정하였다. 이에 팔레스타인은 불복하여 투쟁을 하게 되었으며, 뒤이어 1차 중동전쟁이 발발했다. 그리하여 요르단 · 이집트 · 시리아 등 이슬람교국들이 팔레스타인 측에 가담하여 2 · 3 · 4차 중동전쟁으로 이어졌으나, 이스라엘이 연전연승했다. 그리고 미국은 지금까지 이스라엘을 지원하는 외교 정책을 취하고 있다. 따라서 팔레스타인은 UN과 미국에 대한 감정의 골이 깊을 수밖에 없었다.

그래도 그렇지!

아무리 신에 대한 신념에서라지만, 아무리 신을 위해 죽는 것이 축복 받는 영광이라지만, 사람으로서 어찌 그런 참혹한 일을 저지를 수가 있었을까?

설령 이슬람이 미국과 전쟁 중에 있었다손 치더라도, 그리고 쌍둥이 무역센터 빌딩이 미국의 중요한 군사시설이었다손 치더라도, 비행기를 타고 있던 일반 민간인들이 무슨 죄가 있다고 그처럼 무참히 죽일 수가 있었단 말인가?

그러고도 이슬람교의 모토(motto:標語)를 평화 · 형제애 · 평등이라

할 수 있겠는가?

여기에서 나는 이런 명제를 얻는다.

'천상천하 만물 중에서 사람보다 더 잔인한 존재가 있다면 그것은 神이라는 괴물일 것이다.'

9·11테러 후, 테러의 은거지라며 미국이 아프가니스탄을 무력 장악하고, 이어 핵무기 제조를 저지한다는 이유로 이라크를 침공하여 제압한 이후, 이라크 국내에서 뿐 아니라 세계 도처에서 이슬람교도들의 격렬한 자살 폭탄 테러사건이 연발하고 있다. 크게 뭉뚱그리면 자국 내의 테러는 주로 미군과 미국 우방의 파병군대에 대한 반격과 시아파와 수니파의 종파 간에, 국외의 테러는 파병국가가 주 대상이다. 그 파장이 어디까지 확산될지는 이라크의 전후 질서회복 여하에 따라 유동적으로 진행될 것으로 보인다. 파병국가에 대한 대표적 테러로는 2004년 3월 11일 마드리드 테러와, 2005년 7월 7일의 런던 테러가 대표적이다.

어쨌든.

이슬람의 독특한 순교정신과 천국행의 티켓이 목적이라는 '자살 폭탄 테러' 만은 '신' 의 인간 지배에서, 인간이 '신' 으로부터 자유로워져 다시는 일어나지 않았으면 하는 마음 간절하다.

또 한가지 덧붙이고 싶은 얘기는.

여성에게 '히잡' 을 뒤집어씌워 교육과 사회활동에 자물쇠를 채우는 이슬람의 종교문화는 지나친 여권침해 측면에서 접근하여 풀어야 할 참담한 위극圍棘이라고 나는 꼬집고 싶다.

모든 동물은 수컷이 아름답지만 인간은 여성이 더 아름답다. 여성의 개성적인 의상이나 바람에 치렁거리는 머릿결은 여자의 고유한

미를 풍긴다. 여성은 그런 아름다움을 마음껏 누릴 자유를 가지고 있다. 이슬람은 여성에게 개성의 자유를 베푸는 데 좀 관대해졌으면 하는 생각을 그녀들의 영상을 대할 때마다 갖게 된다. 물론 의상의 자유도 마찬가지다.

또 이교도인과 결혼금지는 말할 나위 없고, 기독교도와 연애만 해도 사형에 처한다니, 이슬람교도의 덧옷이 너무 두텁고 무거운 것 같다. 사랑은 국경도 없는 인생의 최고의 가치임을 이슬람은 이해해 주었으면 좋으련만.

종교에 대해 깊이 파고들면 들수록 더 서글픈 느낌을 받게 되는 것은, 왜 같은 하늘 아래 살고 있는 사람과 사람 간에 종교라는 괴물이 끼어들어 사람들을 철천지원수로 쪼개어 놓는지? 애석하고 안타깝기 그지없다.

'30년 전쟁' 은 기독교의 신 · 구교 간의 갈등으로 발발한 종교전쟁이다. 독일에서만 800만 명이 목숨을 잃었다는 기록들이 일치하나 전체적 인명피해의 기록은 없다. 같은 기독교국 간에, 이유야 어쨌든 전쟁으로 그 많은 목숨을 희생시켰다면, 그들을 섭리로써 다스린다는 하느님은 왜 그리도 짓궂은 장난을 쳤을까?

30년 전쟁에 관해 폴 케네디는『강대국의 흥망』(李日洙, 全南錫, 黃建 공역, 한국경제신문사130~131쪽)에서,

"독일은 16세기 후반의 전면적인 종교전쟁에 휘말렸는데 그것은 오로지 루돌프 2세(Rudolf II, 신성로마황제, 1576~1612)의 권위 약화와 우둔함, 그리고 다뉴브 분지에 대한 투르크의 위협이 되살아났기 때문이었다. 겉으로는 통일된 모습을 보였지만, 안으로는 가톨릭 세력과

프로테스탄트 세력이 서로 자신의 위치를 강화하고 상대를 약화시키기 위해 안간힘을 다하고 있었다. 17세기에 접어들면서 복음주의연합(Evangelical Union, 1608년 창립)과 가톨릭동맹(1609)의 대립이 격화되었다. 더구나 스페인 합스부르크가 오스트리아의 사촌들을 강력하게 지지하는 한편, 복음주의연합의 수장인 선제후選帝侯 프리드리히 4세 Friedrich IV가 영국 · 네덜란드와 제휴함으로써 마치 대부분의 유럽국가가 정치적 · 종교적 대결을 결판내기 위해 포진한 듯하였다.

따라서 1618년 새로운 가톨릭 통치자 페르디난트 2세(재위 1619~1637년)에 프로테스탄트 진영인 보헤미아의 저항은 또 한 차례의 격렬한 종교전쟁, 즉 30년 전쟁(1618~1648)의 기폭제가 되었다."

(59쪽)는 말로 전쟁발발의 근인을 집약하고 있다.

남경태는 『인간의 역사를 바꾼 전쟁이야기』에서 이렇게 적고 있다.

"신성 로마제국은 이름으로 보면 왕국보다 높은 '제국' 이니까 뭔가 그럴 듯해 보이지만 실상은 로마 교황과 합스부르크 왕가의 착취 대상에 불과했다. 심지어 '교황청의 젖소' 라는 별명이 있을 정도였다.

신성 로마제국의 황제 역시 이름은 황제였지만 같은 시대 중국의 강력한 절대권자인 천자天子와는 전혀 다른 일종의 '명예직' 에 불과했다. 실세가 없는 무주공산, 당연히 독일에서는 가톨릭의 폐해가 컸고, 그런 만큼 종교개혁이 시작되기에 적절한 환경이기도 했다.

종교개혁의 마무리로 독일에서는 1555년 아우크스부르크 종교협약에서 종교의 자유가 허용되었다. 그러나 신교의 자유가 루터파에만 국한되고 칼뱅파를 비롯한 다른 종파는 제외되었다는 점에서 아우크스부르크 종교협약은 불완전한 것이었다. 이 불씨가 결국 30년 전쟁의 도화선이 되었다.

예수회의 활동이 활발해지면서 가톨릭세력이 다시 득세하자 칼뱅파가 불안을 느끼는 건 당연했다. 이들은 1608년 자신들의 보위를 위해 팔츠 선제후選帝侯 프리드리히를 중심으로 '연합' 을 결성했다. 가톨릭 측은 이듬해에 즉각 '동맹' 을 결성하여 그에 맞섰다.

일촉즉발의 기운이 감도는 가운데 1617년에 보헤미아의 왕이 된 페르디난트 2세가 신교도를 탄압하자 보헤미아의 귀족들은 그를 거부하고 프리드리히를 보헤미아 왕으로 추대했다. 이건 명백한 반역이었으므로 전쟁이 터지는 건 당연했다. 이렇게 30년 전쟁은 일단 종교전쟁으로 출발했다."

30년 전쟁은 독일을 주 무대로 한 전쟁으로서 발발의 계기를 가톨릭과 프로테스탄트가 제공했으며, 무참히 많은 인명을 앗아간 종교전쟁이었다. 덴마크와 스웨덴, 프랑스 등이 독일에 진주하여 프랑스의 승리로 끝나, 프랑스가 유럽을 제패하는 계기가 되었으며, 독일은 30년간의 전쟁에 짓밟힌 끝에 분열의 시대를 맞았다고 한다.

30년 전쟁에서 확연하게 인지할 수 있는 것은 기독교의 파벌 간에 심한 갈등이 노현露見했다는 것 외에, 황제 위에 교황이 무소불위의 권세를 누렸다는 사실이며, 그것은 바꿔 말하면 '신' 을 잘 섬기는 자가 모든 인간을 지배할 수 있다는 뜻으로 풀이될 수 있다.

굳이 내가 '십자군 전쟁' 과 '30년 전쟁' 을 들추어 얘기하는 것은 첫째 두 전쟁이 대표적인 종교전쟁의 사례임을 말하고자 함이며, 둘째 세계 2대 종교가 치른 '십자군 전쟁' 이 200년이라는 전쟁사상 최장기 전쟁에다 가장 악랄했다는 점을 상기시키고자 함이고, 셋째 두 전쟁을 통해 우리는 '종교' 와 '신' 의 실체를 구명해 볼 충분한 명분이 있다고 여기기 때문이다.

월드비전의 친선대사로서 아프리카를 주무대로 전쟁과 가난으로 고통 받고 있는 나라들을 찾아다니며, 주로 배곯는 아이들을 도와주고 있는 배우 김혜자 씨의 애절한 목소리를 경청해보자.

"내 자신이 종교인이면서도 나는 가끔 종교라는 것이 싫어질 때가 있습니다. 그것이 어떤 종교든 다 싫어질 때가 있습니다. 인류 역사에서 가장 많은 전쟁을 일으킨 것이 바로 종교이기 때문입니다. 차라리 종교나 신이 존재하지 않았으면 좋겠다고 생각한 적도 있습니다. 그런 것들이 나는 다 싫습니다. 내세도, 천국도, 이념도 없는 세상을 꿈꿉니다. 그냥 순수한 인간과 동물과 꽃, 나무들만 존재하면 좋겠습니다. 그러면 싸우지 않을 테니까요.

지난 1백 년 동안 지구상에서 전쟁이 일어나지 않은 날은 불과 14일뿐이라고 합니다. 그 수많은 전쟁들 중에 종교가 원인인 것이 10분의 1이라고만 해도 전세계 종교인들이 참회해야 하는데, 10분의 9를 넘는데도 또 새로운 전쟁을 시작하고 있습니다."

(『꽃으로도 때리지 말라』, 김혜자, 오래된미래, 141 · 143쪽).(이 책의 1판 1쇄 발행 / 2004년 3월 13일)

비록 탄식조의 푸념이라 할지라도, 종교가 전쟁의 원인을 대부분 제공했다는 진실을 말하고 있음을 예사로 넘길 일이 아니다.

그 중에도.

제1 · 2차 세계전쟁도 일본을 제외하고는 기독교국 국민들이 중심이 되어 일으켰으며, 2차 세계전쟁에서는 약 1,500만 명이 목숨을 잃었다니, 종교가 인류의 화합과 평화에 아무런 역할을 못해 왔음이 틀림없다.

종교로 인해 세계 도처에서 충돌과 전쟁이 수없이 발발했으며, 지금도 끊임없이 이어지고 있다.

『20세기 지구촌의 분쟁과 갈등』(이정록 · 김송미 · 이상석 공저, 푸른길)의 18 ~ 20쪽을 펼쳐 '종교 문제와 지역 분쟁' 이라는 제하의 글을 읽어보자.

"……종교의 분포는 뚜렷한 국경선이 없는 것이 특징이긴 하지만 종교는 민족과 서로 복잡하게 연관되어 있다. 그래서 과거에 발생하였거나 현재에 발생하고 있는 다양한 유형의 민족 분쟁 및 국가 간 전쟁의 이면에는 항상 '종교' 라는 보이지 않는 실체가 존재하고 있는 것이 사실이다. 따라서 오늘날 지구촌에서 발생하고 있는 국가 간의 무력 충돌, 내전, 민족 분규의 근본적인 원인을 파악하기 위해서는 종교적인 배경에 대한 이해가 무엇보다 필요하다.

특히 지구촌의 화약고라고 불리는 중동지역에서 일어나는 국가 간의 분쟁과 크고 작은 테러 사건의 배후에는 어김없이 종교 문제가 자리 잡고 있다. 인도와 파키스탄 간의 분쟁은 힌두교와 이슬람교의 갈등이며, 8년 전쟁으로 알려진 이란과 이라크의 분쟁은 이슬람 세계의 주도권을 둘러싼 수니파와 시아파 이슬람교도 사이의 싸움이다. 레바논 내전 역시 크리스트교와 이슬람교의 종교 전쟁이다. 그리고 아프리카 수단의 내전도 이슬람교와 크리스트교 사이의 갈등이다.

20세기 지구촌 최대의 비극이라 일컬어지는 구유고슬라비아의 보스니아 내전은 종교와 민족 문제가 복잡하게 얽혀서 일어난 것이지만, 근본적인 배경은 종교적 대립과 갈등의 결과라고 할 수 있다.

이와 같이 종교는 지금까지 지구상에서 발생한 다양한 유형의 분쟁에 '약방의 감초' 처럼 빠지지 않고 관련되어 있다. 사회주의 체제가 붕괴되면서 동서를 갈라놓던 이데올로기의 벽이 허물어지자, 종교를 둘러싼 크고 작은 규모의 지역 분쟁이 지구촌 곳곳에서 발생하고 있는 것이 오늘날의 현실이다."

위의 지적과 같은 사례는 이루 헤아릴 수 없이 많다.

인도는 1947년 영국령에서 독립하면서 종교로 인해, 힌두교의 인도, 이슬람교의 파키스탄, 불교의 스리랑카로 분리되었으며, 후에 파키스탄은 동東파키스탄이 방글라데시로 독립해 나갔는데, 그 이유는 민족, 언어, 지리적 관계 등의 복잡한 원인도 개재되었겠지만, 시아파(파키스탄)와 수니파(방글라데시)라는 종파가 분열 근거의 핵심으로 작용하였던 것이다.

목하 처절한 유혈사태의 현재진행형인 가나안 땅은.

여호와(하느님)가 유대인에게 주기로 약속했다고 하는 '꿀과 젖이 흐르는 그 땅'은 왜? 성경 구절대로 약속이 지켜지지 않고, 천년의 세월을 두고 이집트, 페르시아, 알렉산더제국, 로마제국, 비잔틴제국, 오스만제국 등 지배국들의 군홧발에 끊임없이 짓밟혔으며, 유대인과 아랍인 간에, 아니 유대교와 이슬람교 간의 길고 긴 잔악한 공방전으로 바로 지금에도, '꿀' 대신 화약이, '젖' 대신 붉은 피가 흐르고 있는 겐가?

그것만으로도 신과 종교가 얼마나 허구한지를 이해하기에 부족함이 없을 것이다.

노예 제도의 중심에 크리스천들은 우뚝했다

물론 이슬람교도 노예제도에서 허물을 벗을 수는 없겠지만, 인류 역사에서 가장 비인간적인 노예제도의 중심에 기독교국들이 단연 우뚝 서 있었다는 것은 참으로 아이러니라 아니 할 수 없다. 기독교가 '사랑' 을 기치로 내걸고 있으니 하는 말이다.

다음 글은 장 메이메의 『흑인노예와 노예상인』(지현 옮김, 시공사. 16 ~ 19쪽)에 수록된 내용이다.

"고대의 노예들은 거의 모두 백인이었다.

노예제도는 우리가 지닌 가장 오래된 문헌만큼이나 긴 역사를 지니고 있다. B.C. 2000년, 수메르(필자 註: 지금의 이라크 남부지방)문명에서는 황소와 마찬가지로 노예들에게 코뚜레를 채웠다. 노예는 주인의 전적인 소유물이었으므로 주인은 노예를 팔거나 죽일 수 있는 권리를 포함하여 노예에 대한 모든 권한을 쥐고 있었다. 노예는 가축, 또는 동산의 일부로 취급될 따름이었다.

고대시대 노예의 대부분은 백인이었다. 한 가지 예를 들자면 그리스와 로마의 노예는 빚을 갚지 못해 재판을 받고 노예로 전락한 시민이나 전쟁포로, '야만인들' 이었다. 이 야만인들은 그리스어를 모르는 사람들, 이른바 '덜 개화된' 이들이라는 이유로 그리스인의 멸시를 받던 주변국 사람들이었다.

아프리카에서 온 노예는 쉽사리 찾아볼 수가 없었다. 흑인노예를 거느렸던 이들은 이집트인(물론 사하라 사막이란 넘기 힘든 장벽이 버티고 있었으므로 많은 노예를 데려올 수가 없었다)과 카르타고인 정도였을 것이다.

노예는 A.D 2세기까지만 해도 어마어마한 숫자로 기록되고 있지만(로마제국 절정기에 로마에는 2만 시민을 부양하는 40만 노예들이 있었다. 노예 20인당 시민 한 명 꼴이다) 그 이후로는 끊임없이 줄어들었다.

……지중해 남부 연안을 회교도들이 정복한 이후에는 북아프리카로 손길을 뻗기 시작했다.

중세 말, 루이 14세(필자 주:1643~1715년에 걸쳐 재위한 부르봉가의 프랑스 왕)시대 기독교 국가에서는 갤리선을 젓는 '슈르므(자리에 묶여 노를 젓는 노예)' 로 바르바리아(필자 주: 리비아 · 튀니지 · 알제리 · 모로코 등)인들, 다시 말해 북아프리카인들을 이용했다. 이 무렵 노예의 매매리는 익행은 상호적인 것이었는데, 회교도들은 '이교도' 인 기독교도를 노예로 매매했고, 기독교도들 역시 마찬가지의 매매를 행했던 것이다.

17세기 초, 모로코와 리비아 사이에 위치한 아프리카의 항구에는 20만에서 30만 명에 이르는 기독교도 노예들이 있었다. 일시적으로 사라져 가는 추세를 보였던 유럽의 노예제도는 지리상 발견의 결과 식민지와 식민지 농장들이 생겨나면서 또다시 되살아나게 된다."

노예제도의 시초에는 회교 국가와 기독교 국가에서 자생적으로 동시에 활발하게 발달했으며, 17세기 후반에서 18세기 초까지는 이슬람교도와 기독교사이에 노예 만들기 앙갚음으로 용호상박했으나, 유럽의 여러 기독교 국가들이 점점 강대국으로 앞서 나가게 됨으로써 노예는 거의 기독교 국가들의 전용물이 되었다 해도 과언이 아니다.

아메리카 대륙의 발견으로 신대륙의 개척에 많은 노동력이 필요하게 되어 노예는 폭발적으로 늘어났으며, 가장 미개한 아프리카인들이 주로 그 대상이 되었다.

유럽의 열강들은 경쟁적으로 아프리카를 지역별로 나눠 지배하여 노예를 매수 포획했으며, 노예 도매상이 즐비했고, 심지어 프랑스는 노예회사를 설립하기까지 했다.

미국에서는 1808년 1월, 목화농장의 인력 부족이 심각한 가운데 연방법은 미국에서의 노예 매매를 금지하자 노예 품귀 현상이 벌어졌으며, 노예 가격이 폭등했다. 이의 대책으로 일부 농장주들은 노예 사육을 계획했다. 즉 종자가 좋은 남자 노예들과 출산을 전담하는 여자 노예들을 선별해서 소나 돼지처럼 길렀다. 1년에 한 명의 아이를 낳도록 강요하는 농장도 있었다.

노예 사육주飼育州는 버지니아, 노스캐롤라이나, 메릴랜드, 켄터키, 테네시, 미주리 등지였으며, 이들 주에서는 이른바 '유색有色가축'을 길러낸다고 떠들어대는 실정이었다고 한다.

노예는 기원 전 수천 명에서, 전 세계적으로 5,000만 명에 이르렀다는 기록과 증언이 있다.(참고 문헌: 장 메이메의 흑인노예와 노예상인 외 다수)

노예제도는 인간이 인간을 짐승처럼 취급한 인류사상 가장 부끄럽고 잔인한 역사이다.

한번 역지사지해보자. 내 자신이, 내 부모가, 내 처가, 내 자식이, 내 형제 자매들이 노예로서 남의 소유물이 되어, 인간의 모든 기본권을 상실하고, 가축 취급을 당하면서 노동이 강제되고, 매매가 되어 뿔뿔이 흩어져서 어디에서 사는지조차 모르고 짐승처럼 일생을 살아야 한다면……? 정말 상상조차 하기 싫을 것이다.

그런 노예의 주인 노릇을 유일신을 철저히 신봉하는 세계 2대 종교인 이슬람국들과 기독교국들의 국민들이 가차없이 착실히 해냈으며, 그 중에도 기독교국의 국민들이 더욱더 잘 해냈다.

그러고도 기독교의 심벌마크symbol mark를 '사랑'이라 하는 것은 언어도단이 아닐까?

1815년, 빈Wien회의에서 아프리카 흑인의 매매 금지 선포, 미국에서는 남북전쟁에서 승리함으로써 링컨 대통령이 1863년 노예해방을 선언한 뒤, 1865년에는 노예가 해방되고, 1926년 9월 25일 국제연맹에서 노예 매매 금지 조약이 체결되었다. 그러나 노예제도는 종말을 고하지 않고 계속되었다.

장 메이메는 또 이렇게 기록하고 있다.(같은 책 125쪽)

"회교도들의 노예 매매는 20세기 후반까지 계속되었다. 사우디아라비아에서는 1963년까지도 노예제도가 존속했으며, 모리타니 회교공화국은 1980년에 이르러서야 노예제도를 폐지했다. 오늘날에도 국제연합에는 노예제도 위원회가 운영되고 있다. 하지만 메카 성지순례를 이용하여 여전히 아프리카인들이 팔려가고 있음을 감안할 때 위원회는 그 역할을 제대로 수행하지 못하고 있음이 틀림없다."(이 책의 초판 2쇄 발행 / 2001. 10. 20.)

노예제도를 최후까지 붙들고 있었던 서아프리카의 모리타니가 프랑스의 식민지였으니, 철저했던 프랑스 노예정책의 발자국이 쉬이 지워지지 않았던 까닭이 아니었을까 하는 생각을 하게 된다.

식민국의 종주국 역시 기독교국들이었다

우리도 36년 간 인면수심人面獸心의 일본인들의 식민지로써 골수에 사무치는 압박과 탄압을 받았으며, 날강도 같은 수탈에 끼니를 거르면서 간신히 생명을 유지한 적이 있었다. 그래서 우리는 식민지 국가의 아픔을 잘 알고 있다.

우리가 당한 것처럼 식민지 백성들의 피와 기름을 짜내었던 대부분의 식민국이 '사랑'을 가치로 내건 기독교신도들의 나라들이었다는 것을 기독교는 또 어떻게 해명을 할 것인가 묻고 싶다.

그들은 식민국으로서 아프리카 · 아시아 · 아메리카 대륙에 식민지를 경쟁적으로 점령했다.

"식민지 쟁탈전에 참여한 나라는 영국 · 프랑스 · 러시아 · 네덜란드 · 포르투갈 · 독일 · 이탈리아 · 벨기에 · 에스파냐 등의 유럽 국가들이었으며, 아시아 무대에는 미국과 일본도 끼어들었다."(《한권으로 보는 전쟁사 101장면》:정토웅 지음, 가람기획, 252쪽)고 소개하고 있다.

"1800년 유럽인들은 세계 육지의 35%를 장악하고 1878년에 이르러서는 67%, 1914년에는 84% 이상을 장악하였다."(『강대국의 흥망 183쪽』)니 기독교 국가들의 국민들이 강자강점强者强占의 동물적 본능에 어느 정도 충실하였는지를 잘 말해주고 있다.

17세기에 식민지 쟁탈을 둘러싸고 영국은 네덜란드와 세 차례에 걸쳐 6년 간의 전쟁을 하기도 했으며, 또 18세기에는 인도와 북미에서의 '식민지 7년 전쟁'에서 프랑스는 영국에 패하여 캐나다와 인도를 상실하는 일도 있었다.

유럽 국가들 중에도 영국은 19세기 중반을 넘어서면서 국력의 황금기를 맞았는데, 당시 영국인들은 크게 환성을 올렸다.

"북아메리카와 러시아는 우리의 옥수수 밭이다. 시카고와 오데사Odessa는 우리의 곡창이다. 캐나다와 발트 해 연안은 우리의 원목 숲이다. 오스트레일리아에는 우리의 면양농장이 있고, 아르헨티나와 북아메리카의 서부 평원에는 우리의 소 떼들이 있다. 페루는 은을, 남아프리카와 오스트레일리아는 금을 런던으로 보내온다. 힌두족과 중국인들은 우리가 마실 차를 재배해주며, 인도 전역에는 우리의 커피·설탕·향료 재배지가 있다. 스페인과 프랑스는 우리의 포도밭이고, 지중해 지역은 우리의 과수원이다. 오랫동안 미국 남부지방에만 있었던 우리의 목화밭은 이제 지구의 따뜻한 지역으로 온통 번져나가고 있다."(같은 책 184~185쪽)

또 『격정의 유럽 역사 기행』(홍철의 지음, 인물과 사상사. 86~87쪽)에서는 이렇게 밝히고 있다.

"아프리카는 영국의 선교사 리빙스턴과 뉴욕 〈헤럴드〉지의 저널리스트 스탠리에 의해 그 모습을 서구인에게 드러내기 시작했다. 이에 유럽 열강들은 식민지 개척에 착수하여 1914년 경이 되면 에티오피아만을 제외한 모든 지역의 분할을 완료한다. 영국은 남아프리카 공화국 · 케냐 · 우간다 · 소말리아 · 잠비아 · 나이지리아를, 프랑스는 알제리 · 튀니지 · 사하라 사막과 적도 아프리카 · 마다가스카르 · 모로코를, 독일은 토고 · 카메룬 · 탕가니카를, 이탈리아는 리비아와 트리폴리를 차지한다.

서양의 제국들은 아시아에도 손을 뻗쳤다. 병든 환자 중국은 유럽의 열강들에게 각종 이권을 하나씩 넘겨주고, 중국과의 아편전쟁에서 승리한 영국은 홍콩을 할양 받는다. 한편 영국은 실론, 네팔, 미얀마, 싱가포르와 말레이시아를 점령해 말레이 연방을 만든다. 그리고 인도에서는 세포이 반란을 진압하고 직접 인도 경영에 나선다. 네덜란드는 자바 · 말라카 제도 · 수마트라 · 보르네오를 점령하고, 오랫동안 에스파냐의 통치를 받아오던 필리핀은 1898년 에스파냐와의 전쟁에서 승리한 미국의 손에 넘어간다. 영국과 프랑스 세력의 완충지대로 설정된 타이를 제외한 동남아시아가 유럽의 식민지로 편입된 것이다.

라틴아메리카는 19세기 초 에스파냐와 포르투갈이 나폴레옹의 치하에 있을 무렵 대부분 독립을 이룬다. 그러나 미국이 먼로선언을 통해 미국의 뒷마당으로 미리 점찍어 놓았기 때문에 유럽 제국의 손아귀에서 벗어날 수 있었지만 더 혹독한 미국의 영향력 아래 놓이게 된다.

1914년에 일어난 1차 세계대전 전까지 세계는 유럽 몇 나라에 점령

되어 지배를 받는다. 특히 영국은 전 세계의 1/4이나 되는 땅을 장악해 '영국에는 해가 지지 않는다' 는 말을 남기기도 했다."

그 결과 지금도 영연방은 영국을 포함하여 54개의 회원국을 거느리고 있다.

네덜란드와 프랑스의 동인도東印度회사에 앞선, 영국의 동인도회사와, 일본의 척식拓植회사는 대표적인 식민회사였으니, 일본은 동양의 비기독교국이지만 도서민족의 잔악성을 일찍 대외에 과시한 셈이다. 일본은 만주사변의 결과 만주 땅을 빼앗아 만주국을 세우기도 했다.

이처럼 기독교국들의 사람들은 치열한 경쟁을 해가며 전 세계의 약소국을 식민지로 개척하여 고혈膏血을 짰던 것이다.

한편 종교 중에서 기독교가 사회복지 · 사회구제사업에 으뜸가는 역할을 하는 듯이 보인다. 하지만 그 궁극적 목적이 지존한 '선교사업' 의 일환임은 세상이 다 아는 바다.

이에 관해서는 이시카와 준이치(石川純一)의 말을 잠시 빌려보자.

1492년 10월 12일 콜럼버스가 아메리카 대륙을 발견한, 그 후 500년 간의 기독교의 전도에 대해, 그의 저서『종교분쟁도』(윤길순 옮김, 자작나무, 131~132쪽)는 명쾌한 대답을 해주고 있다.

"…… '신의 이름' 으로 이루어진 신대륙 발견의 순간이었다.

그로부터 정확히 500년. 그 사이 병사들과 함께 스페인인, 포르투갈인 선교사들이 이교도들에게 기독교를 널리 전파하기 위해 신대륙의 저 오지까지 흩어져 들어갔다. 정복 · 학살 · 노예화 · 굴욕이라는 다양한 색조를 지닌 이 500년. 그것이 기독교의 해외 제패, 달리 말하면 선교활동과 하나가 되어 이루어졌다는 것은 의심할 여지없는 사실이다. 〈중략〉 후기 로마제국 이후, 유럽이란 기독교 세계와 동의어였다. 그리고 15세기 말 일대 전환이 도래한다. 기독교도가 유럽 밖으로 향하기 시작했던 것이다. 내부에서 일어난 종교개혁의 움직임이 에너지가 되어 종교개혁파도, 또한 스페인 · 포르투갈 등 반종교개혁파도, 신대륙과 아시아 · 아프리카로 향하였다. 그것은 유럽 세계의 확대를 의미했다. 그 선두에 섰던 사람들이 바로 선교사들이었다.

선교사들에게는 기독교야말로 문명이며 이교異敎란 곧 미개를 의미하였다. 그들은 '복음' 이라는 이름의 무기를 가지고 미개와 싸웠던 것이다. 그러나 그 미개의 대지에 복음과 함께 가지고 들어온 것이 '식민지 지배' 였다는 것 또한 사실이다."

대학살의 만행도 기독교국 사람들이 자행

식민지를 개척하는 과정에서 원주민들을 섬찍하게 학살한 것도 기독교국 사람들이었다니 하느님은 너무나 잔인하시옵나이다.

『제노사이드』(최호근 지음, 책세상) 102쪽을 들여다보자.

"……전형적인 프런티어 제노사이드는 오스트레일리아, 북아메리카, 아프리카에서 일어났다. 그 가운데서 대표적인 사례가 오스트레일리아의 원주민, 북아메리카 대륙 캘리포니아 지역의 유키 인디언 부족, 아프리카 나미비아의 헤레로 부족을 상대로 한 절멸이다. 가해자는 영국, 미국, 독일인들이었다."

영국 · 미국 · 독일인들은 기독교신도들이 거개擧皆이다.

같은 책 110쪽에 저자 최호근 씨가 인용한 데이비드 스태너드David Stannard의 말을 재인용하면,

"미국인의 홀로코스트American Holocaust가 유대인의 홀로코스트보다 더 극심했다고 그는 주장했다. 또한 그는, 숫자로는 5,000만 내지 1억 명, 비율로는 전체 인구의 90내지 95퍼센트에 달하는 인디언이 지금의 미국 땅에서 자기 의사와 상관없이 죽음을 당했으며, 인디언 학살에 동원된 방법도 유대인 학살 때와 크게 다르지 않았다고 역설했다."
고 한다.

독일 나치의 유대인 학살이 600만 명이었던 데에 비하면, 영국인, 독일인의 몫을 제외한 미국인들이 미국 땅을 개척하는 과정에서 원주민을 죽인 숫자가 그 정도라니, 전체적으로는 얼마나 많은 무고한 사람이 희생되었을까?

이제 '종교' 라는 단어는 사전에서 지워 버리자

앞에서 예시한 바와 같이 번창한 종교, 기독교 나라들의 국민들이 저지른 전쟁, 노예 제도, 식민 정책, 프론티어 제노사이드 등을 단지 지구상의 생존경쟁이란 말로 합리화시킬 수 없다는 사실을 누구나 인정하지 않을 수가 없을 것이다. 그처럼 기독교를 신봉하는 국가들은 인간 사회에 헤아릴 수 없이 많은 해악을 끼쳤다. 그러나 신은 인간사회에 아무런 화해도 평화도 선행도 베풀지 못했다.

또 다른 관점에서 '종교' 의 허상을 찾아낼 수 있다.

근래의 몇 가지 큼직한 자연현상을 들어 생각해 보기로 하자.

1970년 11월 방글라데시를 강타한 태풍이 100만 명 가까운 인명을 앗아갔다. 방글라데시는 이슬람교도가 전체 국민의 80%가 넘는다.

2004년 12월 26일. 인도네시아 수마트라 섬 근해에서 발생한 쓰나

미(지진해일)로 2십7만여 명이 목숨을 잃었다. 인도네시아에서는 92% 언저리의 국민이 이슬람교를 믿고 있다.

2005년 파키스탄은 지진으로 8만 명 이상이 사망했고, 8만 5,000여 명이 부상을 입었으며, 집을 잃은 이재민이 수백만 명이나 되었다. 파키스탄 역시 전체 국민의 90% 이상이 이슬람교를 믿는다.

근간에 미국의 남부를 뒤흔든 강력한 허리케인(카티나, 리나 등)은 사망자 수는 천 단위에 불과했지만 많은 이재민을 내고 엄청난 재산피해를 입혀 사람들에게 모진 고통을 주었다.

또 한가지만 들추어보자. 원리주의 무슬림들의 9.11 테러사건도 미국 땅에서 벌어졌다. TV화면을 통해 보는 것만으로도 그 사나운 폭력은 '신'을 무색케 할 만했다. 미국의 주종 종교는 기독교다. 프로테스탄트가 56%가량이고, 로마 가톨릭교가 27% 정도다.

이와 같은 현상들은 부지기수다.

그래도.

'알라'가 우주 만물을 창조했으며, 이슬람교의 육신六信의 하나인 정명定命을 믿고 천지 대자연 중에 일어나는 모든 현상은 알라의 뜻에 따른다고 믿어도 될까?

과연 하느님이 우주 만물의 창조주이고, 그 피조물들을 섭리로써 다스린다고 볼 수 있을까? 또 예수 그리스도를 모든 사람들을 악마와 죄악의 속박에서 구속救贖하는 구세주로 떠받들어도 될까?

지금까지 적시한 현상들이 '그것은 아니다'라고 명확한 대답을 해주고 있다.

또한 우리는 세계 최대 종교인 기독교의 대표적인 허구성의 사례를 논리적으로 적시摘示함으로써 '신'(종교)에 대한 허상을 명확히 추리해 낼 수가 있다.

즉 창세기의 원초적인 사례 하나만으로도 하느님은 '의義' 와 '사랑' 이 충만하고 전지전능하며, 우주 만물을 섭리로써 다스린다는 것이 얼마나 허황된 말장난인지 명증明證하기 어렵지 않다.

'여호와 하나님이 그 사람에게 명하여 가라사대 대동산 각종 나무의 실과는 네가 임의로 먹되' (창세기 2장 16절)

'선악을 알게 하는 나무의 실과는 먹지 말라. 네가 먹는 날에는 정녕 죽으리라. 하시니라' (창세기 2장 17절)

그러나 이브는 간교한 뱀에 꾀이어 선악과를 먹었으며, 아담도 아내를 따라 먹었다. 그것이 인류의 원죄가 되었다는 것이다.

인간은 누구나 위선적인 데가 있다. 그것은 품성稟性이다. 그것을 스스로도 인지하지만, 자기 자신을 기만해서라도 그렇잖은 척 당당하게 처신하며 살아간다. 이것은 숨길 수 없는 솔직한 '인간의 원초적 본능' 임에 틀림없다.

비록 '내' 가 기독교신자일지라도 위선적인 나를 잠시 벗어나 본디의 '나' , 순수한 사람의 '나' 가 되어, 냉철하게 추찰推察해 보자.

정녕 하느님이 '의' 와 '사랑' 이 충만하고, 전지전능, 무소부재하다면 이브와 아담이 금단의 과일을 먹을 줄을 알고 애초에 만들지를 말든지, 아니면 먹지 못하게 전지전능의 영지靈智를 발휘했어야만 했을 것이다. 그러지 못한 하느님을 어찌 전지전능하고 무소무재하나 할 수 있겠는가? 이것만으로도 기독교 허구성의 객관적 확실성客觀的確實性에 추호도 모자람이 없다.

이에 대한 아무리 교묘한 변명을 늘어놓더라도 그것은 입심 좋은 말장난에서 벗어날 수 없을 것이다.

그러한데도 하고많은 시간과 열정과 재물을 하느님을 섬기는 데 아낌없이 쏟아 부어도 될까??? …….

세르게이 토카레프도 그의 저서『세계의 종교』(한국종교연구회 옮김, 사상사, 397쪽)에서 종교의 허구성을 격렬히 비판했다.

"종교는 환상과 잘못된 견해로 가득 차 있었지만 무슨 까닭인지 이러한 허구성들이 놀라울 정도로 잔존했으며, 겉으로 볼 때에는 경험에 근거한 지식에 의해서도 침투될 수 없는 듯이 보였다. 기독교가 이것의 좋은 예에 속한다. 과학적 탐구는 차치하고라도 단순한 상식에 의해서도 신구약 및 여타의 기독교 문헌의 내용은 꾸며진 이야기와 조잡한 환상으로 가득 차 있음이 분명히 드러난다. 그런데도 교육받은 수많은 사람들이 그것들을 믿고 있다. 따라서 종교에는 상식에 위배되는 이러한 거짓말과 개념들을 조장하는 어떤 특성이 있다고 보여 진다."고.

로마 가톨릭교는 아직 권위주의를 탈피 못하고 있다

기독교의 뿌리이며 정통교의를 신봉하고 있다고 자부하는 로마 가톨릭교는 아직도 시대착오적 종교상을 드러내고 있다.

16세기 로마 가톨릭교의 수장인 교황의 권세가 도를 지나치게 되자 면죄부를 파는 지경에 이르렀으며, 심지어 신성 로마제국이 '교황청의 젖소' 라는 별명이 붙을 정도로 교황청의 착취 대상이 된 적도 있었다. 그와 같이 비정상적으로 비대해신 교회 권력이 원인이 되어 종교개혁이 일어나 기독교는 수많은 종파현상을 빚게 되었던 것이다. 그랬던 로마 가톨릭교의 수장은 아직도 권위주의를 벗어나지 못하고 시대조류에 역행하고 있다.

2005년 4월 8일 오전 10시(한국 시간 오후 5시), 바티칸의 성 베드로 성당 앞 광장에서 로마 가톨릭교 교황 요한 바오로 2세의 장례식이 화려하고 거창하게 거행되었다. 그 자리에는 조지 W 부시 미국 대통령, 자크 시라크 프랑스 대통령, 토니 블레어 영국 총리, 게르하르트 슈뢰더 독일 총리, 코피아난 유엔 사무총장……, 한국의 이해찬 국무총리 등 열국列國의 수뇌들과 교황 조국민 200만 명을 비롯한 전 세계에서 무려 400만 명이 몰려들었다고 한다.

왜 그랬을까? 교황은 분명 천작天爵이 아닌 인작人爵으로서 종교의 수장일 뿐이다. 천작 영웅의 장례식에는 그와 같은 소동이 벌어질 수가 없다. 천작의 고매한 인품이 그렇듯이 천작의 장례식은 세상 모르게 조용히 치러진다.

그런데, 왜? 인구 1,000명 언저리의 바티칸 시국市國의 속권俗權과 11억 가톨릭 신도의 최고 지도자인 인작 교황의 장례식에는 그처럼 천지가 진동할 만큼 북새통이 났을까?

그 첫 번째가 로마 가톨릭교의 역사적이고 전통적이며, 구조적 생태인 권위주의 체질의 필연적인 소산일 것이며, 두 번째가 로마 가톨릭교 신도들의 잘 길들여진 추복심騶僕心의 반영反映이었을 것이고, 세 번째로 로마 가톨릭교의 신도를 많이 가진 나라들의 정치권력자의 부산함에는 분명 음흉한 정치적 저의가 깔려 있기 때문일 것이다. 물론 유엔 사무총장은 로마 가톨릭교의 신도가 많은 나라에서 UN에 회비를 많이 내고 있으니 당연히 체면치레를 할 수밖에 없었을 것이고.

세르게이 토카레프도 같은 책 398쪽에서,

"역설적으로 보일지 모르지만 종교는 인간과 신(또는 신들)의 관계라기보다는 오히려 신(또는 신들)에 대한 인간들 사이의 관계이다. 보다

엄밀하게 말하면 신(또는 신들) 관념에 대한 인간들 사이의 관계이다.
종교가 강력하게 뿌리 내리고 있는 이유는 무엇보다도 많은 사람들, 특히 사회적으로 영향력 있는 집단이 그것과 이해관계를 가지고 있기 때문이고, 또 이러한 개인들과 집단이 착취사회의 지배계급의 핵심부분이거나 그 역사적 선조들이기 때문이다."

라고 따끔히 꼬집었다.

어쨌든 종교 대사에 그처럼 난리법석을 떠는 것은 정상적이 아니다. 아무리 교황 요한 바오로 2세가 인류애에 자상했고, 평화를 사랑했다손 치더라도 세상 사람들이 거룩함에 감화하여 신앙을 갖게 하고, 사랑과 진리를 깨닫게 하려는 종교의 본질과는 너무나 동떨어진 작태로 볼 수밖에 없다. 그것은 한마디로 교단 조직이 일으키는 전통적인 허례허식이며, 개혁되지 못한 로마 가톨릭교만이 가진 시대성에 걸맞지 않은 유산이며, 세습적인 의식儀式의 질풍노도일 뿐이다.

그만한 행사라면 그 많은 사람들의 이동 비용, 숙식비, 행사의 직접비 등 천문학적인 재화가 소요되었을 것이다. 그런 종교 행사는 조촐히 치르고, 그 돈으로 아프리카, 일부 아시아 등지의 세계 극빈 국가에서 흔하게 볼 수 있는 뼈만 앙상하여 처참한 모습을 하고 있는 사람들의 배를 채워주는 데 돌려쓰는 것이 백번 옳은 일이었을 것이다.

현재 지구상에는 하루 4만 명의 어린이가 굶어 죽어가고, 하루 1달러 미만의 돈으로 연명하는 사람이 12억 명이나 된다니, 그런 마음이 어찌 들지 않을 수가 있겠는가?

또 종교단체의 우두머리 표현으로 황제의 뜻인 '황皇' 자를 사용하는 것은 반反종교적이고, 반민주적이고, 반시대적인 뉘앙스를 풍긴다.(教皇:pope의 우리말 번역 부적에 기인한지는 몰라도). 종교에 무슨 황제皇

帝적 거창한 직분이 필요한가? 거기에다 장관 등 400명의 휘하 사무원과 3,000여 명(스위스인 고용)의 근위병을 거느리고, 교황 성하聖下는 궁전복宮殿服을 걸치고 대궐에 거처하며, 세계의 신도들을 통치의 대상으로 삼고 있는 모습으로 비치는 것은 아무래도 겸허해야 할 종교의 본시 형태는 아닌 것 같다. 그래서 통일과 획일이 로마 가톨릭교의 특징으로 인식되고 있다. 교적敎籍을 속지주의屬地主義로 다스리며, 설교도 전 세계의 교당이 같은 날(시차로 인한 불일치야 있겠지만)에 동일 장章 동일 절節로 통일돼 있다.

'통일과 획일' 은 화합과 합일의 의미 못지않이 제약과 통제와 부자유의 뉘앙스도 함께 내포하고 있다.

하여간 온 세계인들의 이목을 끌었던 요한 바오로 2세의 장례식은 개신교가 파벌주의로 극심한 분열상을 일으키고 있는 것이 특징이고 결점이라면, 로마가톨릭교는 계급주의 · 권위주의가 특징이고 결점임을 보여주는 좋은 사례가 되었다.

출가는 종교의 가혹한 올가미다

또 불교의 비구 · 비구니, 로마 가톨릭교의 성직자와 수사 · 수녀, 성공회의 수녀 · 수사(신부님에 대해서는 결혼에 대한 강제규정이 없음), 정교회의 미혼사제(신부)와 수사 · 수녀는 결혼을 금하고 있는데, 이는 사람 삶의 근본에 배치되는 일로써 정상적인 사회를 부인하는 구시대 문화의 망령이다. 이와 같은 출가는 인간 사회는 물론, 천륜의 관계마저 썩둑 잘라버려 잔학하고 우매한 희생을 강요하고 있는 것이다.

가정은 결혼을 전제로 한다. 가정은 인간 사회의 근본이며 중심이다. 가정 없는 사회는 생각할 수도 없다. 인간이 추구하는 진정한 행복은 가정에서부터 출발한다. 이처럼 결혼은 한 사람의 생애에 있어서 가장 중요한 인간사다. 이것을 종교의 인습주의因襲主義로 옭매어 희생시킨다는 것은 참으로 가당찮은 일이라 아니 할 수 없다.

또 자식을 낳아보고 길러보아야만 따뜻한 인간애를 맛볼 수가 있다. 자식에 대한 사랑은 정말 인간을 행복하게 해준다.

과목에는 잎사귀도 무성하고, 꽃도 피고, 열매도 열어야 하는 것이 대자연의 이치인 것이다. 인간도 예외일 수는 없다.

이처럼 자연 환경 속에서 살아가는 모든 생명체는 자연법칙에 따라 순환조절을 하며 생명을 이어가는 것이 진리이다.

한국의 종교 풍토

그럼 이제 우리나라의 종교 풍토에 대해 알아보기로 하자.

해방 후 반세기 동안 우리나라 국민들이 종교를 받아들인 행태는 너무나 경거망동輕擧妄動했다.

전술한 바와 같이 기독교 국가들의 패전국인 일본이 현재까지도 기독교(신 · 구교) 신도가 전체 국민의 1.4% 정도인데, 우리의 경우 앞에서 산출해본 대로 1949년 그 즘 3.26% 언저리였던 기독교와 천주교 신도가 1995년 11월 1일 기준 전체 국민의 26%를 넘나는다. 동시내 동일한 환경에서 출발했는데 왜 이런 결과가 나왔을까? 한마디로 우리는 너무 배가 고파 '혼'을 잃어버렸던 탓일 것이다. 그래서 우리 민족이 기독교를 받아들인 행태는 마치 심한 유행성 중병을 앓았다는 표현이 적절할 것이다.

한편으로 우리는 강자 앞에 약했음을 뜻하며, 그 경박輕薄한 민족성이 지금 한국 사람의 정신계를 산산이 조각내었다고 해도 과언이 아닐 것이다.

게다가 한국 기독교(구 · 신)의 교풍教風이 《참 삶의 추구》보다는 교전教典 한 구절 더 외우는 신앙, 헌금 한 푼 더 내는 신앙, 교당에 얼굴 한번 더 내미는 신앙, 즉 '충성 신앙' '맹종 신앙' 등의 근본주의 신앙에 몰두하도록 선양煽揚하는 통에, 사회인으로서 갖추어야 할 풍미風味를 잃게 되어 비방의 대상이 되는 경우가 많다.

그보다 우리에게 더 중요한 건, 민족화합 측면에서 현재 우리나라의 종교문화는 우려되는 면이 다분하다.

1996년 현재 우리나라의 기성 종교는 28개이며, 신흥종교의 숫자는 393개에 이르고 있다고 감리교신학대학교 이원규 교수는 저서 『한국교회 어디로 가고 있나』(대한기독교서회, 241 · 161쪽)에서 밝히고 있다.

그리고 '2002년 문화관광부 종교현황' 에는 기독교 교단이 170, 불교는 105종단으로 통계가 잡혀 있다.

이 얼마나 두려운 일인가. 이처럼 종교로 해서 대한민국 백성의 속마음이 산산이 쪼개져 남남이 되어 있으니 말이다.

이와 같은 정신계의 지나친 다원화는 인식과 변별력과 가치관의 차이를 낳으며, 결국엔 사회혼란의 근원이 되기도 한다.

이에 대한 이원규 교수의 명료한 사례를 경청해 보자.

"종교 다원주의 상황에서 생겨나는 하나의 심각한 부작용은 종교갈등이라는 것이다. 다양한 종교들이 한 사회 안에 있다는 사실 자체가 종교 간의 긴장과 갈등의 불씨를 안고 있는 것이기는 하지만, 여러 가지 이유로 한국 사회에서는 종교 간의 마찰과 갈등이 그치지 않고 있다. 그러나 자세히 살펴보면 한국 사회에서 이러한 종교 갈등을 일으키는 우선적인 근원지는 바로 개신교라고 할 수 있다. 특히 개신교의 불교에 대한 공격적인 태도는 이들 종교 간의 첨예한 대립과 적대감을 만들어내고 있다. 따라서 한국 사회에서의 종교 갈등은 주로 개신교와 불교 사이에서 생겨나고 있으며, 그것은 이미 위험수위에 도달해 있다.

불교에 대한 개신교의 공격성은 주로 불상 훼손이나 사찰 방화와 같은 비이성적이고 불법적이며 또한 광신적인 행위로 나타나는 경우가 많다. 특히 지난 1998년 6월 제주도 원명선원에서 일어난 대웅전 불상사건(6월 26일 s교회의 신도 김○○의 소행으로 밝혀진 화강암 불상 750기와 삼존불 훼손 사건)이 대표적인 예라고 할 수 있다. 문제는 이 같은 일이 수없이 자행되어 왔다는 사실이다.

지난 1984년 이래로 사찰 건물 방화사건이 19회, 불상이나 석불 훼손 사건이 18회나 있었는데, 그 범인들은 대개 개신교 신자인 것으로 알려져 있다. 그러나 경찰에서는 종교 간의 충돌을 막기 위해 범인을 대개 '정신병자'로 몰아 사건을 무마시키곤 한 것으로 드러나고 있다. 물론 이러한 일들을 단순히 광신도 개인의 소행이라고 돌려버릴 수 있다. 그러나 한국 교회(이 글에서 교회는 개신교와 동일한 의미로 사용하고 있음)의 지나친 반反타종교적(특히 반불교적) 정서 자체가 그러한 '미친 짓'을 하는 신도들을 배양해 왔다고 할 수 있다.

그러면 왜 이러한 일들이 일어나는 것일까? 왜 한국 교회는 종교적 배타성이 강한가? 왜 한국 교회는 종교 갈등을 유발시키는 근원지가 되고 있는가? 이러한 문제들에 대하여 종교 사회적으로 분석해 보기로 한다." (같은 책 241~242쪽).

이원규 교수는 그 대답으로.

"종교적 정체감의 확산이 커질수록 자신의 종교에 대한 자부심을 갖게 되고 따라서 다른 종교를 가진 사람에 대해 우월감이 생겨난다. 이렇게 종교적 우월주의에 빠지면 쉽게 '우리/그들' 의 이분법적 사고를 갖게 된다. 그래서 '우리' 는 구원받은 자, 선택받은 자, 축복받은 자, 빛의 자녀로, '그들' 은 멸망할 자, 버림받은 자, 저주받은 자, 어둠의 자식으로 구분하는 경향이 생긴다. 이렇게 하여 우리(종교)/그들(종교)의 구분이 강화되면 모든 옳은 것은 '우리' 와 동의어로, 모든 그른 것은 '그들' 과 동의어로 보게 되고, 이에 따라 편견과 반감이 생겨나게 되는 것이다." (같은 책 243쪽)

고 했다.

한마디로 종교, 특히 기독교의 황홀경에 몰입하게 되면 애꾸눈이가 되고 만다는 이야기이다.

비슷한 사례다.

근년의 일로, 플라스틱 조형의 단군 좌상檀君坐像 300여 기를 초등학교에 세운 적이 있었는데, 기독교 측의 인사가 단군상의 목을 자른 사진과 함께 기사가 신문에 실린 적이 있었다. 아마 단군 좌상을 세운 주체가 '단군교' 란 종교단체였기 때문일 것으로 추측된다. 그 주체가 학교, 혹은 정부기관이었더라면 그런 보기 드문 불미한 일은 발생하지 않았을 것이다. 종교적 암투와 과잉신앙이 빚어낸 치졸한 행위라 아니할 수 없다.

아무리 단군교가 단군 좌상을 세운 주체라 할지라도, 단군은 단군교가 신봉하는 교조의 의의보다 '대한민국의 국조國祖' 로서의 의의

가 천 배 만 배 더 크다는 사실을 염두에 두었어야 했다. 단군교는 신자가 겨우 7,000여 명으로 잘 알려지지도 않은 극소수의 토착신앙이다. 거대한 기독교가 존재도 잘 알려지지 않은 이런 볼품 없는 극소한 종교단체와의 옹졸한 암투로 해서, 소위 국조인 단군 왕검 조상彫像의 목을 자르다니. 많은 국민들이 한심하기 짝이 없어했다. 좀 어른스런 금도襟度를 보였어야 하지 않았을까 하는 안타까운 생각을 갖게 했다.

그들은 걸핏하면 '영적 생활'을 내세워, 자기도취의 우월감으로 비종교인들을 비하하는 경향이 짙다. 하나 종교를 가졌다 해서 종교를 갖지 않은 사람보다 낫다는 생각이 드는 사람을 찾아보기 어렵다는 것이 중평이다.

또 한 가지 넘겨버리지 못할 문제는.

종교에 투자되는 경제적 부담이 지나치게 많다는 것이다.

한신대 종교문화학과 강인철 교수는 월간 『새천년 emerge』 2001년 8월호(63쪽)에, 광주대의 노치준 교수가 개별 교회의 재정결산서를 분석하여, 우리나라 개신교 신자들이 1년 동안 바친 현금이 1995년을 고비로 3조 원을 넘어선 것으로 추산했다고 소개했다.

이 모두 비과세이다. '수입이 있는 곳에 세금이 있다.'는 과세원칙에 예외인 것은, 종교가 인간의 정서를 순화하고 인성을 교회하여 사회를 맑고 밝게 만들어서 인간 세상에 사랑과 평화가 편만遍滿할 수 있게 하리라는 기대가 전제가 되었을 것이다. 나아가 인간 구원의 신성한 보루라는 지고至高 지선至善의 성역聖域적 종교 특수성을 고려한 취지에 기인한 것으로 믿는다. 그러나 종교는 그 역할에 충실하지 못

함을 앞에서 실지의 사실을 하나하나 열거하여 천명했다.

그렇다면 차라리 모든 종교가 사치스럽게 삼키고 있는 그 어마어마한 재화를 난민 구제와 복지사업에 활용한다면 인류 사회는 한결 따스하게 화합될 것이며, 인류평화에 크게 이바지할 수 있지 않을까 하는 생각이 든다. 아울러 종교가 소비하는 하고많은 시간과 신, 또는 교조의 자애慈愛의 염원에 소용되는 노고도 함께 한다면 금상첨화일 거고.

한 가지 종교적 내세관은 매우 긍정적이다. 하지만 앞에서도 초들어 말했듯이 사람은 누구나 선천품부先天稟賦적으로 종교심 같은 것을 갖고 있기 때문에, 또 인간은 만물의 영장이라는 기품으로 해서 대부분의 사람들은 종교와 상관없이 은연 중 내세가 있을 것이라는 소망스런 믿음을 갖고 있으며, 내세관은 종과득과種瓜得瓜사상의 기저가 된다.

소설『丹』(김정빈 實名仙道小說, 정신세계사)의 주인공이며, 단학丹學의 거봉巨峰 봉우鳳宇 권태훈權泰勳 옹은 『봉우일기』(정신세계사) 2권 74쪽에서 오래지 않아 인류들이 종교는 동일하다는 올바른 깨달음이 있을 것이며, 종말에는 종교통일이 될 것이라 했고, 같은 책 474쪽 학인들과의 대담 어록에는,

"1984년부터 60년 안에 세계의 종교는 통일될 것이다."

고 예언적 단정을 했다.

그는 종교인도 아니고, 또 유생론자도 아니라고 밝히기도 했는데, 현세의 종교상을 심히 우려했던 그의 심정을 느끼게 된다.

나는 이 말을 믿지 않는다. 그러나 그 분이 출중한 현자賢者였기에 혹시나 종교분쟁의 극한이 전화위복의 동인이 되어 인간성 회복의

전환을 가져올 돌연변이突然變異라도 발생하려나? 본의 아닌 기대도 해보고 싶다.

역사적 사실적寫實的 견지에서 종교를 논해야

결론을 내리자면.

지금까지 살펴본 결과 종교가 인류에게 끼친 영향으로 보아 종교는 인류공영人類共榮의 이상 실현에 목탁 구실을 하지 못하고, 오히려 훼방꾼 역할에 충실했음을 부인할 수가 없다. 때문에 종교는 정신문화의 명실상부한 금자탑으로써 만세에 찬란한 유산이 될 수 없으며, 공론과 비판의 대상이 되어 철저한 재평가를 받아야 한다는 결론을 얻을 수가 있다.

첨언하면, 지금까지 적시한 사실들을 편견 없는 냉철한 이성으로 살펴보면 종교는 인류가 인권 · 자유 · 평등 · 평화를 유지하는 데 오히려 위해危害적 역할을 충실히 해 왔음을 알 수가 있으며, 현재도 인류사회 갈등의 불쏘시개가 되고 있다. 때문에 종교(신)는 얼마나 허허

공공虛虛空空한 환상幻像인지 납득하기 어렵지 않을 것이다.

조금 머리를 돌려 생각해 보자.

지금의 거대 종교들이 발생했을 때의 세계와, 오늘날의 세계는 수사가 불가하리만큼 엄청 변했다. 현대의 문명은 이미 1969년에 사람의 발이 달(月)을 디뎠으며, 심지어 우주여행을 할 지경에 이르렀다. 이런 판에 수천 년 전의 미개한 사람들의 지식과 창의력과 상상력으로 구조構造한 종교를 계승할 수가 있겠는가?

이제 진정한 인류의 화친과 화합과 평화를 이룩해 내기 위해서는 정신세계의 통일이 무엇보다 우선되어야만 한다고 본다. 그것이 '우리는 다 같은 사람이다.' 라는 '하나의 세계' 를 만드는 절대적 조건이다.

제2차 세계 대전 후에 전쟁의 억제와 인류의 평화를 염원하여 UN(united nations:국제연합)을 조직했듯이, 이제는 인류 정신세계의 통일을 기함으로써 인류평화의 시대를 열기 위하여 '종교화의和議 및 종교재평가 국제연합' 기구라도 조직되어야 할 시기에 봉착했다고 판단된다. 그리하여 종교계 수장들이 한자리에 모여 얼싸안고 한 종교, 한 종파, 한 교당보다는 온 세상 사람들을 어울러 사랑하는 데 영장靈長의 능력을 유감 없이 발휘해 주었으면 하는 바람 간절하다.

불교의 개요概要와 한국 불교의 실상

이제 우리나라에서의 3대 종교 중에 가장 규모가 크며, 천6백30여 년 동안 한국인들의 종교 문화에 심장深長한 영향력을 끼쳐온 불교에 대해 살펴보자.

불교의 기원은 B.C 6세기로 추정되고 있으며, 신도 수로는 세계 넷째이지만 세계 거대 종교 중에서 가장 유구한 역사를 가지고 있다. 또 불교는 인도의 민족 종교인 힌두교에 대비, 신도 수로는 절반에도 못 미치나 세계적 종교로는 3대 종교로 꼽히기도 한다. 그만큼 유장悠長한 역사와 광활한 신봉 영역을 확보하고 있다는 풀이일 것이다.

불교사상은 인더스 문명을 근간으로 하고 있다. 불교의 교조인 석가모니는 인도 사회의 엄격한 신분 제도의 네 계급인 카스트(브라만: 사제나 학자, 크샤트리아: 왕족과 무사, 바이샤: 농업 · 상업 · 공업 종사자, 수드라:

노예 계급) 중 크샤트리아 출신으로서 고행자의 무리에 섞여 고행생활을 했다고 전해지고 있다.

B.C. 2,000~3000년경으로 알려지고 있는 인더스 문명은 명상과 고행과 윤회로부터의 해탈사상을 인도인들에게 전래시켰다. 인더스 문명은 근본적으로 인간의 삶을 고통으로 여겼을 뿐 아니라 삶이 윤회한다고 믿었다. 이 윤회의 원인을 무지, 욕망, 집착에서 오는 업業 때문이라고 여기고, 윤회로부터 벗어날 수 있는 해탈을 삶의 최고의 목표로 삼았다.

마찬가지로 불교의 궁극적인 목적도 해탈을 하여 윤회를 벗어나자는 것이다.

불교의 윤회 사상은 인간이 지은 업業에 따라 지옥, 아귀, 아수라, 축생, 인간, 천상의 세계를 윤회전생輪回轉生함을 뜻하며, 천상의 세계에서도 수명이 다하고 업이 다하면, 이 육계六界를 윤회전생하기 때문에 윤회를 벗어나자는 것이다. 윤회를 벗어난다는 것은 걸림이 없고 막힘이 없이 자재自在함을 뜻하며, 우주만물(자연)과 자신이 일체임을 깨닫게 되어 영원히 윤회에서 벗어나는 해탈과 열반의 경지에 이르게 됨을 이른다.

불교가 유일신교와 다른 독특한 점은 구원의 깨달음을 신, 또는 초자연적 존재에 의존하는 일체의 사상을 배격하고, 인간의 주체적 자각에 의한다는 것이다. 다시 말해 해탈이든 윤회든 자신의 수행에 의한다는 것이 불교의 기본 신행信行이라는 의미이다

따라서 불교는 일신교와 달리 '신'을 한 방편으로 인정은 하되, 신앙하지는 않는다.

또『보르헤스의 불교강의』(호르헤 루이스 보르헤스 · 알리시아 후라드 공저,

김혼근 편역, 여시아문, 140쪽)에는 이렇게 적고 있다.

"불교의 궁극적 지향점은 정각을 통해 열반의 세계에 들어가는 것이다. 그러나 일반 신도는 이 세계에 다가가기가 어렵다. 그래서 불교는 차선의 방편으로 선업과 공덕 쌓기를 강조하는 인도 민간 신앙의 윤회와 업사상을 받아들였던 것이다."

부연 설명하면 승려와 일반신도의 궁극적 신앙목표를 달리한다는 이야기가 된다. 그러나 종교의 생명인 신앙의 목표를 현실과 타협하기 위해 이중 잣대로 재단한다는 것은 종교의 근본 의의를 크게 훼손시킨 응용경제학의 극치란 핀잔을 받을 만하다.

유일신의 창조적 우주론과 배치되는 불교의 우주론에 대해 알아보자. 우주만상은 원래 있는 그대로이며, 그것의 존재원리는 연기緣起에 기인한다고 보고 있다. 연기란 더불어 일어난다는 뜻이다.

『불교의 이해와 신행』(대한조계종 포교원 엮음, 조계종출판사, 42~43쪽)에는 이렇게 싣고 있다.

"불교의 가장 핵심적인 교리는 연기법緣起法이다. 부처님은 인생과 우주의 진리를 깨치신 분이며, 그 진리의 내용은 바로 '연기'이다. 연기란 모든 것은 원인과 조건이 있어서 생겨나고 원인과 조건이 없어지면 소멸한다는 것이다. 부처님께서는 이를 아래의 시로 간명히 표현하신다.

이것이 있으므로 저것이 있고 此有故彼有
이것이 생기므로 저것이 생긴다. 此生故彼生
이것이 없으면 저것도 없고 此無故彼無
이것이 사라지면 저것도 사라진다. 此滅故彼滅

『잡아함경』제30권「제일의 곤경」

모든 것은 홀로 존재하지 않고 상호관계 속에서 존재한다는 진리이다. 존재의 상황이 어떻게 바뀌더라도 이것과 저것의 의존관계와 상관관계에서 벗어날 수 없다는 것이다. 여기에서 '이것이 있으므로 저것이 있고'와 '이것이 생기므로 저것이 생긴다'라는 구절로써 존재의 발생을 설명하고 있다. 그리고 '이것이 없으면 저것도 없고'와 '이것이 사라지면 저것도 사라진다.'라는 구절로써 존재의 소멸을 설명하고 있다. 모든 존재는 그것을 형성시키는 원인과 조건에 의해서만이, 그리고 상호관계에 의해서만이 생성되기도 하고 소멸되기도 한다는 것을 이렇게 설명하고 있다."

이처럼 불교는 교리의 근본에서부터 철학적 논리가 다분히 가미돼 있다. 해서 유일신교의 입장에서는 불교는 '신의 개념', '초월성', '내세관'의 종교개념을 모두 갖추지 못하였다하여 철학에 영유시키려는 경향이 있다. 그러나 불교는 엄연한 종교로써 유구한 역사를 가지고 크게 발전해 왔다. 이제 불교의 철학론은 뒷전의 공론이 되어버렸다.

그러나 싯다르타 탄생의 내력 역시 예수처럼 너무나 전설적이라 허망하기 그지없다.

예언자 마호메트가 천사 가브리엘을 통해 유일신인 알라Allah의 계시를 받아 적은 코란과 자신의 언행록을 경전으로 하여 이슬람교의 교조가 되고, 바위 위에서 기도를 한 후 승천했다는 것과 마찬가지로, 거대한 종교의 교조는 하나같이 설화적說話的 존재인 독특성을 공유하고 있다. 그것은 아마 창시자의 초월성에 무릎을 꿇는 복종이 종교존재의 필수조건이기 때문일 것이며, 따라서 종교인의 첫째 조건으로 권위 도덕이 전제되고 있는 것이다.

육도 윤회六道輪廻나 해탈 또한 유일신의 그것과 마찬가지로 종교적 환상과 이상에서 출발했다고 봐야 한다.

명明나라 오승은吳承恩의 서유기西遊記를 숙독 완미熟讀玩味해 보면 불교세계가 적나라하게 들여다보이는 느낌을 받게 된다. 한 사람의 불교에 관한 소설이 그 어마어마한 우주를 생성해내는 상상력과 면밀한 서술의 조리에 입이 딱 벌어진다. 심지어 한 사람의 소설이 그러할진대, 천년의 세월을 두고 깎고 다듬어 온 종교의 경전이야 놀라울 것이 못될 성싶어 하는 얘기다.

나는 불교의 '인과응보' 사상을 참으로 존중한다. 곧 선인 선과善因善果 악인 악과惡因惡果의 사상은 인성을 맑게 하고, 인간의 행위를 떳떳하게 유도할 수 있을 것이라는 개연성에 근거해서다.

《법화경》의 욕지전생사欲知前生事 금생수자시今生受者是, 욕지내생사欲知來生事 금생작자시今生作者是, 즉 전생의 일을 알고 싶으면 금생에서 받는 것을 헤아려 보면 되고, 내생의 일을 알고 싶으면 금생에서 짓고 있는 업을 자성해 보면 된다는 명제 역시 불교의 빼어난 가르침이다.

한데도 사람스런 모습으로 다듬어 시비선악을 가려 산다는 것, 그것은 여느 종교와 마찬가지로 불교를 믿는다고 해서 얻어지는 것이 아니다. 기독교(광의)신자가 교당에 자주 나가느라 신발을 닳기고 성경책에 때를 많이 묻힌다고 해서 인성이 나아지는 사람을 보기 드물듯이, 불전 놓고 오체 투지五體投地해서 얻기란 만록 총중 홍일점萬綠叢中紅一點이다.

그것은 모든 종교 자체가 인간 이상의 합일점合一點을 서유기처럼 구조構造한 허상虛像이며, 종교를 믿는 사람들이 수신修身을 위해 기도하는 일이 드물고, 한결같이 자신들의 욕구 충족을 위한 희구를 목적으로 기도하기 때문이다.

그보다 훨씬 더 근본적인 원인은 사람의 본질의 문제는 여하한 자극으로도 바꾸기 어려운 고유성이기 때문이다. 그래서 누구에게나 철저한 개전改悛의 정情이 요구되고 있는 것이다.

우리나라 불교 역시 중도 화평中道和平의 이상대로 조용하고 평화한 종교였으나, 기독교의 거센 파급의 영향으로 불과 기십 년 새 엄청나게 변신했다.

무엇보다 포교에 있어서 '찾아가는 불교' 에서 '모셔 가는 불교' 로 기독교의 그것과 흡사해졌다. 전과는 달리 포교수단이 능동적이고 적극적이라는 뜻이다. 교풍教風 역시 '정적靜的' 에서 '동적動的' 으로 많이 변질했다. 종교 간의 심한 경쟁 분위기에 휩쓸려 모든 종교와 함께 대중화를 추구하는 과정에서 옛 산자락에서의 성스럽던 기품은 거의 퇴색되어 버리고, 자본주의 속성인 황금만능의 풍조에 젖어들고 말았다.

그래도 아직 열성적인 층에 속하는 신자들도 대개 가족의 생일날이나 불탄일 등 이름 있는 날, 가끔은 삭망에나 절을 찾는 것이 고작이니 아주 청한淸閑한 종교로 보인다. 어쩌면 그것이 어렵고 바쁘고 복잡한 세상을 살아가야 하는 현대인에게 적절한 정도의 신앙심이 아닐까 싶기도 하다.

불교는 고왕 금래古往今來로 종교 간의 전쟁에 관한 두드러진 역사를 갖고 있지 않다. 이처럼 불교가 종교사적으로 기독교나 이슬람교와 같은 전사戰史를 갖고 있지 않은 것은 불교(힌두교도 인도의 민족·토착신앙의 융합종교로써 마찬가지지만)는 한마디로 불교국가라고 일컬을 만한 강대국이 존재한 적이 없었던 것이 주인主因이겠으나, 사소한 충돌과 마찰에서도 포악성이 덜한 것은 불교가 살생금단殺生禁斷을 교시敎是로 하여 채식주의를 취하고 있는 데 기인하지 않을까 하는 생각이 든다. 물론 채소와 곡식이 희귀하여 승려들도 일반인들과 마찬가지로 야크고기와 양고기를 먹는 티베트 같은 예외의 나라도 있긴 하지만. 내 추리로는 육식을 많이 하는 인종이 표독하고 잔인한 것 같고, 그것은 도살屠殺이 생활감정에 미치는 영향 때문으로 분석되며, 또 나이프와 포크로써 자르고 찌르는 식사 용구도 적잖이 관련이 있으리라 여겨진다. 우리 가정에 그림을 하나 걸 때도 거센 파도가 뒤흔드는 전함戰艦 앞에 군인이 총을 메고 있는 그림과, 꽃들이 서로 정답게 이야기하며 따스한 햇볕을 쬐는 그림이 자라는 아이들의 정서에 거칠고 난폭한 성정과 부드럽고 온순한 성품의 대조적인 영향을 미친다는 논리와 유사하리라는 생각에서다.

서양의 기독교도들이 대부분 쇠고기를 비롯한 육식을, 무슬림들이 양고기를 주식처럼 많이 먹고 있으니 그렇게 보는 것이다.

기독교국들과 이슬람교국들처럼 침략과 전쟁도 많이 하고, 식민국이기도 했던 일본은 흔히 불교국가로 인식되기도 하는데, 일본을 어떤 종교의 나라라고 말할 수는 없다.

박동석 · 박진우 · 최영호 공저 『일본 역사와 정치 그리고 문화』(좋은날, 361~362쪽)의 '일본인의 종교의식宗敎意識' 이라는 제하의 글을 읽어보면 충분히 이해가 될 것이다.

"일본에는 구미의 기독교와 같은 국교國敎가 존재하지 않으며, 다만 신도神道 · 불교 · 기독교 등이 기이하게도 함께 사이좋게(?) 공존

하고 있다. 일반적으로 일본인의 국민성을 논할 때 그 특성으로 지적되는 것의 하나가 바로 무종교성이다. (중략)

성탄절에는 집에 케이크를 사들고 가서 크리스마스 캐럴을 들으며 성탄을 축복하고, 설날(お正月)엔 신사神社나 절을 찾아다니며 참배한다. 결혼식은 주로 신사나 교회에서 올리지만 장례식만큼은 절에서 한다. 정초에 신사나 절에 참배하는 하쯔모우데初詣 역시 신사에 갔던 참배객이 절에도 가고 아무런 거부감 없이 시주를 하기도 한다."

그렇다면 구미나 중동, 나아가 온 세계의 종교인들이 일본인들의 미지근한 종교관을 본받을 만하지 않을까 하는 생각이 들기도 한다. 그럼 조금은 세상이 조용해지지 않을까 싶은 생각에서.

불교는 신남 신녀의 금계禁戒인 살생殺生, 투도偸盜, 사음邪淫, 망어妄語, 음주飮酒의 오계五戒에서 나타나듯이 생명과 인륜도덕을 우선 가치로 하는 교의敎義를 갖고 있다. 퍽 정수精粹하고 인도적인 느낌을 준다.

또 회색 승의僧衣는 심선 신악心善身惡의 이원론二元論을 기초로 자기의 육신을 괴롭히고 물질적 욕망을 끊는 고행의 순수성을 보여주는 것 같기도 하고, 한편으로 덜 계급적이고 탈권위주의 기풍을 풍긴다. 우선 표면상으로 그렇게 보인다는 말이다.

반면에 불교는 많은 단점을 갖고 있다. 우선 불교 언어가 타종교에 비해 빠른 변화를 요구하는 사회의 요청에 부응하지 못하고 있다. 불교는 한국인의 주종主宗 종교인데도 한국인의 몸에 맞는 종교로 진전시키지 못했다. 우리 사회에는 이런 속언이 예사롭다. 상대방의 말소리가 분명하지 못하거나, 알아듣기 어려울 때, '중× 염불하고 있네.'라고 빈정거린다. 문화를 받아드리게 되면, 수용한 문화를 완벽하게 자기 나라 것으로 각색해서 이용자가 편리하게 사용할 수 있도록 보급을 해야 한다. 우리나라의 불교는 그런 점에서 아쉬움이 많다.

또 종교 의식宗教儀式이 무속성巫俗性을 탈피하지 못하고 정체진화停滯進化에 빠져 있는 형국이다. 때문에 불교는 첨단 문명시대 사람들의 정서에 어울리는 생활 문화를 창조하는 역할에서 한참 떼밀리고 있는 것이다. 우리나라에서의 한 예로 기독교 · 천주교 신자들은 결혼식을 반드시 자기네들 종교의식대로 치르지만 불교 신도들은 모두 서양식으로 결혼식을 한다.

따라서 불교의 영역을 넓히기 위해서는 21세기 최첨단 문명시대 사람들의 의식수준과 생활양식에 불교문화를 어떻게 조화 · 융합시켜 나갈 것인가 하는 문제에 깊은 고민이 따라야 할 것으로 본다.

티베트의 제14대 달라이 라마인 텐진 갸초도 자전『달라이 라마 자서전』(심재룡 옮김, 정신세계사, 415~416쪽)에서 옮긴이 서울대학교 심재룡 교수의,

"……당신은 고원의 제국인 티베트의 독립을 상실한 것이 불교와 상관없다고 믿고 계십니까? 어떤 사람들은 나라를 잃은 것이 불교도들이 미온적인 태도와 비폭력적인 방식을 선호하고 자치와 독립을 보존하기 위한 현실적인 강병책을 마련하지 않았기 때문이라고 비판하기도 합니다. 그래서 그들은 티베트가 히말라야 고투의 독립을 상실한 것이 불교와 관계가 있다고 지적합니다. 당신은 그러한 비판에 대해 어떻게 생각합니까?"

라는 질문에 달라이라마는 이렇게 대답했다.

"어떤 의미에서는 우리나라의 온 힘과 시간을 한 분야(불교)에 집중시켰기 때문에, 현대 교육과 같은 다른 분야가 완전히 무시되었다고

생각합니다. 그런 의미에서라면 맞습니다. 나는 불교가 (국권상실과) 관련이 있다고 생각합니다.…….”

이 대답을 풀이하면 불교는 확실히 시대성에 조화를 이루지 못하고 있다는 솔직한 말로 들린다. 아무래도 불교는 고전적인 이미지를 풍기는 낙후된 종교인성 싶다.

불교가 태생지인 인도에서 사라진 원인을 같은 맥락에서 찾고 있는 학자들도 있다. 즉 ①불교는 대사원大寺院을 중심으로 발전했는데, 그 사원들의 부유富有가 이슬람의 약탈의 대상이 되어 사원들이 파괴되고 불교 세력 함몰의 결정적 원인이 되었으며, ②그 먼저, 사원 중심의 교학연구와 고답적인 형이상학 추구에 몰두한 결과 재가신자들의 일상생활을 보살피는 데 등한하여 대중과 격리되어 불교의 힌두화를 불러왔다는 지적이다.

아무려면 불교는 무엇을 빼앗기고, 또 쫓기는 뒷모습을 보여주는 듯한 시대성에 낙후한 종교라는 평판이 어울릴 것만 같다.

그리고 불교에 대해 어쩌고저쩌고하다 보니, 내가 읽은 불교에 관한 책자 중 도올 김용옥金容沃 교수의 『나는 불교를 이렇게 본다』(통나무)만큼 우리나라 불교를 직설적으로 적나라하게 비평한 글을 읽지 못했구나하는 생각이 든다.

내가 이 책을 1990년대 초쯤 읽고 느낀 점은, 그가 불세출의 무소불능無所不能한 석학이구나 하는 생각과, 예리한 그의 문체에서 도올이란 양반은 동무東武 이제마李濟馬 선생이 구체화한 사상의학의 전형적인 소양인(少陽人:엉터리 내 한의학 지식으로 볼 때) 체질이겠거니(?) 하는 생각이 들었다. 그 뒤로 나는 그의 저서를 제법 읽었다.

그의 학문은 이를 데 없이 광범위하고도 천착하다 싶었다. 학문의 어느 분야건 불도저처럼 시원하게 밀어붙이는 데서 통쾌감을 느끼게 했다.

그 때까지 나는 김 교수에 대해 아는 것이라곤 고려대 교수로 재직 중 양심선언으로 직성을 풀고 교단을 박차고 나온 좀은 색다른 분이구나 하는 정도였다.

불교에 대한 내 얘기가 극히 피상적인 접근에 불과하기에 우리나라의 불교에 대해 심층 깊이 다룬 김 교수의 책이 있음을 덧붙이고 싶다.

종교를 가질 때는 반드시 그 종교를 안 뒤에

이 글을 끝내면서, 종교 선택의 절대적 조건이 무엇인지를 덧붙이고 싶다.

종교를 '믿는다'는 것은 종교를 '가진다'는 뜻인 동시에, 창시자의 환상적이고 전설적이고 신화적인 일대기를 확고부동하게 신인信認한다는 것을 의미한다. 다시 말해 선택한 종교의 경전내용 일체를 자아론적 견해로써 한 점 의혹 없이 수긍한다는 뜻이다. 이것이 종교 선택의 불가결 조건이다.

그러나 실상은 그러하지 못하다. 인습因襲적 세습世襲이 주류이며, 간혹은 남의 말 따라, 남의 발 따라 아무 멋모르고 교당에 발을 디뎌놓는 경우가 적지 않다. 그러고는 내가 믿는 종교가 유일무이獨一無二한 종교라고 외쳐댄다. 나아가 타종교는 모두 사교邪教라는 관념으로 고착된다.

종교를 선택한 후의 그 종교에 대한 수긍(이해)은 여하한 종교이건 신도들의 주관적인 이해라기보다는 그 종교에 발을 들여놓은 탓으로 해서 사제司祭들의 강요에 의해 받아들여지고 있다. 그 강요는 자발적 수용 형식을 취하는 특징을 갖고 있다. 즉 종교는 도그마dogma가 생명인 것이다.

이는 거대 종교의 발생 연원淵源을 파헤쳐 보면 쉽게 납득이 갈 것이다.

그럼 우리에게 가장 많은 영향력을 끼치고 있는 불교와 기독교(광의)의 근원에 대해 살펴보자.

왕비 마야 부인은 여섯 개의 상아를 가진 흰 코끼리가 그녀의 오른쪽 옆구리로 들어오는 꿈을 꾸었다. 꿈에서 깨난 부인은 몸이 가뿐하고 무척 기뻤다. 그 기쁨이 성적인 쾌락을 단념케 하였으며, 산후 7일 만에 죽게 된 것이 세속적인 쾌락의 가능성을 배제하기 위한 것이라는 주장도 있다. 마야 부인은 교접 없이 하늘에서 구세주(보살)가 내려와 옆구리를 통해 자궁 속으로 들어가 수태되었다고 한다.

마야 부인이 친정에 해산을 하러가던 도중에 룸비니 동산에서 싯다르타(석가가 출가하기 전의 이름)는 어머니의 옆구리로 나왔다. 부인은 아무런 상처도 입지 않았다.

옆구리에 오줌 싸는 구멍이라도 있었단 말인가? 얼마나 황당무계한 이야기인가.

아기는 태어나 땅에 내려놓자마자 북쪽으로 일곱 걸음을 걸어가 큰 소리로 나는 왕이라고 외치며 말하였다.

"나는 제일 높은 자이다 (天上天下唯我獨尊). 이번이 나의 마지막 탄생이다. 나는 고苦, 병病, 사死를 멸하겠다."

그와 동시에 천지에는 놀라운 일이 일어났다. 장님이 눈을 뜨고, 귀머거리가 귀를 열고, 절름발이가 걸었다.

해와 달과 강물과 삼라만상이 일제히 잠시 정지하였다.

그가 보리수 아래에서 정각을 할 때는 수많은 갖가지 색의 꽃들이 그의 주변에 뿌려졌으며, 그가 죽을 무렵엔 나무들이 갑자기 꽃을 피웠다고 한다.

붓다가 첫 번째 법문을 펴기 위하여 베나레스로 가던 도중에 갠지스 강을 건너야했는데 뱃삯이 없어 뱃사공이 건네다 주기를 거부하자, 붓다는 물 위를 날아 강을 건넜다.

그밖에도 로이 아모르의 저서 『성서 속의 붓다』(류시화 옮김, 정신세계사)에는 하고많은 기적들이 소개되어 있다.

그중 석가의 전기를 기록한 불본행집경佛本行集經에 실린 두 가지만 옮겨본다.

"그 귀하신 이께서 한 마을에 들어가실 때 말들이 울고, 코끼리들이 나팔을 불고, 공작새들이 춤추고, 뻐꾸기들이 울고, 악사가 없는데도 악기들이 저절로 연주되었으며, 보석들이 작은 상자 속에서 소리를 내었다. 그 순간 장님들은 시력을 되찾고, 귀머거리는 듣게 되었으며, 미친 자들도 제정신으로 돌아왔다. 또한 독물에 중독된 사람은 독이 없어졌다."(121쪽)

"그 때 그 귀하신 이께서는 야자나무 꼭대기보다 더 높은 공중에 서서 두 가지 모습의 여러 가지 기적을 행사하셨다. 그의 신체의 아랫부분이 불꽃에 휩싸이면 상체에서 5백 줄기의 차가운 물이 뿜어져 나왔으며, 상체가 불꽃에 휩싸이면 하체에서 역시 5백 줄기의 차가운 물

이 뿜어져 나왔다." (127쪽)

등등의 기적들은 헤아릴 수 없이 많다.

마찬가지로 여호와(하느님)가 태초에 천지(우주)를 창조하였으며, 흙으로 사람을 빚어 코에 생기를 불어넣어 아담을 짓고, 아담의 갈비뼈 하나를 뽑아 이브를 만들었다는 행적을 말하기엔 작위가 아니고는 인간의 능력이 미칠 수 없는 영역이니 턱없는 일로 차치하고.

예수그리스도는 목수 요셉의 약혼녀 마리아가 남녀 간의 성적 접촉 없이, 하느님의 성령으로 잉태하여 탄생하였다고 한다.

보살이 마야 부인의 옆구리를 통해 자궁 속으로 들어가 수태되었다는 얘기와 너무나도 짝꿍이 맞다.

아기 예수가 탄생 시에 세상 전체가 정지하였으며, 심지어 하늘까지 정지된 상태에서 별과 바람들도 고요했다. 강물은 흐르지 않았으며, 강물에서 물을 마시던 양떼도 그 자리서 얼어붙은 듯 움직이지 않았다.

별이 동방박사 몇 사람을 아기가 누워 있는 말구유가 놓인 집에까지 안내했다.

예수는 환자에게 손을 얹기만 하면 나았으며, 문둥병자의 애원에 "내가 그렇게 해주마. 깨끗해지라" 고 하자 문둥병이 즉시 사라졌다. 또 예수께서 진흙을 개어서 소경의 눈에 바르자 소경은 얼굴을 씻고 눈이 밝아졌다.

죽은 소녀를 살렸으며, 장례 행렬 중인 관(유대나라에서는 관습상 뚜껑이 없는 관을 사용)에 손을 대고 "젊은이여 일어나라" 하고 말하자 젊은이는 살아 나왔다.

무덤에 묻힌 지 나흘이나 되는 나사로의 무덤 앞의 돌을 치우게 한 예수는 "나사로야! 나오너라!" 하고 큰 소리로 외치자, 손발이 베로 묶이고 얼굴은 수건으로 감긴 채 나사로가 무덤에서 나왔다.

포도주가 떨어진 잔칫집에서 여섯 개의 돌항아리에 물을 담게 하여 그 물을 포도주로 만들었다.

다섯 조각의 보리빵과 두 마리의 물고기로 5천 명이나 되는 사람을 배불리 먹였다.

예수와 그의 제자들이 배를 타고 가던 중에 세찬 폭풍이 배를 진동시키고 뒤흔들어서 곧 침몰할 것 같았다. 제자들이 "주님! 저희들을 구해주소서!" 하고 애걸하자. "바람아 잔잔하라! 조용히 하라!" 고 말하자 바람은 자고 날씨는 맑아져서 배는 안전하게 나아갔다.

제자들이 거센 바람이 불고 사나운 바다에서 한참 항해를 하고 가는데 예수가 물 위를 걸어 들어왔다. 배는 어느새 뭍에 닿았다.

석가모니의 기적과 너무나 흡사하다. 꼭 본을 뜬 형상이다. 아마 요즘 세상 같았으면 예수가 석가모니한테 표절범剽竊犯으로 제소라도 당하지 않을까 싶다.

이처럼 수많은 기적을 일으켰던 예수도 유대를 통치한 제5대 로마 총독(26~36)의 군인들에 의해 사형틀인 십자가에 못 박혀 세워지니 "나의 하나님! 나의 하나님! 어찌하여 저를 버리셨나이까!" 하고 부르짖었다.

그 신비스런 초능력은 그 순간 낮잠이라도 잤단 말인가? 전후곡절前後曲折이 너무나 어긋난다.

군인들이 헝겊을 포도주에 적셔 긴 갈대에 매달아 입에 갖다 대자, 신 포도주를 맛본 예수는 "이제 다 이루었다." 하고는 "아버지시여! 당신의 손에 제 영혼을 맡기나이다." 하고 외친 후에 고개를 떨어뜨리며 숨을 거뒀다.

그 순간 무시무시한 지진이 일어났으며 성전의 휘장이 위에서 아래까지 두 폭으로 찢어졌고, 바위도 산산조각으로 부서졌다.

죽은 지 3일 만에 부활하여 4십일 동안 5백 명의 제자들과 함께 지내면서 그들을 가르치고는, 제자들을 예루살렘에서 베다니로 데리고가 그들을 축복한 후에 구름에 싸여 하늘로 올라가 하느님의 오른편에 앉았다고 한다. 석가나 예수 모두 유치원 생도 수준에 걸맞는 걸작 공상소설의 주인공만 같다.

이런 허무맹랑한 일들을 당해 종교에 발을 들여놓았다는 이유 하나만으로 덮어놓고 수긍하고, 추종하는 것이 얼마나 같잖고 우스꽝스러운 일인가.

위의 기적들을 참고한 서책은『성서속의 붓다』(로이 아모르 저, 류시화 옮김, 정신세계사), 『보르헤스의 불교강의』(호르헤 루이스 보르헤스 · 알리시아 후라도 공저, 김홍근 편역, 여시아문), 『예수의 생애』(찰스 디킨스 지음, 이대희 옮김, 엔크리스토), 『예수의 기적』(휴버트 리처드 지음, 정승현 옮김, 분도출판사)외 수다하다.

불교나 기독교(광의)를 '믿는다' 는 것은, 위와 같은 기상천외한 기적들을 실제의 사실로 인정한다는 뜻이다.

과연 그러할까? 정신나간 사람이 아니면 사실로 받아들이지 않을 것이다. 그러니까 사실은 잘 꾸려진 종교 조직의 흡입력에 몽혼朦昏되어 멋모르고 믿는 것이다.

종교의 연원을 도저히 수긍할 수가 없기에 종교는 무조건 믿어야한다는 말이 나온 것이다. 진실과 사리를 캐고 따져서는 믿을 수가 없기 때문이다. 비단 불교와 기독교(광의)뿐 아니라 모든 종교가 다 마찬가지지만, 이 종교들이 한국 사람의 주종 종교인 까닭에 대상으로 삼았을 따름이다.

종교에 대한 나의 소고小考

끝으로 종교에 대한 나의 소견의 일단을 피력해 보겠다.

앞에서도 언급했듯이 인간은 종교심을 타고난다. 그리고 원래 종교심은 인간에게 자기류自己流의 정신세계를 유발誘發시킨다. 그래서 인간은 실천의 방향 의지와는 관계없이 제 나름의 정신세계를 갖고 있다. 종교는 그 정신세계를 우회迂廻 묘용妙用하여 같은 방향으로 집적集積하고자 하는 집단인 것이다.

A교敎를 믿다가 B교敎로 개종하는 경우를 종종 볼 수가 있는데, 이는 역지개연易地皆然 현상 때문에 가능하며, 이런 경우를 '내가 믿고 있는 종교만이 유일한 종교이다.' 라고 굳게 인식하는 신앙 신념에 연관시켜 보면, 종교가 어느 정도 허구성을 띠고 있으며, 신앙이란 게 얼마나 위선적인 겉치레인지를 납득하기 그리 어렵지 않을 것이다.

종교를 논하는데 있어 간과할 수 없는 긴요한 대목이다.

이런 관점에서 볼 때, 모든 종교는 매한가지의 원질原質에 기인하여 출발했다고 보는 것이 타당하며, 정신세계의 화려한 포장에 불과하다. 그 포장의 색깔에 따라 여러 종교로 구분되고 있다. 그리고 특히 정신세계의 집단은 세력의 응집과 팽창을 으뜸의 가치로 추구함으로 세력화한 종교집단이 많은 것은 바람직하지 못하다. 정신계의 분열에는 엄청난 정신적 갈등과 사회적 균열이 따른다. 세력은 충돌을 초래하는 물리적 이치에 특히 종교는 기민하기 때문이다.

'신' 이 우주만물을 창조했으며, 그 피조물을 섭리로써 다스린다는 데에 나는 동의하지 않는다. 나는 모든 이름의 우주 만물은 자연물과 그것의 파생물派生物이라고 믿는다. 만약 '신' 이 우주만물을 창조했다면, '신' 은 무엇이 빚어내었는지도 명쾌한 석명釋明이 전제되어야 할 것이다.

퀴비에의 천변지이설天變地異說 또한 괴설로서 담배 피우는 호랑이한테나 어울릴 말거리다. 만약 천변지이가 있었다면 그 또한 지당한 자연현상이었을 것이며, 새로운 생명 또한 자연의 조화로 빚어졌을 것이다.

그리고 인간에게 내세가 있다면 그 또한 자연발생적 제3의 공간이지, 절대 인간이 명명命名한 어떤 '신' 의 세계일 수는 없다는 것이 나의 견해다. 일신교의 주장과는 달리 지금의 인간 세상에도 '알라' 나 '하느님' 같은 주인이 없다는 것은 위에서 든 인재人災 · 천재天災의 사례들이 천명해 주고 있다. 따라서 내세의 주인도 없다는 결론을 지을 수가 있다.

인간은 자연의 한 개체로서나마 만물의 영장인 영묘靈妙함으로 해서, 또 인생무상에서 탈출하기 위해서 자신이 속해 있는 인간 세계의 한계를 초월하여 불사불멸의 '영혼의 세계'를 동경하는 본성을 타고 난다. 그 세계를 우리는 '저승'이라고 부르고 있다.

'이승'에서 자연이 부여한 인간의 순수성을 잃지 않고, 곱게, 바르게, 선하게 살아간다면 더 나은 저승으로 가리라는 기대를 가지고 살아가는 사람보다 더 훌륭한 신앙은 없다는 것이 나의 세계관이며, 구태여 종교적 의의와 관련짓자면 나의 종교관이라고 말할 수 있을 것이다. '종교의 옷'을 걸치고도 '불상놈' 같이 살아간다면 '불상놈'이 가야할 저승으로 가게 될 것이다. 영혼의 세계가 있다면 그렇게 섭리되고 있으리라고 나는 굳게 믿고 있다.

나는 사람스레 살아가려고 나름의 노력을 다하고 있다. 그것은 사람은 사람으로 태어난 사람값을 해야 한다는 아주 단순한 생각에서 일 뿐 아니라, 사후 세계의 대비이기도 하다. 그리하여 사후의 문제는 사후 세계의 섭리에 따르면 될 것이다.

나는 이와 같은 사생관死生觀을 가지고 한 포기 풀처럼, 한 그루 나무처럼 살아간다. 나의 이와 같은 사생관을 자연주의 사상가의 흉내로 치부하지 말아 주었으면 좋겠다. 나의 사생관은 종교를 파고든 결과에서 얻어진 결론이지, 자연주의에서 빌려온 것이 아니기 때문이다.

그럼 자연은 어디에서 기원했느냐? 한다면.

자연은 자연 그대로이며, 그 어떤 것도 자연을 초월할 수는 없다고 나는 대답하리라. 태초太初가 있었다면 그 자체 역시 자연발생적 현상이지, 인간이 명명命名한 어느 신비적 존재의 괴력에 의한 현상일 수는 없다는 것이 나의 견해다.

나는 환멸還滅이든 유전流轉이든 인간의 내세만은 꼭 있으리라 믿는다. 인간은 여러 모로 너무나 신기한 존재이다. 인간의 영혼이 내세를 초래할 만큼 신묘神妙한 내적 잠재력을 지니고 있다고 보기 때문이다.

어쨌거나 인간은 몇 백 년이나 살아갈 듯 억척스레 살아가지만 죽음의 날은 그리 머잖은 데서 기다리고 있다.

그러기에 나는 죽음을 오직 필연의 자연현상으로 받아들임으로써 죽음에 이르렀을 때 조금도 슬퍼하지 않고, 아쉬워하지 않고, 미련 없이 지극히 편안히 눈감을 참이다. 그것을 내 자신에게 굳게 약속하고, 그 약속을 지키기 위한 '마음 다듬기' 를 열심히 훈련하고 있다.

그 약속을 지키기 위해서는 내가 '죽는 현상' 도 내가 '태어난 현상' 과 동일한 자연현상으로서 당연한 귀결임을 강력히 자의식화自意識化하는 길밖에 없다.

대개의 사람들은 '죽음' 을 두려워하지만 솔직히 나는 죽음 그 자체보다는 죽는 과정을 훨씬 더 염려하고 있다고 말하고 싶다.

그래서 나는 노인병 예방을 위해 꾸준히 땀을 흘리고, 또 책을 읽으며 심신의 과포화 물질을 걷어내고 있는 것이다.

죽는 날까지 건전한 정신과 건강한 몸으로 인생을 공부하며 삶을 즐기다가, 노병이다 할만한 병이 찾아오면 저항하지 않고 죽음을 받아들이기를 염원하고 있다. 말하자면 노병을 맞아 내 입으로 음식을 씹어 넘기지 못해 영양제로 원기를 보補하거나, 내 힘으로 숨을 쉬지 못해 산소 흡입기로 호흡을 대신하는 등의 연명치료는 제 수명이 아니므로 단호히 거부하겠다는 뜻이다. 그것은 진정한 고종명考終命이 아니기 때문이다. 나는 생명에 대한 과욕은 전혀 없다. 너무 오래 살면 천한 죽음을 맞는다. 때늦기 전에 죽는 것이 가장 아름답고 복된 일이다. 그래서 나는 죽음을 담담淡淡히 받아들일 마음의 준비가 단단히 돼 있다고 자신 있게 말할 수 있다.

이것이 나의 종교관이며, 사생관이다.

종교로 인해 온 세상이 하도 시끄러운 통에 한번 짚어봤지만, 송곳으로 고래 잡는 시늉 같다. 아마 요즘 세상의 정의는 패거리들의 호주머니에 들어 있기 때문일 것이다.

인생은 그리 짧지 않다. 그러나 인생을 논하고 종교를 명찰明察하게 될 시점에서는 남은 삶이 그다지 많지 않다. 세계의 개념은 나날이 좁아져간다. 전 인류가 더불어 살아가는 세상을 만들자.

이것이 '종교를 말한다.' 의 핵심이다.